一路扬帆一路歌

——扬州大运河与海上丝绸之路专题论文集

华德荣　陈亚平　仲玉龙　主编

东南大学出版社
SOUTHEAST UNIVERSITY PRESS
·南京·

图书在版编目(CIP)数据

一路扬帆一路歌：扬州大运河与海上丝绸之路专题论文集 / 华德荣，陈亚平，仲玉龙主编. —南京：东南大学出版社，2019.1

ISBN 978-7-5641-8216-8

Ⅰ.①一… Ⅱ.①华… ②陈… ③仲… Ⅲ.①大运河—扬州—文集②海上运输—丝绸之路—扬州—文集 Ⅳ.①K928.42-53 ②K295.33-53

中国版本图书馆 CIP 数据核字(2018)第 292822 号

一路扬帆一路歌——扬州大运河与海上丝绸之路专题论文集

出版发行：东南大学出版社
社　　址：南京市四牌楼 2 号　　邮编：210096
出 版 人：江建中
责任编辑：杨　凡
网　　址：http://www.seupress.com
经　　销：全国各地新华书店
印　　刷：上海雅昌艺术印刷有限公司
开　　本：700 mm×1 000 mm　1/16
印　　张：17.5
字　　数：328 千字
版　　次：2019 年 1 月第 1 版
印　　次：2019 年 1 月第 1 次印刷
书　　号：ISBN 978-7-5641-8216-8
定　　价：150.00 元

一路扬帆一路歌
——扬州大运河与海上丝绸之路专题论文集
编辑委员会

主　　编:华德荣　陈亚平　仲玉龙

副 主 编:徐国兵　曹华军　徐忠文

组织编撰机构:扬州市文物局

执行主编:孙明光　宋桂杰

编撰人员:光晓霞　张　益　殷天适　朱其洲　李尉铭
蔡　璇

目　录

大运河沿线扬州段文化空间研究

陈　星

摘　要：大运河沿线扬州段由众多的文化空间构筑而成，这些充满扬州个性的文化空间编织交叠在一起，形成了独特的区域物质和文化形象。本文由点及面，深入研究地区文化空间的特点，依据特点进行分类和梳理，研究这些文化空间创建区域历史风貌的肌理，从而寻找在实践中对于文化空间的着力点，促进大运河沿线扬州段历史风貌的提升和可持续发展。

关键词：文化空间；文化遗产；历史风貌；文化属性；空间属性

淮扬运河扬州段北起里排河与大运河连接处，南至长江边的瓜洲镇，拥有非常多的自然与文化遗产，形成大运河沿线文化系统和历史风貌。

从物质与文化双重角度研究大运河沿线扬州段的文化空间，这些文化空间有些正在投入使用，有些运转良好，有些勉强维持，而有些则已经废弃。本研究着力于物质与文化的契合点——活态文化空间，研究其不同的类型、特点及运河沿线的空间布局，并以此为基础对大运河沿线扬州段的历史文化风貌的区域认同感和文化个性化进行更为深入的研究。研究从多维的角度重点关注活态文化空间、双遗空间、特定受众群体文化空间，并以此为基础，提升空间质量，促进低级文化空间向高级文化空间的转化，分析文化空间分布现状，提出存在的问题和改善的原则与方法。

一、文化空间对于历史风貌的作用

历史风貌的形成来源于城市、街区乃至建筑的物质风貌以及生活于其中的人们所带来的丰富多彩的活动和文化底蕴。一个地区的历史风貌就由各种大大小小的文化空间所形成[1]，这些空间将物质外壳与人联系在一起，共同形成具有强烈区域认同感的整体形象[2-3]。对于一个文化空间，它的物质形态对本地人可能就是一段城市记忆，承载着过去的点点滴滴；一个文化空间，它其中的文化生活对外地人而言可能就是一扇门，通过这扇门去了解这个地区的文化特色。一个文化空间不一定同时都具有高质量的物质形态、高级别的文化主体和受众群体，或者活跃的文化活动等内容[4]。但是，同时具有这些内容的文化空间和具有较高质量的单一内容的文化空间都会对区域历史风貌的形成起到较大的作用。大的、小的、活跃的、不活跃的、单一的和复合的文化空间共同形成合力，一起构筑大运河沿线的历史风貌。本文针对这一问题，将文化空间的个性特点进行提炼，依据空间特点进行分类总结，进而促进文化空间自身的提升，从而促进大运河沿线扬州段历史风貌的建设。

二、文化空间的文化属性

1. 空间与文化共生状态的活跃性

研究依据空间与文化共生状态的活跃性将文化空间分为三大类：活态文化空间、半活态文化空间和静态文化空间（图 1）。活态文化空间是指在该空间内文化活动频繁或规模较大，且活动一般具有文化传承和传播性质。例如，仍然具有旺盛生命力的大明寺、扬州老浴室、扬州三春等（表 1）。半活态文化空间是指文化空间内部或周边文化环境存在的文化活动不太频繁或者活动的文化传播能力微弱。静态文化空间是文化空间内部或周边文化环境的文化活动频率较低或规模很小，但仍具有文化传承和传播性质。

图 1 空间与文化的共生状态

表 1 活跃文化空间生存状态分类

分类	活态文化空间
历史街区与古城	东关街历史文化街区、南河下历史文化街区、高邮南门大街历史地段、湾子街历史街区、仪征大码头历史地段、宝应古城等
餐馆与浴室	扬州老浴室（永宁泉、双桂泉、枝上泉等）、扬州三春（富春、冶春、共和春）等
园林	汪氏小苑、个园、何园、荷花池公园、竹西公园、小盘谷等

（续表）

分类	活态文化空间
寺庙、祠堂等	大明寺、天宁寺行宫、普哈丁墓、仙鹤寺、史公祠、盐宗庙、鉴真纪念堂等
宅舍、府邸与故居等	吴道台府、卢绍绪宅、朱自清故居、汪鲁门宅等
塔、亭、阁	栖灵塔、镇国寺塔、白塔、文峰塔、四望亭、文昌阁等
水工	万福闸等

（1）历史街区与古城

历史文化街区往往充斥着商业活动和居民生活活动，是相当活跃的文化空间[5]。扬州东关街历史文化街区游客众多，商业特色要更强一些。彩衣街虽然不是历史文化街区，但是本地居民的生活活动相当活跃，更能体现扬州本地的传统文化。南河下历史文化街区保留了很多本地的居民，属于居住型老街，本土特色也较强。

（2）餐馆与浴室

“早上皮包水，晚上水包皮”，体现着扬州的餐饮与沐浴文化，因与扬州人闲适的生活方式紧密相连，也是相当活跃的文化空间，时常可以见到茶楼与浴室人满为患的场景。扬州的老浴室包括永宁泉、双桂泉、东泉和三星浴室等。茶楼包括富春、冶春、共和春和花园茶楼等众多的扬州可以吃早茶的茶楼和餐馆等。这些文化空间不断生产、传播和发扬着扬州的本土休闲文化，但是有些老浴室已经逐步走向衰落，亟须保护与振兴。

（3）园林

瘦西湖、何园、个园和小盘谷等扬州园林也是本地居民和游客时常光顾的文化空间，在春、夏、秋、冬各个时节都有其独特的个性魅力。其中，瘦西湖、何园和个园的人流量都非常大，小盘谷由于位于街巷深处，游客量没有那么大，但却深受本地居民喜爱，是人们日常休闲娱乐的高品质文化空间。

（4）寺、庙、祠堂等

大明寺等寺庙类型的文化空间，一般都拥有众多固定的信众，佛教文化活动在特定的年节也异常活跃。普哈丁墓和仙鹤寺属于伊斯兰教的寺庙，也拥有众多固定的信众和丰富的宗教活动。史公祠是纪念民族英雄史可法的文化空间，常年有不少慕名而来的本地和外地游客。

(5) 宅舍

朱自清故居也是较为有名的纪念名人的文化空间，拥有不少慕名而来的本地和外地游客。吴道台府也属于较为知名的旅游景点。

(6) 塔、亭、阁等

四望亭和文昌阁矗立在扬州市中心的核心地带，周围的人流量极大。它们等同于地标，给人们带来强烈的扬州地域文化意识。对于大明寺内的栖灵塔而言，凡是来大明寺的游客基本都要来游览一番，而它同时也是瘦西湖风景区著名的“借景”，去瘦西湖游览的游客基本都能看到它。

(7) 水工

万福闸等水工空间的人气也比较旺盛，这里已经拥有较高品质的风景游览和文化展示的场所，能够起到积极的文化传播作用。

2. 处于活跃期的单一和复合文化空间

研究依据空间与文化的共生属性，将文化空间分为三大类：单一文化空间、复合文化空间和异文化空间[6]（图2）。单一文化空间是指该空间中的文化活动与物质空间的文化属性相契合，例如大明寺、高旻寺和永宁泉等，（表2）。复合文化空间在微观上是指该空间中的活动有一部分与物质空间的文化属性契合或该空间中的多种文化活动都与该物质空间的文化属性契合，例如瘦西湖和个园等。复合文化空间在宏观上是指存在不同类型的文化空间的一个片区，例如双东街区等历史街区（表2）。异文化空间指该空间中的文化活动与物质空间的文化属性完全不契合，例如一些废弃或移作他用的历史建筑。

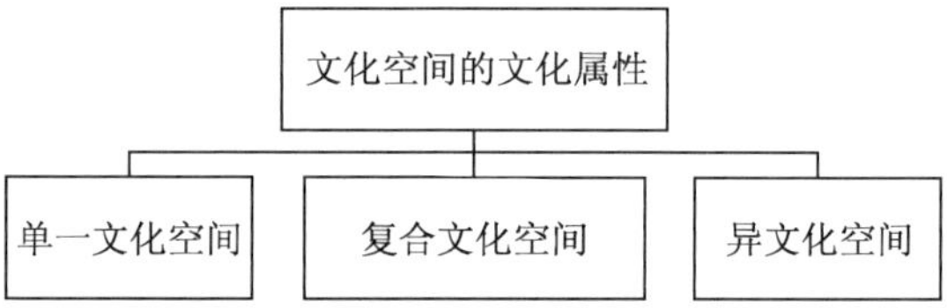

图2　空间与文化的共生属性

表2　文化空间多样性分类

分类	单一文化空间
餐馆与浴室	扬州老浴室（永宁泉、双桂泉、枝上泉等）、扬州三春（富春、冶春、共和春）
园林	汪氏小苑、何园、小盘谷
寺庙祠堂等	普哈丁墓、仙鹤寺、史公祠、盐宗庙、鉴真纪念堂

（续表）

分类	单一文化空间
宅舍、府邸与故居等	吴道台府、卢绍绪宅、朱自清故居、汪鲁门宅
塔、亭、阁	栖灵塔、镇国寺塔、白塔、文峰塔、四望亭、文昌阁
水工和桥梁设施等	徐凝门桥、便益门桥、大虹桥、邵伯铁牛、邵伯明清运河故道
分类	**复合文化空间**
历史街区与古城	东关街历史文化街区、南河下历史文化街区、高邮南门大街历史地段、湾子街历史街区、仪征大码头历史地段、宝应古城
寺庙祠堂等	大明寺、天宁寺行宫
园林	瘦西湖、个园、荷花池公园、竹西公园
水工和桥梁设施等	万福闸

（1）单一文化空间

餐馆与浴室：这些空间都带有相对鲜明的主题，即扬州的饮食文化和扬州的沐浴文化，相应的活动也相对单纯，具有独特的文化个性。

园林：汪氏小苑和何园都带有故居主人强烈的生活印记，传承着一定的民族精神和本土民俗，具有强烈的个性特征。

寺庙祠堂等：通常明确于所环绕的宗教主题。普哈丁墓和仙鹤寺等仅代表着伊斯兰的宗教及民族文化。史公祠承载及传承着民族英雄史可法的精神。这些文化空间同样主题鲜明，具有强烈的文化个性。

宅舍、府邸与故居等：围绕于特定名人纪事及相关历史与传说，具有明确的文化主题和个人风格。

塔、亭、阁：单体建筑一般都给人以明确的形体印象，所象征的文化主题也相当明确。例如，四望亭、文昌阁、白塔、五亭桥等代表着扬州的地域形象，象征着以盐业为中心的商业和文化特色等。

（2）复合文化空间

历史文化街区：扬州东关街历史文化街区、南河下历史文化街区、湾子街历史街区、仪征大码头历史地段和宝应古城等由众多本土的文化空间组成，包括餐饮文化、沐浴文化、服饰文化、脂粉文化、书画文化和戏曲文化等众多的本土文化，且其中也夹杂着一些附近地域的文化空间和一些国际化的连锁、快餐等没有明显本土文化的空间。这些空间交融错杂，形成一种整体上具有鲜明本土文化的复合文化空间。

园林:瘦西湖和个园等园林包含着园林技艺、戏曲(扬剧)和乾隆与盐商传说等传统文化内容,形成丰富的复合文化空间。荷花池公园和竹西公园等已经融入城市现代生活空间,娱乐和健身成为这些园林空间的有机组成部分。

寺庙祠堂等:大明寺涵盖了鉴真东渡等与佛教相关的文化主题。

水工:万福闸拥有着丰富的扬州文化展示场所,属于复合文化空间。

3. 处于活跃期的富于精神内含的文化空间

研究依据文化空间的精神属性将文化空间分为两大类:精神空间和非精神空间,(图 3)。精神空间包括寺庙、祠堂、古墓、故居、铁牛、碑亭、衙署遗址、驿站、古城、古镇和历史街区等,用以传承和传播某种精神内涵(表 3)。非精神空间包括河道、城墙、闸口和渡口等没有特定象征意义或具体人文印记的空间。

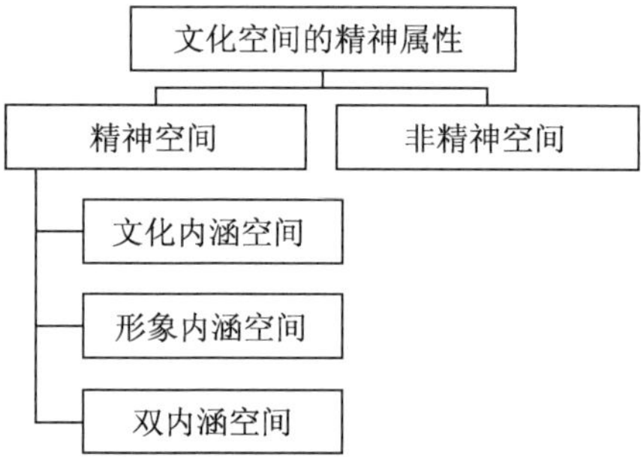

图 3　空间与文化的精神属性

表 3　文化空间精神属性分类

分类	文化内涵空间
餐馆与浴室	扬州老浴室(不属于近代和清代的建筑等)、扬州三春(富春、冶春、共和春)等新店
文化店面	戴春林、谢馥春、剪纸、古琴、玉雕、漆器等富于本地文化特色的商业店面
分类	**形象内涵空间**
塔、亭、阁	栖灵塔、镇国寺塔、白塔、文峰塔、四望亭、文昌阁
陵墓	隋炀帝陵
水工和桥梁设施等	万福闸、徐凝门桥、便益门桥、大虹桥、邵伯铁牛、邵伯明清运河故道
分类	**双内涵空间**
餐馆与浴室	扬州老浴室(永宁泉、双桂泉、枝上泉等)和富春老店等
历史街区与古城	东关街历史文化街区、南河下历史文化街区、高邮南门大街历史地段、湾子街历史街区、仪征大码头历史地段、宝应古城

(续表)

分类	双内涵空间
园林	瘦西湖、个园、荷花池公园、竹西公园、汪氏小苑、何园、小盘谷
寺庙祠堂等	大明寺、天宁寺行宫、普哈丁墓、仙鹤寺、史公祠、盐宗庙、鉴真纪念堂
宅舍、府邸与故居等	吴道台府、卢绍绪宅、朱自清故居、汪鲁门宅

(1) 形象内涵空间

有一些建筑物以其形象承载着扬州地域的文化精神，例如四望亭、文昌阁、五亭桥、白塔和徐凝门桥等建筑物，代表着一种纯粹的概括性的地域文化。这些建筑物的形象往往较为独特，具有鲜明的个性、卓尔不群，以至于这些建筑物的形象往往可以兼做地名或是某种文化精神的代表。

(2) 文化内涵空间

这些文化空间的建筑形象往往不那么突出，甚至比较普通，但是这些空间所容纳的文化活动却具有鲜明的地域文化特色，例如共和春虽然仅拥有普通快餐店的立面和室内装修格局，但所出售的食品却极具扬州特色，其所吸引的食客也多是本地居民。另外，还有一些普通的修脚店、理发店和老浴室等，也都承载着扬州本土的休闲文化。此外，戴春林、谢馥春、剪纸、古琴、玉雕、漆器等富于本地文化特色的店面也都属于这类能够产生或传播地域文化的空间。

(3) 双内涵空间

扬州老浴室(永宁泉、双桂泉、枝上泉)、扬州三春老店(富春、冶春、共和春)和大明寺等文化空间突出代表了扬州具体的某项风俗民情和个性文化，同时也拥有充满个性的建筑形象，是质量较高的文化空间。

4. 处于活跃期的人流密集型文化空间

研究依据文化空间和人体荷载的关系，将文化空间分为三大类：人流密集型文化空间、半人流密集型文化空间和非人流密集型文化空间(图 4)。例如古镇和历史文化街区等空间就属于人流密集型文化空间，有些故居和祠堂等在一定程度上就属于非人流密集型文化空间。人流密集型文化空间一般拥有众多的受众群体，而非人流密集型文化空间则可能会拥有高层次的受众群体(表 4)。

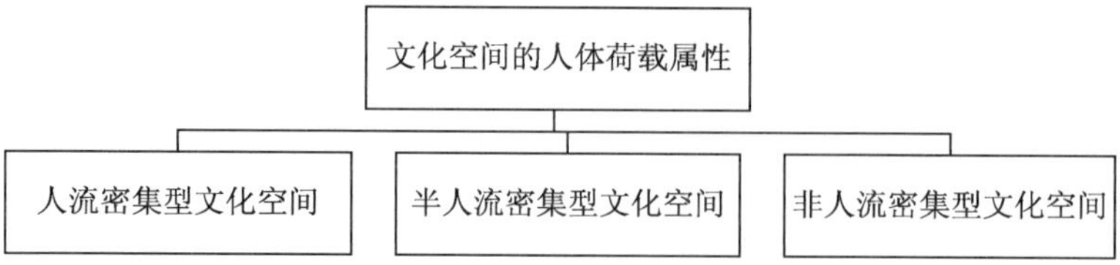

图4　空间与文化的人体荷载属性

表4　文化空间的人体荷载分类

分类	人流密集型文化空间
历史街区与古城	东关街历史文化街区、南河下历史文化街区、高邮南门大街历史地段、湾子街历史街区、仪征大码头历史地段、宝应古城
餐馆与浴室	扬州老浴室(永宁泉、双桂泉、枝上泉等)、扬州三春(富春、冶春、共和春)
园林	瘦西湖、个园、何园、荷花池公园、竹西公园
寺庙祠堂等	大明寺、天宁寺行宫、仙鹤寺、鉴真纪念堂
宅舍、府邸与故居等	吴道台府、朱自清故居
塔、亭、阁	栖灵塔、白塔、四望亭、文昌阁
水工和桥梁设施等	徐凝门桥、便益门桥、大虹桥、万福闸
分类	**半人流密集型文化空间**
园林	汪氏小苑、小盘谷
寺庙祠堂等	普哈丁墓、史公祠、盐宗庙
宅舍、府邸与故居等	卢绍绪宅、汪鲁门宅
塔、亭、阁	镇国寺塔、文峰塔
分类	**非人流密集型文化空间**
水工等设施	邵伯铁牛和邵伯明清运河故道

(1)人流密集型文化空间

历史文化街区、古城、历史地段:常年拥有众多的本地和外地客人,其中往往包含有较为稳定的文化受众群体——常年光顾的本地顾客。东关街历史文化街区常年都有数量众多的游客,在特定假日和节日里,都会出现较为拥堵的情况。

餐馆与浴室:常年拥有众多的本地和外地客人,其中往往包含有稳定的文化受众群体——常年光顾的本地顾客。扬州老浴室(永宁泉、双桂泉、枝上泉等)是中老年人较为喜爱的沐浴场所,人们在这里进行洗浴、喝茶和聊天等活动,虽然较为拥挤,但是消费低廉。扬州三春(富春、冶春、共和春)等茶楼和餐馆在早茶时段常常人满为患,人们经常需要等位,甚至在室外搭建临时座椅用餐。

园林:在公休假、特定年节和特定时段往往拥有众多的本地和外地游客,而瘦西湖等热点园林常年都有数量较多的游客。

寺庙祠堂等:寺庙在特定年节拥有众多的游客与信徒,而有些寺庙如大明寺等,则常年人流不断。

宅舍、府邸与故居等:吴道台府和朱自清故居都是旅游的热点项目,前来瞻仰和休闲的游客也较多。

塔、亭、阁等:四望亭和文昌阁等建筑空间处于城市核心地带,人流量和车流量都非常大,而白塔和栖灵塔则是旅游热点,常年游客众多。

水工和桥梁设施等:万福闸、徐凝门桥、便益门桥和大虹桥等水利交通设施常年人流量较大。

(2) 半人流密集型文化空间

园林:汪氏小苑和小盘谷由于地理位置等原因所限,人流量很难达到密集,但并不缺乏前来观赏和游玩的人。

寺庙祠堂等:普哈丁墓和史公祠等空间,人流量很难达到密集,但也并不缺乏前来观赏和游玩的人流量。

宅舍、府邸与故居等:卢绍绪宅和汪鲁门宅等场所空间,人流量很难达到密集。

塔、亭、阁:文峰塔较为有名,但因为地理位置所限,人流量很难达到密集。

(3) 非人流密集型文化空间

水工等设施:邵伯铁牛承载着重要的历史文脉,但参观游览的人流量并不太大。

5. 处于活跃期的具有高层次传承人及受众群体的文化空间

研究依据文化空间和传承人的关系,将文化空间分为两大类:具有特定主体群体(高层次传承人及受众群体)的文化空间和仅具有非特定主体群体文化空间(图 5、表 5)。

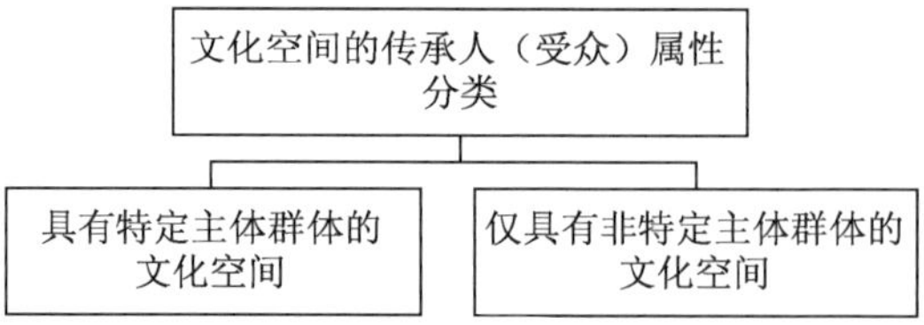

图 5　空间与文化的传承人(受众)属性

表 5　文化空间主体质量

分类	具有特定主体群体的文化空间
历史街区与古城	东关街历史文化街区、南河下历史文化街区、高邮南门大街历史地段、湾子街历史街区、仪征大码头历史地段、宝应古城
餐馆与浴室	扬州老浴室(永宁泉、双桂泉、枝上泉等)、扬州三春(富春、冶春、共和春)
园林	瘦西湖、个园、何园、汪氏小苑、小盘谷
寺庙祠堂等	大明寺、天宁寺行宫、仙鹤寺、鉴真纪念堂、普哈丁墓、史公祠、盐宗庙
宅舍、府邸与故居等	吴道台府、朱自清故居、卢绍绪宅、汪鲁门宅
塔、亭、阁	栖灵塔、白塔、镇国寺塔、文峰塔
水工和桥梁设施等	万福闸
分类	**仅具有非特定主体群体的文化空间**
园林	荷花池公园、竹西公园
塔、亭、阁	四望亭、文昌阁
水工和桥梁设施等	徐凝门桥、便益门桥、大虹桥、邵伯铁牛、邵伯明清运河故道

(1) 具有特定主体群体的文化空间

历史文化街区、古城和历史地段：常年拥有众多的本地和外地客人，其中往往包含有高层次的常年光顾的本地顾客——受众群体和文化大师——传承者。

餐馆与浴室：常年拥有众多的本地和外地客人，其中往往包含有高层次常年光顾的本地顾客——受众群体和烹饪大师——传承者。

寺庙祠堂等：寺庙在特定年节拥有众多的游客与信徒和高层次的佛教文化的传承者——住持、僧人及居士等。

宅舍、府邸与故居等：往往会有对特定名人具有相当兴趣的游客光顾，是较高层次的受众群体，例如吴道台府、朱自清故居。朱自清故居展示的名人生平和文学作品，吸引了相当多的具有一定知识水准的受众群体——学生以及和一些对文学创作和朱自清生平较为感兴趣的成人。

塔、亭、阁：栖灵塔和白塔这类知名建筑往往会有对特定名人或历史事件具有相当兴趣的游客光顾，是较高层次的受众群体。

水工和桥梁设施等：万福闸等建筑空间承载着一定历史文脉的空间，具有一定的文化展示条件，会吸引较高层次的文化受众群体。

(2) 仅具有非特定主体群体的文化空间

园林：荷花池公园和竹西公园等城市公园具有开放性公共绿地的性质，主体群体大多是出于平日休闲与放松的目的来这里的，与文化传承与传播的关系不是很大。

塔、亭、阁：四望亭和文昌阁周围环绕着较大规模的日常交通流量，与文化传承与传播关系不是很大。

水工和桥梁设施等：徐凝门桥、便益门桥和大虹桥等周围环绕着较大规模的日常交通流量，与文化传承和传播关系不是很大。

6. 处于活跃期的"双遗"文化空间

研究依据文化空间的物质空间载体特点，将文化空间分为三种类型：双遗（自然或建筑遗产和非遗并存）、物质单遗（历史建筑遗产或自然遗产）、文化单遗（非遗或遗存）（图 6）。双遗文化空间同时拥有物质和文化双遗产，是质量很高的活态文化空间。物质单遗文化空间一般是异文化空间，文化单遗空间一般是拥有非遗或遗存的新建或改建的空间，也是一种活态文化空间（表 6）。

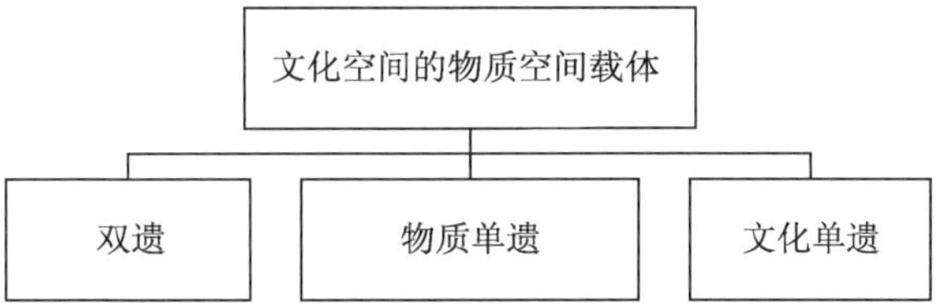

图 6 文化空间的物质空间载体属性

表 6 文化空间高品质的物质和非物质要素——"双遗"文化空间

分类	双遗
历史街区与古城	东关街历史文化街区、南河下历史文化街区、高邮南门大街历史地段、湾子街历史街区、仪征大码头历史地段、宝应古城

（续表）

分类	双遗
餐馆与浴室等	扬州老浴室（永宁泉、双桂泉等）、广陵路小觉林素菜馆、扬州大麒麟阁茶食店、得胜桥35号富春茶社、漆货巷酱业会馆、江苏省立原蚕种制造所育种室旧址大楼
园林	瘦西湖、个园、何园、汪氏小苑、小盘谷
寺庙祠堂、陵墓等	大明寺、史公祠、盐宗庙
塔、亭、阁	白塔
分类	**物质单遗**
宅舍、府邸与故居等	吴道台府、朱自清故居、卢绍绪宅、汪鲁门宅
寺庙祠堂等	天宁寺行宫、仙鹤寺、普哈丁墓
塔、亭、阁	四望亭、文昌阁
水工和桥梁设施等	邵伯铁牛、邵伯明清运河故道
分类	**文化单遗**
餐馆与浴室等	普通的淮扬菜馆、修脚店、理发店和老浴室、戴春林、谢馥春、剪纸、古琴、玉雕、漆器等富于本地文化特色的店面
园林	一些新建的私家园林

（1）双遗

①历史街区与古城——众多非物质文化遗产和遗存

东关街历史文化街区等历史街区及古城，本身就属于物质文化遗产，但这些建筑空间中又涵盖了众多的非物质文化，属于规模较大的双遗空间。

②扬州老浴室——扬州沐浴文化、修脚技艺和三把刀等

扬州老浴室包括“三义阁永宁泉”“双桂泉”“东泉浴室”“裕德泉”“古旗亭三星浴室”“苏唱街扬州浴室”“小三元浴室”和“广陵浴室”等。仁丰里“双桂泉”的红漆楹联——“涤旧垢以澡身，濯清泉而浴德”，揭示了扬州老浴室承载着历史悠久的沐浴文化。其中“三义阁永宁泉”“苏唱街扬州浴室”“古旗亭三星浴室”等都为经过认定的历史建筑，且同时承载着扬州沐浴文化、修脚技艺、三把刀等传统文化。这些老浴室将扬州人的“水包皮”的生活方式传承下来。

③扬州老饭馆——淮扬菜技艺、扬州炒饭技艺、扬州茶点技艺和三把刀等等。

扬州老饭馆包括冶春茶社、富春茶社、共和春、花园茶楼、菜根香、大明

寺素食坊等。其中得胜桥35号富春茶社和广陵路小觉林素菜馆等既是历史建筑，也承载着扬州的淮扬菜技艺、扬州茶点技艺和扬州炒饭技艺等。这些老饭馆在视觉和味觉上都承载着老扬州人的城市记忆，将扬州人的“早上皮包水”的生活方式传承下来。

④扬州园林——造园技艺、叠石技艺和盆景制作技艺等

瘦西湖、个园、何园和小盘谷等扬州园林不仅本身即为极高品质的艺术作品，也是造园技艺、叠石技艺和盆景制作技艺等文化传承的载体，代表着扬州花鸟鱼趣的独特闲适的生活品质。

⑤寺庙祠堂等——鉴真东渡、史可法和盐商故事传说等

大明寺、史公祠和盐宗庙等建筑空间本身就是文物保护单位，同时也有丰富的口耳相传的故事和传说等非物质文化遗产。在物质和文化遗产持续申报的大背景下，这样的双遗空间也会增多。另外，新挖掘的隋炀帝陵墓与隋炀帝传说也一起成就了一个双遗空间。

⑥塔、亭、阁——盐商故事传说等

白塔将优美的形体和盐商传说结合在一起形成了双遗空间。

(2) 物质单遗

①宅舍、府邸与故居等

吴道台府、朱自清故居、卢绍绪宅和汪鲁门宅等具有一定的文化留存，但有些属于文学艺术等层面，没有进入世界、国家或省、市和地区的非物质遗产栏目里，这些物质文化遗产可以归为物质单遗。

②寺庙祠堂等

天宁寺行宫、仙鹤寺和普哈丁墓等的文化内涵基本为宗教文化，也不具有双遗文化空间的特征。

③塔、亭、阁等

四望亭和文昌阁等都为物质文化遗产，但都缺乏具体的非物质文化遗产内容。

④水工和桥梁设施等

邵伯铁牛等都为物质文化遗产，但都缺乏具体的非物质文化遗产的内容。

(3) 文化单遗

①浴室等——扬州沐浴文化、修脚技艺和三把刀等

一些普通的修脚店、理发店和老浴室等，也都承载着扬州本土的休闲文

化，例如沐浴文化、修脚技艺和理发技艺等。

②餐馆和食品店等——淮扬菜技艺、扬州炒饭技艺、扬州茶点技艺、三把刀、三和四美酱菜制作技艺等

这些餐馆、茶楼和食品店等所容纳的文化活动一般都具有鲜明的地域文化特色，例如共和春虽然仅拥有普通快餐店的立面和室内装修格局，但所出售的食品却极具扬州特色，所吸引的食客也多是本地居民。

③其他店铺——古琴技艺、脂粉制作技艺、剪纸技艺、雕版印刷技艺和漆器制作技艺等

戴春林、谢馥春、剪纸、古琴、玉雕和漆器等富于本地文化特色的店面也都属于这类能够产生或传播地域文化的空间。但是，这些空间所蕴含的文化内容必须是进入世界、国家乃至省、市和地区的非物质遗产栏目里的非遗内容。在非物质文化遗产持续申报的大背景下，这样的文化单遗空间也逐渐会增多。

④园林——造园技艺、叠石技艺和盆景制作技艺等

一些新建的私家园林虽然不是物质文化遗产，但是却承载了造园技艺、叠石技艺和盆景制作技艺等有关园林的非物质文化遗产，这种依靠私人力量继承和传播非物质文化遗产的文化单遗空间值得提倡。

三、文化空间的文化属性分析

将收集的资料进行汇总，整理出各类文化空间的个性特点，在实践工作中根据特定区域的实际情况，结合现有条件，提升活态文化和半活态文化空间的质量和数量是本研究的目的。根据统计结果和大运河沿线扬州段文化空间的分布情况，进行重点区域的文化空间梳理工作，判断文化空间在这一方面的健康状态和发展特点，强化区域文化认同感和区域文化个性化。

对于大运河沿线扬州段的历史风貌，可以从两个方面来看：一是其承载历史的物质风貌，二是其承载历史的文化风貌。本文在研究分析中强调由空间作为载体对两者加以融合，分析文化空间的特性，因为文化空间丰富多彩，空间主体、空间特性、空间质量以及空间活跃程度都各不相同。

1. 活跃文化空间的生存状态

文化由于其所承载的物质载体和文化本身的差异性，有的空间为充满文化活动的活态空间，具有日常的或周期性的相关文化活动，例如大明寺、东关街、扬州老浴室及扬州三春等。此外，也有一部分空间虽为静态空间，文化活动的频率少、规模小，但是却成为文化记忆的标志，例如隋炀帝陵等。另外，这些活态、半活态和静态的文化空间不但可以由其物质载体的运行状况来判断，也可以由物质载体周围环境的文化活跃程度来判断。例如扬州白塔虽然本身已经不再使用，但是观赏其建筑风采的活动则异常频繁，观赏主体也是相当多的，盐商文化和白塔传说也因此拥有众多的传承者和受众群体。

从现有收集的资料可以看出，大部分仍在使用的文化空间都为活态空间。半活态空间和静态空间仅占较少的一部分。

2. 文化空间的多样性

在宏观层面上，复合文化空间往往是由于本地微文化空间聚集发展和引入大量不同的本土文化微空间所导致的，例如历史街区和古城等。文化空间的多样性可以给区域的文化历史风貌增添活力和特色。地域文化的多样性也可以使文化空间共同借力发展，有助于文化的可持续。但是，这种文化多样性仅指本土文化的多样性，一些非本土文化的空间，特别是商业空间（国际品牌和连锁店面等）会对本土的文化空间形成冲击，导致原生文化泯灭，地域的文化特色发生变化，文化历史风貌质量下滑。但是，这并不意味着相同的或近似的本土文化空间不可以适当地聚集起来发展，这种聚集可以给区域的文化历史风貌增添个性和认同感。例如，南河下历史文化街区等历史街区包含了众多的由非物质文化遗产、文学、艺术和宗教文化等相关元素所形成的文化空间，各个文化空间和非文化空间之间互相借力，共同繁荣发展。这些文化空间中有的文化类型是相似和重复的，例如东关街就有很多三和四美酱菜馆、漆器店、脂粉店和剪纸店等。

在微观层面上，从初期收集的资料来看，单一文化空间在数量上占据绝对优势，例如扬州三春（富春、冶春、共和春）、扬州老浴室（永宁泉、双桂泉、枝上泉）和普哈丁墓等就属于单一文化空间，各自包含了扬州烹饪技艺、茶点技艺、洗浴文化和伊斯兰文化等文化内涵。另外，还有一些极具特色的文化复合空间，例如大明寺本身的佛教文化和鉴真东渡的历史及传说等等杂糅在一起，形成了大明寺空间范畴内的极有特色的文化风貌。

3. 文化空间精神属性

具有精神属性的文化空间往往是地域文化风貌的锚固者[7-8]，是区域个性和认同感的缔造者。例如扬州的白塔，是盐商文化的代表之一，也同样代表了扬州及周边地域文化。此外，扬州的个园和何园也同样是这种带有盐商文化的富有精神属性的文化空间。此外，还有一些文化空间带有地域本土居民的情感个性，例如史公祠、扬州三春（富春、冶春、共和春）和扬州老浴室（永宁泉、双桂泉、枝上泉）等文化空间，它们代表了扬州本土居民坚强不屈的情感个性和优雅闲适的生活态度。根据初期的统计资料来看，除了一些交通和水利设施的人文情感较为薄弱外，很多文化空间都带有极其鲜明的精神属性，例如大明寺和朱自清故居。总体而言，单一文化空间的精神属性往往更加鲜明。

4. 文化空间主体规模

文化空间里的主体规模比较庞大时，表明文化的受众甚至文化传承者的数量也会较大，空间的文化影响力会提升，空间的物质形象往往也会成为一种标志形象，非常有助于提升地域内的历史风貌。根据初步的统计数据，在大运河沿线扬州段，这种主体规模较大的文化空间并不在少数。文化空间里空间主体人群的聚集，有的为常态，而有的则带有强烈的周期性。例如大明寺，在一年中的很多时段都有信徒聚集举行各种宗教仪式。个园、何园和白塔等在旅游旺季时，也游客众多。扬州三春（富春、冶春、共和春）和扬州老浴室（永宁泉、双桂泉、枝上泉）等文化空间，往往都是顾客盈门。

5. 文化空间主体质量

具有大师的空间或大师集中的地域往往都是较高质量的文化空间，这类空间的文化影响力和文化个性特色较强。例如东关街历史文化街区，拥有众多的大师和文化传承者，例如剪纸大师、刺绣大师、评话大师、雕版大师和淮扬菜、扬州糕点、扬州三把刀等的传承者。扬州三春（富春、冶春、共和春）等则是淮扬菜大师和扬州糕点技艺传承者集中的文化空间。根据初步的统计数据，有将近一般的文化空间都拥有着较高质量的文化主体。需要强调的是，一般性的文化传承者实际上支撑了大部分的文化空间，因此他们的重要性并不比大师级的传承者小，具有普通文化传承者的文化空间是整个地域历史风貌的基础。

6. 文化空间高品质的物质和非物质要素——“双遗”文化空间

拥有高品质的物质或非物质要素的文化空间应当予以重视，这类空间的文化影响力往往要高于普通的文化空间，例如谢馥春脂粉店仅拥有高质量的非物质要素，物质要素仅由招牌、商标和产品来进行历史形象的传承。尽管老的店面已经不复存在，但这类文化空间仍然具有极强的文化感染力和鲜明的文化个性，很难被其他大众化、均质化的近似文化空间所取代。如果能够同时拥有高品质的物质和非物质要素——“双遗”文化空间，对于整个地域的历史风貌的构建与稳固其身份是有益的，既可以避免过于重视建筑形态的地域性塑造形成假古董，又可以避免文化“空心化”，即废弃文化空间的产生。因此，对这类“双遗”文化空间应该更加重视与保护，因为这类空间往往会因为建筑设施陈旧而难以为继。

四、文化空间的空间属性

研究依据文化空间的物质空间载体的空间特点，将文化空间分为四大类：面域文化空间、线域文化空间、点域文化空间和微文化空间（表 7）。在大运河沿线的历史风貌构成中，横向的运河沿线形态——线域文化空间和具有垂直线性形象的楼和塔——点域文化空间则起着重要的作用。

表 7　大运河沿线扬州段文化空间的空间属性

面域文化空间	天宁寺行宫、普哈丁墓、仙鹤寺、高邮南门大街历史地段、宝应古城、个园、何园、荷花池公园、竹西公园、大明寺、史公祠、卢绍绪宅、盐宗庙、朱自清故居、汪鲁门宅、汪氏小苑、小盘谷、瘦西湖
线域文化空间	东关街历史文化街区，仁丰里、湾子街、南河下历史文化街区，彩衣街、东圈门、河下历史文化街区，大运河河道沿线
点域文化空间	栖灵塔、镇国寺塔、隋炀帝陵、白塔、四望亭、文昌阁、文峰塔、鉴真纪念堂、大虹桥、便益门桥、藕香桥、问月桥、富春和冶春等大型店面、扬州运河大桥、徐凝门桥
微文化空间	扬州三春（富春、冶春、共和春）等小型外卖店面等、扬州老浴室（永宁泉、双桂泉、枝上泉）

1. 面域文化空间

面域文化空间为古城、古镇和大型的寺庙、园林和湖泊等，具有显著的区域文化凝聚力和认同感，也是区域文化个性的铸造者。

2. 线域文化空间

线域文化空间为水体和历史街区等，具有较强的区域文化凝聚力和认同感，也是区域文化个性的铸造者。

3. 点域文化空间

点域文化空间为独立的山体、古塔、建筑和楼塔等，具有较强的区域文化认同感，也是区域文化个性的重要代表物。

4. 微文化空间

微文化空间是指在微观上拥有经常性较为活跃的文化活动的活态文化空间，很多都属于人流密集型的生活化的世俗文化空间和文化单遗空间，也有一些属于双遗文化空间，例如扬州老浴室等。这些微文化空间是地区文化生活的基础，贯穿于市民生活的各个环节，每个空间的力量并不是太强，但是能够形成合力，长期并持续地发挥作用。它们是形成面域和线域文化空间的单元子空间[9]。微文化空间有着较强的生命力，关乎着文化空间发展的后劲[10]，只有把微文化空间做好，才能从根本上做好由它们所形成的规模较大的文化空间，才能够使这些文化空间可持续发展。

面域文化空间、线域文化空间和点域文化空间这三种类型的文化空间对于大运河沿线的扬州段物质景观的影响作用尤为突出，但它们在区域文化个性和认同感方面不能起到全部的作用，而区域文化个性和认同感与微文化空间关系密切。微文化空间是市民积极参与文化生态系统的广阔土壤，是大运河沿线文化生态系统建设的基础，是区域文化个性与文化认同感的最为重要的传承与传播之地。面域文化空间、线域文化空间、点域文化空间和微文化空间组成的网络空间组织则是研究的重点。

五、文化空间的空间构型分析

在空间上以面域文化空间、线域文化空间、点域文化空间和微文化空间为研究对象进行多层次分析[11]。

1. 在街巷层面上的空间构型分析

微文化空间珠串式空间组合形态，研究其一维和二维生长规律，集簇方式和空间属性搭配。

一维构型：沿 X 或 Y 轴方向延伸单元组织形态（连续、间隔、隔离等）。

二维构型：沿 X 和 Y 轴方向延伸单元组织形态（连续、间隔、隔离等）。

三维构型：沿 X、Y 和 Z 轴方向延伸单元组织形态（连续、间隔、隔离等）。

集簇形态：规模化。

（X 轴是主街巷平面轴线，Y 轴是辅街巷平面轴线，Z 轴是垂直高度轴线。）

（1）一维构型

东关街、彩衣街和东圈门等历史文化街区和具有历史风貌的老街的主街上存在着拥有不同文化种类和属性的微型文化空间。东关街、彩衣街和东圈门的微型文化空间呈 X 轴方向排列，而仁丰里的微型文化空间呈 Y 轴方向排列（图 7）。

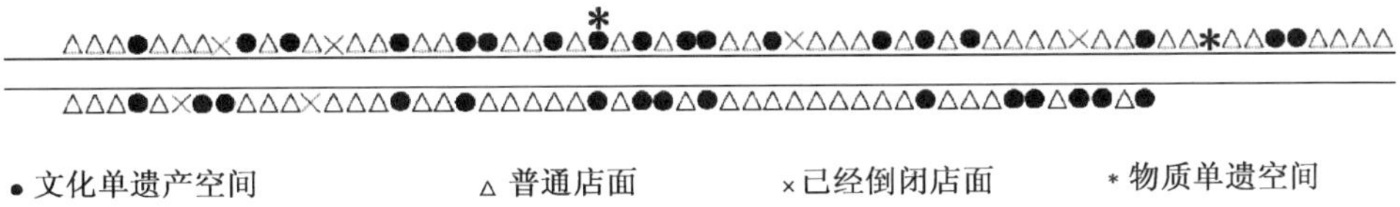

图 7　彩衣街主街两侧微文化空间一维构型

（2）二维构型

街与巷分别沿 X 和 Y 轴或 Y 和 X 轴方向延伸成为不同规模的面域文化空间。东关街、仁丰里、湾子街和南河下等历史文化街区就是由这种由线到面的关系构成的。

（3）三维构型

以线为骨架、面为基底、Z 轴方向的塔楼和牌坊等文化空间为区域空间景观的竖向支撑，形成文化空间系统。当这些微空间高密度发展时，就会成为集簇形态。

2. 大运河扬州段的空间构型分析

空间分析主旨在于驾驭景观的空间标点、一维、二维和三维构型等有利于形成景观的文化空间（图 8）。

空间标点：起到空间标志性的文化空间。

一维构型：起到空间标志性的线域文化空间形体，例如河道、河堤和老

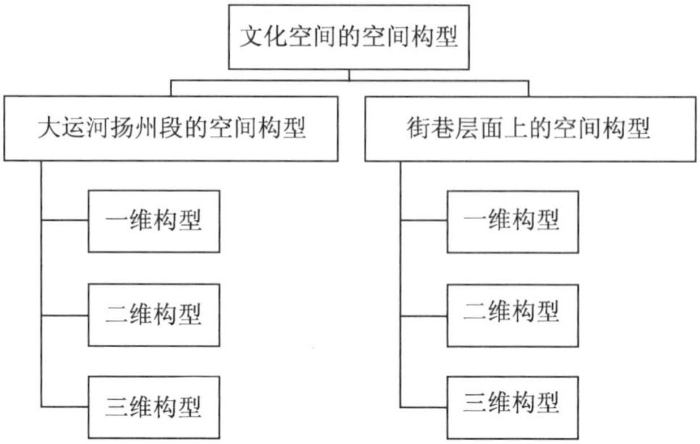

图 8　文化空间的物质空间载体属性

街等线性形体。

二维构型:起到空间标志性的面域文化空间形体,例如泾渭分明的古城、古镇和宫舍寺庙等。

三维构型:因循地势,借助地势高差联系面域文化空间、线域文化空间和点域文化空间形成的三维立体形体等。

(1) 空间标点

如图 9 所示,大运河扬州段北部空间标点呈珠链式均匀布局,而中部则主要集中于中部核心地带,南部在西侧中部形成大规模核心区域。因此,大运河沿线扬州段的历史风貌就文化空间布局而言,是相当有特色的。大运河扬州段的空间节奏疏密相间,北起里排河与大运河连接处,在镇国寺塔、盂城驿等处形成小高潮,在西南段扬州城区瘦西湖等处形成大高潮,局面相当繁荣,而最后以高旻寺和瓜洲古渡等文化空间形成终章。

(2) 一维构型

如图 9 所示,大运河沿线扬州段的一维构型,以大运河为主线,扬州古运河和明清运河故道为副线,穿插古邗沟故道等线性空间,形成了大运河扬州段历史风貌的文化空间骨架。

(3) 二维构型

如图 9 所示,大量的面域文化空间存在于大运河扬州段的南部西侧中部,即扬州城区,进而由这些面域文化空间、线域文化空间及点域文化空间形成大规模核心面域文化空间。其他的面域文化空间则存在于大运河扬州段的北段中部、大运河扬州段的中段中部和大运河扬州段的南段西南部。

(4) 三维构型

如图 9 所示,北起镇国寺塔,中为万福闸、栖灵塔、白塔、文昌阁和文峰塔,南为银岭塔,这些垂直点域文化空间结合二维构型和一维构型,形成了大运河沿线扬州段的三维空间网络所构筑的历史风貌。

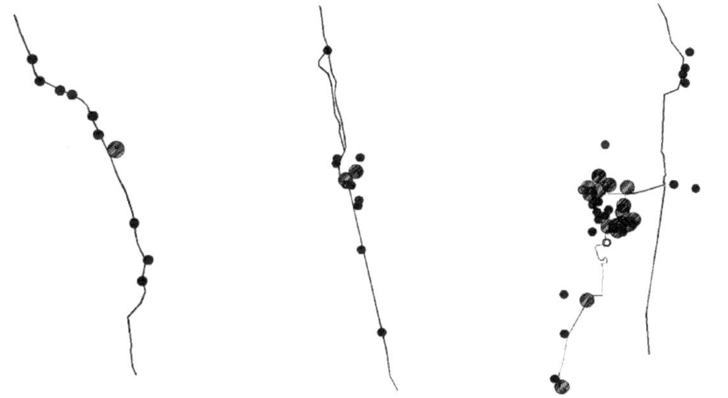

a. 运河沿线扬州段北部　b. 运河沿线扬州段中部　c. 运河沿线扬州段南部

● 水平点域文化空间　○ 垂直点域文化空间　面域文化空间　线域文化空间

图 9　文化空间三维布局

六、结论

1. 以文化空间属性的转化原则与方法为基础,基于系统化和动态理论,构筑微文化空间的空间网络体系,在此基础上进行局部微文化空间基于现有空间模式有选择的质量提升。

(1) 异文化空间向本土文化空间转化

单一文化空间和多文化空间有利于促进区域文化个性和认同感的建立[12-13]。异文化空间是一种没有承载区域文化内涵的物质空壳,在文化生态系统的建设上作用有限,有时因为承载到与本地域文化相差过大的文化内涵,甚至会起到相反作用。在异文化空间数量超规模发展,损害到地域文化个性时,应本着大运河沿线扬州地段上游和下游文化的同源性,适当增加本土或同源文化空间的构建或强化,增强地域文化特性和区域认同感,或同时将一些大众、化均质化的异文化空间适当清除出去,以不影响地域发展所需的异文化空间所提供的支撑服务为限。

(2) 废弃文化空间向活跃文化空间转化

废弃文化空间的物质载体空置,在文化传承上有条件的重新延续,没有条件的可以有限度地进行本土文化的植入,使其成为真正的文化物质载体。

(3) 非特定群体向高质量受众群体的转化

特定群体空间往往集中着特定文化需求的传承人与受众群体,在这种空间中区域认同感强烈。可以在这种文化空间中进行行为上的"提纯",强化文化氛围。

(4) 单遗向双遗转化

在一定情况下,可以将非文化空间转化为文化单遗(非遗或遗存)空间,例如植入非遗或遗存的活动。对于一些物质单遗(历史建筑遗产或自然遗产)也可以用同样的方法将它们转化为双遗(自然或建筑遗产和非遗并存)文化空间。

2. 以文化空间的空间属性保护为基础,基于系统化和动态理论,提升微文化空间的质量,在此基础上进行局部空间乃至大空间网络的优化。

(1) 维持空间标点、一维构型(宏观与微观)、二维构型(宏观与微观)和三维构型(宏观与微观)。

注意防止网络空间在宏观和微观网络构型上出现断点、断线和断面,破坏区域文化空间网络体系。对一些重要的空间标点和周围的环境要重点保护,空间标点是空间网络体系的重要支撑。一维构型(宏观与微观)主要是防止出现断点,二维构型(宏观与微观)主要是防止出现断线,三维构型(宏观与微观)主要是防止出现断面。一维构型最容易遭到破坏,稳定性较弱,其次是二维构型(宏观与微观)和三维构型(宏观与微观)。

(2) 强化空间标点、一维构型(宏观与微观)、二维构型(宏观与微观)和三维构型(宏观与微观)。

在原有的基础上优化文化空间的文化属性及文化空间周围的环境,可以强化原有的空间网络体系,甚至可以给原有的空间网络体系添加新的一维、二维和三维空间构型。

3. 以文化空间属性的转化原则与方法为基础,基于系统化和动态理论,构筑属性文化空间的网络体系,进行时间轴的四维立体文化生态系统构建,在此基础上进行局部文化空间有选择的质量提升。

（1）实时监测

实时检测单个文化空间和文化空间网络的变化，这些变化一般都源于文化微空间的渐变，这些渐变包括文化空间文化属性的提升或降低、物质空间的扩张与收缩、文化空间的增加或减少和文化空间的位移等。

（2）实时修正

微文化空间变化的增幅会导致文化空间的空间网络体系的变化。因此，需要根据检测数据进行实时调整，改善和补救微文化空间所存在的问题。

（3）针对性调整

针对现有的文化空间恶化、空间体系缺失进行修补性调整，可以通过改善文化空间属性、增加或迁移文化空间等方法来进行针对性调整。

作者简介

陈星（1975—），女，扬州大学副教授，博士，主要从事城市规划、建筑设计、文化遗产研究。

参考文献

[1] 陈亮. 历史文化遗产保护理念研究——以福州三坊七巷保护规划为例[J]. 规划师，2008，24(8)：32-36.

[2] Sila Durhan，Yekta özgüven. Breaking the Duality：The Historical Peninsula of Istanbul as an Open-air Museum [J]. Journal of Cultural Heritage，2013，14(3)：e183-e188.

[3] KEA. The Creative Economy in Europe-EU Policies and Creative Urban Hubs [M]. Brussels：KEA European Affairs，2009：66-67.

[4] 钟行明. 历史文化街区的活力复兴——以济南芙蓉街历史文化街区为例[J]. 现代城市研究，2011，44(1)：44-48.

[5] 薛林平. 建筑遗产保护概论[M]. 北京：中国建筑工业出版社，2013：3-5，83-92.

[6] 邵甬. 大城市中心历史街区的保护与价值重现——以巴黎马莱保护区为例[J]. 北京规划建设，2013(3)：32-40.

[7] 张术平. 历史文化名城可持续发展理论与实践研究[D]. 武汉：武汉理工大学，2012.

[8] 闫丛丛. 古镇景观的规划设计研究[D]. 上海：华东理工大学，2014.

[9] Dalia A. Elsorady，Heritage Conservation in Rosetta (Rashid)：A Tool for Community

Improvement and Development[J]. Cities, 2012, 29(6): 379-388.

[10] Christopher Tweed, Margaret Sutherland. Built Cultural Heritage and Sustainable Urban Development[J]. Landscape and Urban Planning, 2007, 1(83) : 62-69.

[11] Sharon Zukin. The Social Production of Urban Cultural Heritage: Identity and Ecosystem on an Amsterdam Shopping Street[J]. City, Culture and Society, 2012,3(4):281-291.

[12] Hesamaddin Sotoudeh,Wan Mohd Zakri Wan Abdullah. Evaluation of Fitness of Design in Urban Historical Context: From the Perspectives of Residents[J]. Frontiers of Architectural Research,2013,2(1):85-93.

广船的考古空白、研究误区与历史上的形态

戴柔星

摘　要：古代海上贸易的载具是木构帆船，中国古代帆船的船型基本上可以归纳为四种：沙船、浙船、福船和广船。前三者在考古发掘中已有发现，但是广州作为长期与外国接触的港口，广船反而呈现空白。与此同时，自1980年代开始，随着东南亚水下考古活动的发展，在判断沉船身份时开始形成给东南亚沉船下定义的看法，其中包括以木钉作为“南中国海传统”船型的判断依据，这造成几乎所有东南亚沉船都被定义为东南亚船或阿拉伯/印度船，中国帆船迟至明代以后才在东南亚出现的论点。但是从中国古代文献记录显示，舷外浮材、缝合船板造船法、木钉拼合造船法也为中国南方船型所使用。本论文通过文献梳理，了解广船的形态，指出目前的研究误区，并希望考古工作能够证实广船的存在。

一、广船的考古空白

中、西方船史学家和考古学家这三个跨地域、跨学科的研究中，各自对中国古代船型的研究都提出了看法。《中国科学技术史》一书归纳明代船型为沙船、广船、福船三型。[①] 吴春明教授在《环中国海沉船——古代帆船、船技与船货》一书中进一步把中国传统船型细分为四种，增加了浙船船型。[②] 由此可见，中国古代设置市舶司的四个东南沿海省份，各自有造船的传统。

江苏船型是长江三角洲流域的传统船型，在宋元时期称为平底船，是宋代水军中的一种船型，在元代作为海上运粮船使用，进入明代始称沙船，在《筹海图编》《武备志》中多有记载。研究中国船史的西方学者也把沙船称为

① 席龙飞、杨熺、唐锡仁：《中国科学技术史・交通卷》，北京：科学出版社，2004年，186页。

② 吴春明：《环中国海沉船——古代帆船、船技与船货（上、中、下）》，南昌：江西高校出版社，2003年，77-88页。

“江苏货船”，并认为沙船是多种中国传统船型的原型。① 平底船型目前还在使用，在考古中也多有发现，在此不赘述。

浙江船型在沉船考古中多有发现。宁波东门口宋代沉船、宁波象山明代沉船的尖圆底结构、龙骨结构，都是宁波船的特征。

福建船型有1974年福建泉州湾后渚港出土的宋代沉船，沉船龙骨一端有“保寿孔”放置铜镜、铜铁钱，排列似“七星伴月”状。此外，韩国新安沉船的龙骨也有保寿孔，近年发现的“南海一号”也属于福船船型。

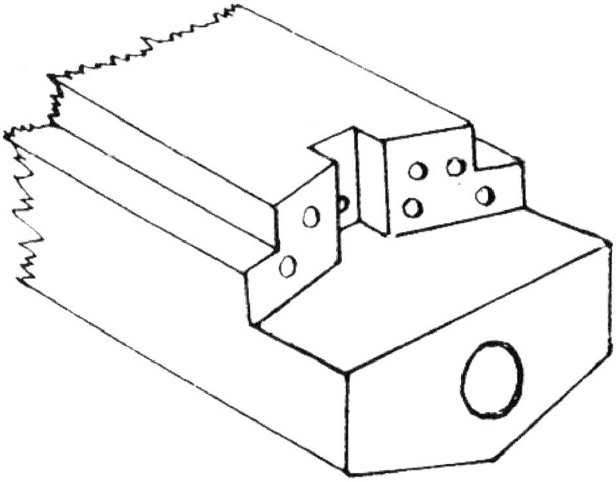

图1 福船龙骨接头处的保寿孔

四大船型的苏船、浙船、福船在考古发掘中已有发现，但是广州作为长期与外国接触的港口，广船反而呈现空白。

二、“南中国海传统”船型的讨论

广船的空白状态，除了是中国水下考古尚无资料发表之外，另外一个可能性是学界的认识误差。

法国学者芒更（Pierre-Yves Manguin）自20世纪80年代以来根据水下考古发现的沉船，质疑李约瑟给予中国船史过高的评价。② 他通过一系列的

① 李约瑟：《中国科学技术史·土木工程与航海技术》，北京：科学出版社，2008年，441页。

② Pierre-Yves Manguin. Trading Ships of the South China Sea. Journal of the Economic and Social History of the Orient, Vol. XXXVI, p. 253, 268.

考古发现：1926 于马来西亚彭亨州发现的 Pontian 沉船（C^{14} 测年为公元 260—430 年）、泰国南部甲米府 Wat Khlong Thom 博物馆藏的沉船残片（由于同 Khuan Luk Pat 的珠串生产地点有密切关系，判断其年代为 1～5 世纪之间）、菲律宾布端沉船（C^{14} 测年为公元 260—550 年和 1270—1410 年）、1988 年发现的苏门答腊 Sambirejo 沉船（C^{14} 测年为 610—775 年）、1989 年于北苏门答腊的棉兰发现的 Paya Pasir 沉船（由于木质败坏，通过陶瓷断代为 12～14 世纪）、同年于南苏门答腊发现的 Kolam Pinisi 沉船（碳十四断代为 434—631 年），指出这些沉船都有一个共同点，即使用桄榔（Arenga Pinnata）纤维缝合船板或系绑船板，这种造船技术在东南亚至 20 世纪仍然存在。Wat Khlong Thom 和 Pontian 沉船都使用缝合船板的技术，后者还同时采用木钉拼合船板，显示其造船技术开始从单纯的缝合船板过渡为开始使用木钉拼合船板。较后的布端沉船和现代的印度尼西亚传统船型都已经摒弃缝合船板的技术。他又引用 3 世纪和 8 世纪的中国文献说明：东南亚的船很大；不使用铁钉，只用植物纤维缝合船板；多层船板；多桅风帆；没有“舷外浮材”的记录。他又引用葡萄牙人 16 世纪的文献说明：东南亚船的载重量很大，能载 1 000 人；东南亚船不使用铁钉，船板使用木钉拼合；多层船底包板覆盖船板缝隙；16 世纪的马来船型仍然使用 8 世纪婆罗佛屠浮雕中显示的双尾舵；东南亚船采用多桅杆，一般 2～4 个，另加船首斜桅，类似婆罗佛屠浮雕中的船首斜桁帆；造船基地位于 Rambang 港、爪哇北岸的井里汶、婆罗洲南岸、缅甸马达班湾的勃固（Pegu）。①

他根据历史学家研究，归纳中国船在 10 世纪以后的特点为：水密舱结构，平底或圆底，没有真正意义上的龙骨，一般没有肋骨；以铁钉钉连，常有多层船壳板；使用中轴舵；使用斜桁四角帆。

他又根据出土的 13 世纪至 18 世纪的沉船特征，提出“南中国海传统”船型的看法。其特点是：船板用铁钉钉连在肋骨上，少数只使用木钉；有些使用中轴舵，其他的使用双尾舵；有船舱结构，但不是水密舱，舱壁下有流水孔；这类船都是尖底船，有龙骨，并认为这是与中国平底船最大的不同。

他的看法在进入 21 世纪后获得弗莱克（Michael Flecker）的呼应。他以

---

① Pierre-Yves Manguin. Trading Ships of the South China Sea. Journal of the Economic and Social History of the Orient, Vol. XXXVI, p. 253-280.

20 世纪 80 年代以后 30 年间出土的 20 余艘沉船支持“南中国海传统”船型的看法，但是修正了这种船型的最大特征指标。他根据考古发现，提出“南中国海传统”船型有以下结构：船身呈 V 形，船舭以下平底；使用龙骨；多层船板；每个船舱附有一个肋骨；舱壁和肋骨有流水孔；船板边接使用木钉；舱壁板边接使用木钉；船壳内板与肋骨使用方形铁钉钉连；船壳内板同口连接；船壳外板的端接平口对接；船壳外板被钉在内板上；扶强材穿透内层船壳钉牢在舱壁上；双孔桅夹座；纵向支撑的桅座；横向桅杆支撑梁；龙筋；中轴船舵；舵承座；舱壁可眠桅槽。他认为，这些船是 14 世纪末泰国瓷器兴起后出口陶瓷的航具，真正的特点是采用木钉边接和相应的先造船壳后加船身结构的技术，船型是 V 形的。这种船型在 16 世纪泰国瓷器贸易衰微后便退出历史舞台。①

根据弗莱克的论点制作以下图表：

表 1 “南中国海传统船型表”

船名	雅加山	富国Ⅰ	富国Ⅱ	暹罗湾中部	克兰岛	卡达岛	锡昌岛Ⅲ	帕提雅	皇家南海	南洋	龙泉	潘达南	圣库鲁斯	沙咀	金瓯	占婆岛
V-U 船型																
三段龙骨							是	是								
多层舷板	3	3	是	3				是				2	2	2		
舱壁	17	15	是	14	12		9+	13	18	是			是	是	是	19
肋骨	是		是	是				是					是			
流水孔		是						是								
舷板木钉边接	是	是		是	是	是	是	是	是	是	是	是	是	是	是	是
舷板铁钉边接			是													
舱壁板木钉边接		是	是	是	是				是		是					
壳内板钉肋骨舱壁	是	是		是									是			
舷内板同口连接				是			是	是								
舷外板端接平口对接				是				是								
舷外板被钉在内板上				是			是									

① Michael Flecker. The South-China-Sea Tradition: The Hybrid Hulls of South-East Asia. The International Journal of Nautical Archaeology, 2007,36(1):75-90.

（续表）

船名	雅加山	富国Ⅰ	富国Ⅱ	暹罗湾中部	克兰岛	卡达岛	锡昌岛Ⅲ	帕提雅	皇家南海	南洋	龙泉	潘达南	圣库鲁斯	沙咀	金瓯	占婆岛
扶强材		是		是												
石灰捻料				是												
桅夹柱座								是	是							
桅座单孔							是									
纵向支撑的桅座							是									
横向桅杆支撑梁				是												
龙筋				是												
中轴船舵				是												
舵承座				是												
舱壁可眠桅槽				是												

根据此表，“南中国海传统”船型标准特征为船壳板使用木钉边接，表中唯一不以木钉作为船板边接的“富国二号”因此被视为中国船。

基于以上认识，他认同芒更①的看法，即认为中国自 8 世纪起才有具备远洋性能的海船，再根据考古发掘判断中国远洋船迟至 13 世纪（1271 年的泉州沉船、1323 年的新安沉船）才获得证实，而中国船在东南亚的出现迟至 1400 年以后，17 世纪以后才更常见。

以上观点把缝合船归类为印度洋/中东的传统船型，使用木钉的拼板船归类为马来群岛的传统船型，而具有中国船结构的“南中国海传统”船型被归类为泰国船，导出中国船迟至明代才在东南亚出现这样的结论。

三、广船在历史文献中的形态

“南中国海传统”船型本质上是具有东南亚元素的中国船型。有证据表

① Pierre-Yves Manguin. Relationship and Cross-Influence Between Southeast Asian and Chinese Shipbuilding Traditions. SPAFA Consultative Workshop on Research on Maritime Shipping and Trade Networks in Southeast Asia, 1984.

明，中国自唐代开始已经存在具有东南亚元素的船型。唐代李筌《太白阴经》(759 年)记载了海鹘船，作为战船使用。

海鹘，头低尾高，前大后小，如鹘之状，舷下左右置浮板形如鹘翅翼，以助其船，虽风涛涨天，免有倾侧覆背。[舷][1]上左右张生牛皮为城，牙旗、金鼓如常法，此江海之中战船也。[2]

这种战船"左右置浮板形如鹘翅翼"，同样的船型可以在 8 世纪婆罗佛屠的浮雕上看见。

图 2 婆罗浮屠浮雕上的船型(摄影：戴柔星)

在爪哇婆罗浮屠的浮雕上有四艘船有舷外浮材，显然是当时爪哇船的特征之一。李筌在"水战具"篇中称之为"海鹘"，视为海军战舰之一，说明唐代海军的军舰中也有这种船型，而"海鹘"之用是能够抗"风涛涨天"。《宣和奉使高丽图经》(1124 年)卷三十四："于舟腹两旁缚大竹为橐以拒浪。"[3]说

---

[1] 原文缺"舷"字，作者补。因为缺字，后世引用的人更改字句，海鹘船的结构不得流传。

[2] 杜佑：《通典》卷一百六十"水战具"，杭州：浙江古籍出版社，2000 年，典 849。

[3] 徐兢：《宣和奉使高丽图经》，《文渊阁四库全书》，台北：台湾商务印书馆，第 593 册，892 页。

明至少到北宋末期，舷外浮材仍然存在于中国海船上。但是到了明代，茅元仪《武备志》(1628年)“海鹘图说”中的描述与李筌的文字有所不同：

海鹘者，船形头低尾高、前大后小如鹘之形。“舷上”左右置浮板，形如鹘翼翅助其船，虽风涛怒涨而无侧倾覆背。左右以生牛皮为城，牙旗金鼓如常法。①

与海鹘船型有关的关键字眼，由李筌《太白阴经》的“舷下左右置浮板形如鹘翅翼”，改为茅元仪《武备志》的“舷上左右置浮板形如鹘翼翅”，而“[舷]上左右张生牛皮为城”改为“左右以生牛皮为城”。两个关键词汇“舷上”和“[舷]下”经过修改，海鹘船型的结构就完全不同了。茅元仪有关海鹘的描述，不是来自杜佑的《通典》，而是引自曾公亮(999—1078年)的《武经总要》(1044年)：

海鹘：海鹘者，船形头低尾高、前大后小如鹘之形。“船上”左右置浮板，形如鹘翼翅助其船，虽风涛怒涨而无侧倾覆背。左右以生牛皮为城，牙旗金鼓如常法。②

李筌的《太白阴经》在收入杜佑的《通典》时在关键字眼中出现了漏字，曾公亮在编撰《武经总要》时加以修订，但是把上句“舷下”改为“船上”，把下句漏字“[舷]上”删了。此书是康定元年(1040年)奉旨编撰的兵书，常为历代兵家所引用，经此一改，后世遂对海鹘船产生错误的理解。不过，茅元仪的《武备志》首先提出广船船型与海鹘船型相似的论点：

广船：视福船尤大，其坚致亦远过之，盖广船乃铁力木所造，福船不过松杉之类而已。二船在海若相冲击，福船即碎，不能当铁力之坚也。倭夷造船，亦用松杉之类，不敢与广船相冲。广船若坏，须用铁力木修理，难乎其继，且其制下窄上宽，状若两翅，在里海则稳，在外海则动摇，此广船之利弊也。③

《武备志》这段文字，前半段引自胡宗宪《筹海图编》，但是《筹海图编》的下半段有很长的篇幅是议论广船的利弊，《武备志》把这段议论完全删除，提

① 茅元仪：《武备志》卷一百十六“战船”，《续修四库全书》影印明天启刻本，上海：上海古籍出版社，1995年，第964册489页。

② 曾公亮：《武经总要前集》卷十一“海鹘”，《文渊阁四库全书》，台北：台湾商务印书馆，第726册385页。

③ 茅元仪：《武备志》，489页。

出不同见解:“其制下窄上宽,状若两翅,在里海则稳,在外海则动摇,此广船之利弊也。”其特别之处在于“其制下窄上宽,状若两翅”这两句话,基本上把广船和海鹘船联系起来。茅元仪在“广东船”的图说中指出:

广船:两旁搭架摇橹、风蓬扎制具与福船不同。①

这里的“两旁搭架”一般理解为广船有船舷外侧的延伸甲板,不过这里不排除这种“搭架”不是延伸甲板(延伸甲板不需要搭架)而是舷外浮材。除此之外,茅元仪也在《武备志》的“广船图说”中指出:

广船今总名乌艚②,又有横江船各数号,其称白艚者,则福建船式也。③

这是很令现代研究人员困惑的一句话,因为现在所了解的“鸟船”是浙江船型,甚至被视为“中国四大船型”沙船、鸟船、福船、广船中的一种。如果参看范涞《两浙海防类考续编》的“海船图说”,就可以看见问题所在:

鸟船式:鸟船之制,稽自福建沿海民人造装客货,浙中初无此船式,与草撇船仿佛,通商已来,每载糖铁板木到关,目击其便,但船身长妥,两膀有橹六支,尾后催稍橹二支。不畏风涛,行驶便捷,近将应拆草撇、苍船改造补额,谓其额兵船,税相须,且往来南北洋搜哨,较之福、草、苍、艚等船无出其右,可与沙唬齐驱也。④

范涞明确指出这不是浙江的传统船型,而是“福建沿海民人造装客货”,“近将应拆草撇、苍船改造补额,谓其额兵船”。草撇是仅次于大福船的福建船⑤,苍船是浙江的小船⑥,鸟船船型在浙江增添了草撇船和苍船的部件,产生了新的船型,但是当地仍然习惯性地称呼这种新船型为鸟船。其创制年代为范涞撰著《两浙海防类考续编》的晚明时期,此后成为浙江船型之一。

鸟船在浙江与福船融合成为新的船型,那么作为广东船的鸟船形制如何?《武备志》在讨论福船时,将福建船分为六等:

按福建船有六号:一号、二号俱名福船,三号哨船,四号冬船,五号鸟船,

---

① 茅元仪:《武备志》,488页。

② 《续修四库全书》把“鸟艚”误为“乌艚”,从行文可知是手民之误,其他各本用“鸟船”或“鸟艚”。

③ 茅元仪:《武备志》,489页。

④ 范涞:《两浙海防类考续编》卷之十“海船图说”,明万历三十年刻本,《续修四库全书》,上海:上海古籍出版社,1995年,739册582页。

⑤ 胡宗宪:《筹海图编》卷十三,《文渊阁四库全书》,台北:台湾商务印书馆,1983年,第584册407页。

⑥ 胡宗宪:《筹海图编》,409页。

六号快船……鸟船、快船能狎风涛，便于哨探……①

这里的福建“鸟船”自然是前述与广船不同的福建鸟船“白艚”，而这种白艚鸟船，又名开浪船：

开浪船：即鸟船，特今不用桨。快船与鸟船亦同而差小耳。

戚继光云：开浪以其头尖故名。吃水三四尺，四桨一橹，其形如飞，内可容三五十人，不拘风潮顺逆者也。

庄渭阳曰：广船不如福船，广船下挟上阔，不奈巨浪，又其上编竹为盖，遇火器则易燃，不如福船上有战棚，御敌尤便也。往年游击侯国弼改造福船，也有成效，今合酌用其制，底用广船式，上用福船面，庶足涉鲸波而销氛祲也。②

从这段记载可以很明确地了解所谓的福建鸟船（白艚、开浪船），其实是一种广东船和福建船的混合体，这种船型的下层结构采用广船的船型，上层结构采用福船甲板上的构造。由于福建鸟船只采用了福船“战棚”这样的上层结构，那么我们可以大致了解戚继光所谓的“开浪以其头尖故名”指的就是广船的船头结构。特别值得注意的是，戚继光描述这种船的形状为“其形如飞”，这也能够很好地说明广船的船形。加上“快船与鸟船亦同而差小耳”说明鸟船的速度应该很快，而且“鸟船、快船能狎风涛”，这与《两浙海防类考续编》中鸟船“船身长妥……不畏风涛，行驶便捷”的描述几乎一致。至此，我们了解到鸟船尖头、船身修长、行动迅速，不畏风涛。加上“两旁搭架摇橹、风蓬扎制具与福船不同”，明代广船的形象就比较清晰了。

尽管李筌的《太白阴经》并没有明确说明唐代的海鹘船是广船，但是海鹘具有舷外浮材的结构是很明确的，其最大作用是“虽风涛涨天，免有倾侧覆背”，直到明代广船仍然是“其形如飞”“两旁搭架摇橹”，“能狎风涛”“不畏风涛”，但是加上尖头的形制，能够快速行驶。至于唐代和明代之间的宋元时期，广船船型应该介于两者之间。

广船的宋元历史文献比福船丰富，最重要的是朱彧的《萍洲可谈》和周去非的《岭外代答》。朱彧的父亲朱服（1048—?）于徽宗建中靖国元年（1101年）任广南东路经略安抚使。崇宁（1102—1106）年间，朱彧到广州，后于

① 茅元仪：《武备志》，490页。

② 茅元仪：《武备志》，491-492页。

1119年著《萍洲可谈》，详细记载广州市舶，其中有海船的记载：

船方正若一木斛，非风不能动。其樯植定而帆侧挂，以一头就樯柱如门扇，帆席谓之“加突”，方言也。海中不唯使顺风，开岸就岸风皆可使，唯风逆则倒退尔，谓之使三面风，逆风尚可用矴石不行。①

根据朱彧的描述，广州所见的海船长宽比非常小。泉州沉船复原后的长宽比是1∶2.87②；新安沉船的长宽比为2.8③，都是长宽比比较小的船型，即相对宽而短。朱彧描述的船型接近正方形，这是广州所见海船给他在视觉上的感觉，不表示当时的海船船型是正方形的，但是他的描述却很形象地透露出广州所见海船的长宽比是很小的，这与中国出土的古代货船长宽比相符。文中对船帆的描写也很值得注意，因为古今中外的船帆发展史就是由横帆向纵帆发展的过程，由于横帆只能顺风航行，而纵帆能够绕着桅杆旋转，可以利用横风甚至逆风（纵帆和横帆的根本不同是纵帆的帆篷不对称地挂在桅杆上，桅杆两侧的帆篷面积不等④）。朱彧所谓挂帆“如门扇”的船帆，明显地有纵帆的特征。他所谓的“三面风”，指的就是顺风和左、右两面的横风，只有逆风无法行船。由此可知，北宋时广州所见的船型短而宽，使用纵帆，能够驾驭顺风、横风，只有极难掌握的逆风无法行船，并使用碇石停船。

朱彧提供的宋代海船资料很符合人们对中国传统船型的看法，而周去非所提供的宋代船舶资料则少为人所注意，但是其意义却是非凡的。周去非（1134—1189）在担任广西静江府县尉时，随事笔记，撰成《岭外代答》（1178年）。其中，“藤舟”条记载：

深广沿海州军，难得铁钉桐油，造船皆空板穿藤约束而成。于藤缝中，以海上所生茜草，干而窒之，遇水则涨，舟为之不漏矣。其舟甚大，越大海商贩皆用之。而或谓要过磁石山而然，未之详尔。今蜀舟底以柘木为钉，盖其江多石，不可用铁钉，而亦谓蜀江有磁石山，得非传闻之误？⑤

这段记载明确说明深广沿海州军使用一种“缝合”船板的造船法。根据

① 朱彧、李伟国：《萍洲可谈》，北京：中华书局，2007年，133页。

② 席龙飞、杨熺、唐锡仁：《中国科学技术史·交通卷》，116页。

③ 席龙飞、杨熺、唐锡仁：《中国科学技术史·交通卷》，148页。

④ 李约瑟：《中国科学技术史》，643页。

⑤ 周去非、杨武泉《岭外代答校注》卷六“藤舟”，北京：中华书局，2006年，218页。

周去非的解释，由于深广沿海州军不易获得铁钉钉连船板和桐油捻缝，需要以藤条缝合船板，并以茜草（Rubia cordifolia）塞紧缝隙，这种干草在遇水膨胀后能够起防漏作用。此外，他也指出蜀舟使用柘木（Maclura tricuspidata）制作的木钉拼合船板，不使用铁钉。

缝合船板一般被视为中东、印度的造船传统，木钉拼合船板是太平洋南岛语族的造船传统。1998 年至 1999 年间于印尼勿里洞岛水域出水的黑石号沉船就是一艘 9 世纪的缝合船，长 18 米、宽 6.4 米。船舷板边接以棕绳缝紧，其龙骨与首柱以榫卯结构衔接，并以 16 毫米直径的棕绳绑紧。船板缝在龙骨和肋骨上，钻孔间隔 5～6 厘米；钻孔穿透船板，缝合用的棕绳贯穿船舷内外。黑石号打捞后，阿曼以传统造船法仿造黑石号，建造了“马斯喀特珠宝号”缝合船送给新加坡，其缝合船板的细部特征可以很好地说明这种造船方法。

图 3　马斯喀特珠宝号缝合船细部特征（照片：《马斯喀特珠宝号》①）

东南亚南岛语族的拼板船则没有贯穿船板内外的钻孔，而是在两块船板边沿钻孔，然后以木钉拼合船板（图 4），船舷内外都看不见钻孔或木钉的

① Megan Furman. Jewel of Muscat. Muscat：Sultanate of Oman，2015：31.

痕迹。但是在船舷内侧,上下船板都有刳系,以绳索绑在类似肋骨的结构上(图5)。

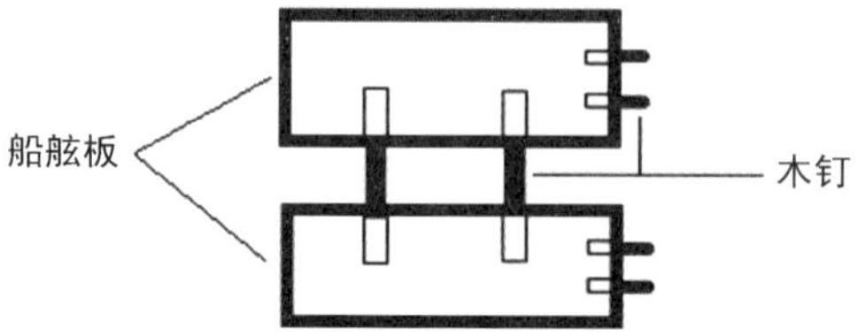

图4 两块船板边沿钻孔,然后以木钉拼合船板示意图

图5 菲律宾国家博物馆的布端沉船,船舷内侧上下船板都有刳系,以绳索绑在肋骨上(摄影:戴柔星)

根据周去非的记录,中国东南、西南也有使用缝合船板和木钉拼板的传统,那么在考古发掘中要判断缝合船和拼板船的来源,就必须把中国东南和西南的因素考虑在内。

明代以后的文献对广船的描述着重于强调铁力木的使用。《武备志》对广船的评价是:

广船若坏须用铁力木修理,难乎其继。且其制下窄上宽,状若两翼,在里海则稳，在外海则动摇，此广船之利弊也。①

《明史》同样强调广船的用材：

广东船，铁力木为之，视福船尤巨而坚。其利用者二，可发佛郎机，可掷火球。②

铁力木(图6)，学名 Mesua ferrea (Sri Lankan ironwood, Indian rose chestnut)，分布于印度、斯里兰卡、孟加拉国、泰国、新加坡以及中国云南、广东、广西。木材质量极重，质地坚硬。

图6 铁力木(有红色嫩叶，开四瓣白花，容易辨认)(摄影：新加坡国家公园局③)

---

① 茅元仪：《武备志》卷一一七"广船"，第964册489页。

② 张廷玉：《明史》卷九十二"车船"，《文渊阁四库全书》，台北：台湾商务印书馆，1986年，第298册456页。

③ 新加坡国家公园局网站[2007-03-13]https://florafaunaweb.nparks.gov.sg/Special-Pages/plant-detail.aspx?id=3023

根据以上文献，广船在宋代有缝合船、拼板船的特征，明代以后强调以铁力木为材料。不过，目前的考古工作尚未有广船船型的发现，形成考古上的一个缺口。

四、结语

广船至今存在考古缺口，古代文献中有关中国海军和商船采用缝合船技术的记载几乎不受重视。广东在地理位置上与东南亚接近，与东南亚有共同的考古文化，加上从汉代开始就作为中国的门户与海外沟通，因此从原生文化或受外来影响两方面来看，广船与东南亚的传统船型有共同点不足为奇。而东南亚船型的研究者以非广船的中国船型为标本与具有东南亚船型特征的沉船做比较，然后得出以木钉拼合为东南亚船型特征的论点，并否定拼板船是中国船型的可能性。事实上，《岭外代答》所记载的深广州军使用的船型其不使用铁钉的技术有很坚韧的生命力，因为现代所能够观察到的唯一一艘传统广船金华兴号，船底不使用铁钉钉连船板[①]，这使以铁钉拼合为中国船型最大特征的论点站不住脚。

作者简介

戴柔星（1969—），男，南洋理工大学新加坡地球观测与研究所客座研究员，在亚齐地质灾害项目中从事出土陶瓷的分析工作。主要研究范围是陶瓷考古和古代海上贸易。

专著

[1] 杜佑. 通典[M]. 杭州：浙江古籍出版社，2000.

[2] Furman, M. Jewel of Muscat[M]. Muscat: Sultanate of Oman, 2015.

[3] 吴春明. 环中国海沉船——古代帆船、船技与船货[M]. 南昌：江西高校出版社，2003.

[4] 周去非，杨武泉. 岭外代答校注[M]. 北京：中华书局，2006.

[5] 朱彧，撰. 李伟国，点校. 萍洲可谈[M]. 北京：中华书局，2007.

---

① 黄文生：《百岁古帆船折射岭南文化底蕴》，《广州日报》2004-12-30[2017-03-12]http://xuewen.cnki.net/CCND-GZRB20041230ZZZ4.html.

论文集

[1] Manguin, P Y. Relationship and Cross-Influence Between Southeast Asian and Chinese Shipbuilding Traditions. SPAFA Consultative Workshop on Research on Maritime Shipping and Trade Networks in Southeast Asia. Bangkok: SPAFA, 1984.

汇编

[1] 范涞. 两浙海防类考续编[A]//续修四库全书. 上海:上海古籍出版社,1995:739.

[2] 胡宗宪. 筹海图编[G]//文渊阁四库全书. 台北:台湾商务印书馆,1983:584.

[3] 李约瑟. 土木工程与航海技术[G]//中国科学技术史. 北京:科学出版社,2008:第四卷第三分册.

[4] 茅元仪. 武备志[G]//续修四库全书. 上海:上海古籍出版社,1995:第 963-966 册.

[5] 席龙飞,杨熺,唐锡仁. 交通卷[G]//中国科学技术史. 北京:科学出版社,2004.

[6] 徐兢. 宣和奉使高丽图经[G]//文渊阁四库全书. 台北:台湾商务印书馆,第 593 册.

[7] 曾公亮. 武经总要前集[G]//文渊阁四库全书. 台北:台湾商务印书馆,第 726 册.

[8] 张廷玉. 明史[G]//文渊阁四库全书. 台北:台湾商务印书馆,第 298 册.

期刊

[1] Flecker, M. The South-China-Sea Tradition: The Hybrid Hulls of South-East Asia [J]. The International Journal of Nautical Archaeology, 2007, 36(1): 75-90.

[2] Manguin P Y. Trading Ships of the South China Sea [J]. Journal of the Economic and Social History of the Orient, 1993, 36(3): 253-280.

网页

[1] 黄文生. 百岁古帆船折射岭南文化底蕴[N/OL]. 广州日报,2004-12-30[2017-03-12] http://xuewen.cnki.net/CCND-GZRB20041230ZZZ4.html.

申遗视野下的海上丝绸之路和扬州价值

顾　风　刘尚杰

摘　要：本文从属性、特征、价值三个方面，对唐及以后扬州在海上丝路中的地位和作用作了初步的探寻和发掘，指出扬州是海上丝路的重要起点城市和著名港口，它在海上丝路沿线各节点城市中影响突出、作用重大、地位独特，在海上丝路文化遗产价值体系中地位不可替代。

关键词：海上丝绸之路；扬州；文化遗产

文化线路成为近年来国际遗产界的热门话题。在中国，大运河和丝绸之路是线型遗产的两个关注点。海上丝绸之路（以下简称“海上丝路”）因为线路本身的广域、内涵的丰富以及历史考证、学术成果的不确定性，在其遗产申报过程中必将面临一番各地学界、政界的纠缠和争执。

就像终点港口一样，海上丝路在不同历史时期，面向不同国家，先后有不同的始发港口。扬州作为海上丝路的一个著名港口，其在海上丝路历史中的价值和地位有必要在丝路申遗之前给予定义和梳理。

一、扬州是海上丝绸之路著名港口

隋代南北大运河的全线贯通掀开了扬州在中国历史上新的辉煌一页。汹涌澎湃的广陵潮激荡到8世纪中叶，扬州已成为唐朝第三大城市和富甲天下的东南第一都会。此时，西域的连绵战火阻断丝路的驼队，陆上丝绸之路骤然衰落，海上丝路成为我国对外交往的主要通道。扬州依托它优越的地理位置和在大唐经济版图中的不二分量，成为海上丝路的重要起点城市和东方著名港口。

1. 扬州当江、河、海运交汇之地

扬州在海上丝绸之路中的重要地位是由其“淮南江北海西头”的地理位

置决定的。中古初期扬州地处长江入海口北侧，天然地具有对外交通的优势。“吴城邗，沟通江淮”后，扬州同时兼得河运、江运、海运之便。

隋代开凿大运河后，扬州城市辐射范围进一步向中原内陆延伸，在全国水陆交通枢纽地位得以确立。唐代全国经济中心南移后，扬州临海、濒江、通运地理优势更为突出，“八方称辐辏，五达如砥平”[①]。其时东西方交通贸易借重海上丝路，扬州作为亚洲大陆沿海最繁华的商业都市，成为唐朝吞吐四海、沟通宇内的主要窗口，不但是对日本、朝鲜来往的主要始发港，南下西去还可抵昆仑、占婆、天竺、大食、波斯等国。

宋元时期，长江入海口东移，但由于扬州的历史影响和临江通运的位置不变，仍然“在对外往来中起着纽带作用”[②]。此时来华外商大都由泉州或福州港登陆，再经由杭州沿着京杭大运河，从扬州中转北上京都；传教僧侣往来于中日之间，扬州还是重要的出入境港口。

2. 唐朝四大港口，扬州独占其一

9 世纪中叶，阿拉伯地理学家伊本·考尔大贝所著《道程及郡国志》一书，将扬州与交州、广州、杭州三州并列为东方四大港口。可见唐时扬州已成为海上丝绸之路的著名港埠而声名远播。

“安史之乱”以后，“广陵当南北大冲，百货所集”，是漕运和南北物资集散中心，是联系南方诸道与北方政治中心的经济枢纽。行政上，唐朝在扬州设都督府或大都督府。扬州曾是淮南道采访使和淮南节度使、江淮转运使、诸道盐铁转运使的治所，领淮南、江北诸州。扬州都督府长史、淮南节度使“来罢宰相，去登宰相”[③]，负责处理东南地区重大政治、经济、外交事务。在这样的历史条件下，8 世纪中期扬州对内对外的商业经济地位已跃居全国首位。

当时扬州是全国造船基地，设有造船工场，能造各种江船、海船。唐代宗大历年间，转运使刘晏“于扬子置十场造船，每船给钱千缗”[④]，共造 2 000 余艘船，每艘船可载重 1 000 石。民间造船也很发达，大历贞元年间扬州富商俞大娘所造船只载粮万石，操驾之工数百，“居者养生、送死、婚嫁，悉在其间”[⑤]。

唐朝扬州城内商贾如织，聚集了很多的“商胡”与“藩客”，他们来自新罗、高丽、日本、波斯、大食、婆罗门、昆仑等国，扬州城内长期居住经商者达数千人。上元元年（760 年），刘展叛乱，“（田）神功至扬州，大掠居人资产，鞭管发掘略尽，商胡大食、波斯等商旅死者数千人”，说明胡商在扬州之多。

扬州港上也是漕船云集，蕃舶往来。不仅当时的许多作品里都对之作了艺术性的描绘，如卢纶《泊扬子江岸》“山映南徐暮，千帆入古津”，李绅《宿扬州》：“夜桥灯火连星汉，水郭帆樯近斗牛。”史书上也有记录，《旧唐书·玄宗纪下》载：天宝十载，“秋八月乙卯，广陵郡大风，潮水覆船数千艘”。

3. 天下陶瓷扬州集散

从唐代开始，瓷器逐渐成为中国对外输出的大宗货物。海上丝路由于陶瓷贸易的加入，形成了海上“陶瓷之路”。中外商舶运来了大量的香料、药材和珠宝，又运出丝绸、金银器、铜镜、漆器、陶瓷等产品，尤其陶瓷贸易不但量大，而且品种多样，产地多源，几乎全国主要窑口的陶瓷在扬州都有发现，扬州是当时中国最大的陶瓷贸易外销口岸。

20 世纪 70 年代中期以来，扬州唐城考古出土了大批陶瓷器和碎片，几乎包括了当时中国南北各地主要窑口的产品。专供外销的长沙窑产品在国内除明州成批出土过以外，其余各地都是零星出土，而扬州发现的长沙窑瓷片在出土瓷片总量中占有很大的比例，出土数量仅次于产地。

扬州出土的 9～10 世纪的贸易陶瓷品类与南亚、西亚、东非、北非国家同时期一些著名城市和港口，如埃及福斯塔特、伊朗席拉夫、伊拉克萨马拉、巴基斯坦班波尔、斯里兰卡阿努拉达普拉等遗址中出土的中国外销陶瓷标本的类别非常近似或完全一致，这一现象足以证明扬州港是当时中国陶瓷外贸的主要港口，其地位应在广州、明州诸港之上。这些地方迄今发现的外销陶瓷及其标本的数量、品种和质量皆远不如扬州。

南宋时泉州港后来居上，但值得注意的是，从扬州出土的宋元陶瓷标本仍然包括了当时南北主要窑口的产品，数量巨大、品种齐全，外销特征明显。如此丰富的陶瓷品批量出土，在全国也是绝无仅有的，这就提醒我们扬州作为海上丝路陶瓷商品主要中转站和集散地，其作用在 10 世纪以后依然可观。

1998 年在印尼海底发现的“黑石号”沉船，其年代要比 2007 年打捞的“南海一号”早约 300 年。从船上打捞出 6 万余件中国陶瓷器，主要是烧制于 9 世纪上半叶的湖南长沙窑、浙江越窑、河北邢窑、河南巩县窑和广东窑等地窑口，同类瓷器在扬州都有出土。

在“黑石号”上还发现了 30 多件铜镜，有些上面还刻有“唐乾元元年戊戌十一月廿九日于扬州扬子江心百炼造成”的铭文。从船上陶瓷的器类组合并结合当时的航运路线分析，学者们普遍认为“黑石号”沉船是从扬州解缆起锚，目的地可能是伊朗的席拉夫。

二、扬州在海上丝路城市中地位独特

1. 从时间上看，扬州之兴时当陆上丝路与海上丝路的转承交接

陆上丝路初兴于西汉，至8世纪中叶，发展到高潮，形成了所谓的“丝路黄金时代”。“安史之乱”使唐朝政府失去了对西域的控制，陆上丝路由此中断，“乘槎断消息，无处觅张骞”[⑥]。

这个时候恰好开始了扬州这座城市在中国经济体系中的鼎盛期。隋代及唐代前期，重要的商业都市大多坐落在北方的黄河流域。唐中期以后，经济重心与人口重心向南方转移，商业城市也逐渐转移到南方，始有“扬一益二”之说，扬州成为唐代后期最繁华的商业都市。

因为水运的载重量大、安全性高，宜于陶瓷的长途运输，海上丝路此时逐渐在中国对外交通贸易中担纲主角。也就是说，当陆上丝绸之路阻断，海上丝路勃兴时，适逢扬州如日中天、步入鼎盛时期。或者说，当扬州奏响华彩乐章时，海上丝路也呈现出空前的繁荣。扬州与海上丝绸之路共兴共荣的现象不是孤立的。

2. 从空间上讲，扬州是丝路陆上与海上、海丝南线与北线的连接点

(1) 扬州是陆上丝路与海上丝路的连接点

陆上丝路的东方起点是汉唐时代中国的政治、经济、文化中心，海上丝路的东方起点则是全国经济、文化、重心东移南移后的中国沿海商业都市，从空间地理上来讲，把陆上丝绸之路与海上丝绸之路联系起来的是大运河。

大运河因为其在中国水陆交通网络中的关键地位，长时间成为“东方世界主要国际交通路线”。“大运河的作用，也不限于唐宋帝国内部。大运河的一端通过明州港以通海外诸国，另一段则从洛阳西出以衔接横贯亚洲内陆的‘丝绸之路’。可以说，大运河起着沟通陆上‘丝绸之路’和海上‘丝绸之路’的巨大作用。”[⑦]

大运河一头连着陆上丝绸之路的东方起点——洛阳，一头连着海上丝路的东方起点——扬州、明州，扬州则借其在大运河沿线城市中的独特位置

和大运河在全国交通体系中的作用，成为陆上丝绸之路与海上丝绸之路的连接点。唐宋元明历代，大运河都是海上丝绸之路商旅货物运往中原、抵达京师的最便捷通道，扬州则是必经的一个关键连接点。

唐时不少来扬州的波斯与大食人都是由波斯湾沿海，经马六甲海峡和北部湾，抵达广州，然后从陆路转由梅岭等通道，经洪州（今南昌）入赣江，循长江经停扬州，再从扬州经运河北上抵达中原[8]，或抵达广州后，再直接沿大陆架北上，从长江到达扬州港。

北宋时大批犹太人从孟买迁徙到中国，也是循着海上丝路来到中国，一部分在扬州定居，大部分经运河北上，落定在开封。南宋咸淳年间西域先贤普哈丁也是沿着运河从济宁南下到扬州传教，说明当时的扬州还是海上丝绸之路连接汴水的重要港口。元代马可·波罗从陆上丝绸之路来到大都，仍然是沿着运河南下到达扬州、杭州，再由泉州出海以至波斯。

（2）扬州是海上丝路南线和北线的交汇点

海上丝路有南线和北线之分，北线为中国与日本、朝鲜的交通服务，始发港口主要有扬州、明州、登州；南线则面向东南亚和印度洋、波斯湾，始发港口为扬州、广州、福州、明州。从扬州和明州出发的，既有北上传播教义的僧人，也有南下装满陶瓷的商船，这两个港口在整个海上丝路上起着一个南北中转、东西联结的作用。

唐时，日本和朝鲜对华交通有两条路线，其一是沿着朝鲜半岛西侧近海航行，在登州上岸入淮，或是在楚州附近登陆，然后都沿淮南运河到达扬州。晚唐时新罗人崔致远在扬州淮南幕府宦游五年后，归国时就是从扬州经运河到楚州，乘船航行回新罗。

盛唐时因为与新罗关系恶化，日本遣唐使来华则新辟了第二条航线，即由日本九州岛南部的萨摩半岛或由北部的博多湾一带出发，直航驶抵扬州或明州，然后再沿着运河北上转往京洛。鉴真东渡走的就是这条航线。唐朝开成三年（838 年），日本和尚圆仁也是从筑紫太宰府（今九州岛福冈县）出发，直航抵达扬州海陵。有唐一代，日本成功派遣了十三次遣唐使节，其中有九次是经由扬州到达长安的。

明代永乐年间，扬州天宁寺高僧道彝以国使身份出使日本，日本高僧策彦周良两次以遣明使身份出使中国，都是循着扬子江口和北九州沿岸航线对航。但此时日方登陆地点已基本固定在明州，然后再航行至扬州北上。

三、海丝遗产价值评估离不开扬州

文化线路遗产是国际文化遗产界近年来确立的一个新的遗产类型，这一概念的明确同时也代表着一种新的文化遗产保护理念的滥觞。文化线路与其他遗产类别不同的一点是，它更为强调线路带来的各地区间的文化交流和相互影响。

扬州在海上丝路城市中的独特地位将给学界评价海上丝路遗产的真实性和完整性提供更加全面的视角，为从更高视野、更广维度、更多领域评估海上丝路的跨文化价值注入丰富的内涵。

1. 扬州是海上丝路联系黄河文明的脐带

海上丝路经过以扬州为龙头的运河文化传播脐带，大大深化和拓展了它对中国文化的影响力。“齐鲁文化的伦理特性和江南文化的诗性气质”，沿着大运河、沿着海上丝路，被太平洋、印度洋的热风吹到南洋西夷。如果没有扬州，海上丝路联系的仅仅是中国沿海的商业城市，它对中国文化的影响也仅仅局限在中国南部沿海边疆——闽台文化区和岭南文化区，它对中国传统的齐鲁文化、中原文化等黄河文明核心区的影响就缺乏一个文化地理空间上的过渡和衔接。

2. 扬州是儒教东传的文化出发点

学界公认海上丝路有南线与北线之分。海丝北线在东亚儒家文化圈的形成中起了关键的桥梁作用。崔致远长安求学后在扬州淮南幕府为官五年，归国后无论是身在仕途还是开坛讲学，都推崇孔子，倡导儒学，对韩国传统文化产生了深远的影响，在韩国被奉为“东国儒宗”“百世之师”。2007 年扬州设立崔致远纪念馆，展示崔致远在扬州供职、笔耕、交游等历史，为研究海上丝路在儒教东传中的作用提供了许多有价值的实证。

如果海丝的起点仅仅从明州或泉州或广州算起，那唐代儒家文化的东传就失去了基本的文化出发点，日本、朝鲜在文化传统上与中国深厚的儒学渊源关系也就因此被切割。

3. 扬州是海上丝路联系佛教东传的关键环节

鉴真对佛教东传贡献最大。扬州是鉴真的出生地和弘法地，大明寺则是鉴真长时间驻锡的本寺。扬州更是鉴真东渡的始发地，至今扬州还有起航码头宝塔湾等遗迹和大明寺鉴真纪念堂等纪念场所。扬州可说是佛教经海上丝路东传的始发点。

鉴真东渡弘法，圆仁跨海求经，一个出发地是扬州，一个目的地是扬州。扬州作为唐代东方大港，不仅有中日两国佛教僧徒的对航，而且还有相当大的一部分林邑（今越南中部地区）、安国（今乌兹别克斯坦布哈拉）、婆罗门等国的僧人，经由扬州，东游日本[⑨]。

海上丝路若少了扬州，就是文化上的自废武功，假如把扬州在佛教东传过程中的巨大作用一笔勾销，佛教经中国向东亚的传播也就缺少了一个关键的环节。

4. 扬州是伊斯兰教在中国比较早的传播据点

唐初伊斯兰教传入中国依靠的就是海上丝路。扬州因为在海上丝路中的重要地位成为伊斯兰教传入中国比较早的立脚点。唐武德年间，穆罕默德门徒大贤四人来华传教，一贤传教于广州，二贤传教于扬州，三贤、四贤传教于泉州[⑩]。1980 年扬州唐城东北郊的一座唐墓出土了一件背水壶，正面为一组阿拉伯文字，意为“真主伟大”，其年代为唐代中期，它成为大食胡商沿海上丝路东传伊斯兰教的信物。

沿着海上丝路来华传教的阿拉伯人中，以普哈丁最为知名。南宋咸淳年间，伊斯兰教创始人穆罕默德第十六世裔孙普哈丁来扬传教，主持建造了著名的仙鹤寺，该寺与广州的怀圣寺、泉州的麒麟寺、杭州的凤凰寺齐名，同为我国东南沿海伊斯兰教四大清真寺。普哈丁归真后，人们在古运河东岸土冈上修筑了墓园，先后又有南宋、明清多位西域先贤归葬于此，为佐证扬州在伊斯兰教史、海外交通史上的作用保留了珍贵的资料。

海上丝路承载着不同文明文化价值、宗教信仰、生活方式的传播，体现着作为文化线路的价值互动和思想分享，而扬州是这个商品、思想传播链上至关重要的节点。海上丝绸之路文化线路一定会因包含扬州的文化遗存分量和历史地位而更显丰富、厚重，而海上丝路申遗也必定会因扬州的加入而更加完整、真实。

作者简介

顾风(1953—),男,扬州博物馆协会会长,长期以来一直从事运河文化、扬州文化遗产、考古、文物等方面研究。

刘尚杰(1967—),男,世界运河历史文化城市合作组织(WCCO)副秘书长。

注释

①(唐)权德舆:《广陵诗》。

②朱江:《海上丝绸之路的著名港口——扬州》,海洋出版社。

③《全唐文》卷753,杜牧《淮南监军使院厅壁记》。

④《资治通鉴》卷二二六。

⑤(唐)李肇:《唐国史补》卷下。

⑥(唐)杜甫:《有感五首》。

⑦田余庆:《运河访古》,上海人民出版社。

⑧朱江:《扬州海外交通史略》,《海交史研究》第四期。

⑨江苏省政协文史委编:《扬州宗教》。

⑩(明)何乔远:《闽书·方域志》。

唐代扬州的海港和城市经济文化对外交流

韩春鲜　薛　清

摘　要:唐代扬州是商业繁华的国际化都市,优越的海港条件是其经济文化发展的有利条件。本文利用历史文献与考古成果,分析唐代扬州海港的形成过程、海港变迁、海运路线等,在此基础上,分析唐代扬州的贸易商品及其文化交流因素、佛教文化从扬州向国外的传播、伊斯兰教文化在扬州的传入等。通过唐代扬州国际商品与文化交流研究,为海上丝绸之路申遗工作提供基础资料。

关键词:海港变迁;商品贸易;文化交流;国际化都市;扬州

唐代扬州城地处南北运河与长江交汇处,且临海有优良的海港,交通区位优势明显。既可以通过运河与南北方互通有无,通过长江与华中、华南及西南地区沟通联系,也可以通过海上丝绸之路进行国际经济文化交流,是经济发达的国际贸易城市,被誉为"扬一益二"。唐代以后,随着河流环境的变迁,长江三角洲顶点东移南下,扬州城逐渐退居内陆,海港功能丧失,国际经济贸易中心地位衰落。

现存与唐代扬州国际海港城市直接相关联的物质文化遗产不多,但从历史文献和考古成果可以管窥唐代海港及其对外经济文化交流的盛况。本文从历史文献和考古成果角度,梳理扬州城市国际贸易港的变迁及商贸文化交流,为海上丝绸之路申遗提供基础性资料。

一、唐代的扬州海港

(一) 唐代以前的扬州港环境

唐代海港的兴衰变化,是长江下游三角洲历史变迁过程中的一个阶段。历史时期,长江三角洲的顶点从南京逐渐东移南下,至唐代,移到扬州附近,为扬州创造了良好的海港条件。

第四纪海侵时，长江在今南京入海，南京为长江三角洲的顶点[1]，扬州蜀冈以南以东是一片海洋。春秋至秦代，扬州以上南京段才具江型。秦始皇三十七年（公元前210）第六次东巡到会稽时，从今长江中游顺流而下，经丹徒（今镇江丹徒一带）向东，沿着海岸线到钱塘。从会稽返回时，“过吴江，从江乘渡。并海上，北至琅琊”[2]。吴江即长江，从扬州上游的江乘（今南京栖霞地区）进入长江，然后顺江水入海，沿着山东海岸到琅琊。这一时期的扬州蜀冈以南临海，始皇从镇江到扬州，只能循海岸线行进。

汉代长江入海口有所下移，在镇江—扬州之间是河口下三角洲区，呈分岔河型，汊河之间沙洲发育，蜀冈南的北汊河是长江的主流，称曲江，位于汉代广陵城南部。长江沿曲江向下流入开阔的喇叭形入海口，与汹涌的海潮对撞，形成巨大的潮浪。曲江观广陵潮成为汉代诗人描述的景象，如吴王刘濞郎中枚乘云：“将以八月之望，与诸侯远方交游兄弟，并往观涛乎广陵之曲江。至则未见涛之形也，徒观水力之所到，则恤然足以骇矣。”[3]

三国时期长江北岸在蜀冈前沿，扬州城南部的长江段仍以分岔河型为主，这种河流的特点是水量不稳定，径流会随着江水的丰枯变化而游徙不定，江岸不稳定。所以，“三国时江都城会圮于江，县废。广陵郡移治淮阴，广陵郡废”（《江都县志・建置》卷1）。枯水时期沙洲大规模发育，扬州城南长江段出现大量的沙洲和江心洲。据《开沙志》记载：“吴主亮（253—258）城广陵，其时无瓜洲，开沙在金山东北，横塞海门。”[4]到了晋代，长江口进一步下移，扬州东面的海陵潮景象壮观，逐渐代替了广陵潮。“（宋永初）三年（422年），檀道济始为南兖州，广陵因此成为州镇。土甚平旷，刺史每以秋月多出海陵观涛，与京口对岸，江之壮阔处也”[5]。蜀冈南的江岸沙洲淤积，江岸游徙，使得江都水断，迫使运河引水口移至扬州西面江岸相对比较稳定的仪征欧阳埭，如《水经注》记载：“自永和中（345—356），江都水断，其水上承欧阳埭，引江入埭，六十里至广陵城。”

隋唐时期，随着长江三角洲顶点的东移，扬州附近的江岸逐步形成，隋炀帝“开邗沟自山阳至扬子入口”，将运河引水口回归到扬州城南的扬子。史料对扬子的位置没有描述，学者便对于扬子渡的位置产生了歧义，有学者认为在仪征[6]，也有学者认为在扬子镇[7-8]。由于隋唐时期长江扬州段的江岸基本成型，水量相对稳定，适合建引水口工程，也适合建造宫殿，所以隋炀帝大业元年（605年），不仅在蜀冈建造了江都宫，还在扬子建造了临江宫，第二年“二月，大驾出扬子，幸临江宫，大会。赐百僚赤钱，于凝晖殿蒲戏为乐”[9]。沿运河修建离宫别苑，有利于补给水军，方便下船而战，实现隋朝南北统一的大业。所以隋炀帝会沿邗沟运道，在北面蜀冈上修建江都宫，在扬子建临江宫，并巡视运道至临江宫。据《开沙志》下卷《历代沿革》记载：“江都古扬子桥即广陵听涛处，仪真即古真州，上对金陵黄天荡，汪洋万顷，险不可渡。”从瓜洲渡江到仪征“险不可渡”且距离长，而从扬子渡经瓜洲渡江到对岸的镇江，比绕行仪征距离更近。因此，隋炀帝所开邗沟引水口的扬子渡应当在扬州城南，且唐代伊娄河沟通的扬子渡也位于此处，因临近海洋，所以扬子渡既是运河港、长江港，也是海港。

（二）唐代扬州海港与变化

长江江岸线随着江口的东移南下而变化，扬州港相应地有所变化。在唐代开元时期之前，隋代所建的扬子津通航条件良好，邗沟运道畅通。但进入开元时期后，长江在扬州南的江岸线南移，导致运河补给水源不足，运道淤塞，通航条件变差。“当开元以前，京江岸于扬子，海潮内于邗沟，过茱萸湾，北至邵伯堰，汤汤涣涣，无隘滞之患。其后江派南徙，波不及远，河流浸恶，日淤月填。若岁不雨，则鞠为泥涂，舟楫陆沈，困于牛车，积臭含败。人中其气，为疾为瘵。”[10]后经过引湖水补给，运河交通畅通。同期长江瓜洲增大，使船只从镇江到扬子渡要绕到瓜洲尾部，增加 60 里路。润州刺史齐澣于唐开元二十五年（737 年）开凿了伊娄河直达扬子渡[11]，复使镇江至扬州可以直行，避免了绕行瓜洲的多余行程。此扬子渡在临江宫附近，即隋炀帝时期的扬子渡。

其后，长江镇扬段江心洲增大并陆，江岸进一步向南移动。首先，施家桥沙洲形成、扩大，并与江岸合并，使得长江北岸向南移动。考古学家在扬子津所在的施家桥发掘了唐代大船，位于江心，是可在海洋和江河中行驶的沙船，其人类活动遗存始于唐代，延续至清代，没有发现唐代以前的文化遗存[12]。说明施家桥一带在隋代至唐开元之前，应该是扬子津南部的长江主流河道。又根据施家桥一带的镇扬河段北岸线已发现的唐代墓葬的分布，如霍家桥北面咸通七年（866 年）与咸通十一年（870 年）的唐墓，施家桥大中六年（852 年）的唐墓，扬子桥附近发现的胡僧舍利石塔一组和大中四年（850 年）、大中六年（852 年）与咸通六年（865 年）的唐墓，可以判断，施家桥沙洲至迟在 9 世纪中期已经完成与北岸合并成陆地的活动。其次，瓜洲一直不断扩大，唐末逐渐靠拢江北岸，至宋代并陆。受其影响，长江主流逐渐移到瓜洲南面。伊娄河的开凿，使瓜洲与扬子津一样，成为扬州对外联系的河港、运河港兼海港。唐末宋初，随着瓜洲的继续扩大，瓜洲港逐渐替代扬子津，成为晚唐一直到明代繁荣的港口。

（三）扬州对外联系的海港

随着长江江岸与沙洲的变化，唐代扬州对外联系的海港，由单一的扬子津，扩展到扬子津（后为瓜洲）与掘港（今泰州如皋镇以东的海港）并盛时期。扬州城通过运河可以与三处海港联系海外：山阳渎北端的山阳（即楚州，今淮安）、南端的扬子津（后为瓜洲）和江口与盐运河连通的掘港。

唐代中期以前，长江主流北面的扬子津是扬州城对外联系的主要海港。在瓜洲扩大、伊娄河开凿后，扬子津与瓜洲都可行海船。鉴真第二、五、六次东渡，是由新河——伊娄河到瓜洲，从长江入东海的[13]。750 年，日本第十次遣唐大使藤原清河等人也是经由瓜洲往返扬州的[14]。

扬子津和瓜洲不仅是海港，还是运河港和长江港，运输十分繁忙。道士萧洞玄描述了唐代贞元（785—805 年）扬州港停靠商船之多，“至贞元中，洞玄自浙东抵扬州，至庱亭埭，维舟于逆旅主人。于时舳舻万艘，隘于河次。堰开争路，上下众船，相轧者移时，舟人尽力挤之”[15]。唐文宗开成四年（839 年）圆仁一行从扬州城东 3 里的禅智寺向西行驶时，看见扬州城南的“江中充满大舫船，积芦舡，小船等”[16]。“（唐天宝）十载（751 年），广陵大风驾海潮，沉江口船数千艘。”[17]一次海潮事件沉船数千艘，可见唐代扬子津水运繁忙的景象。以后沙洲扩大逐渐并陆北岸，扬子津港口交通完全被瓜洲所替代。

掘港是通过盐运河与扬州城联系的，唐开成四年（839 年）圆仁一行即是从掘港登陆，因为是逆江水而行，必须等到海潮涨起时才能从沿海行进至掘港[18]。会昌六年（846 年），阿拉伯地理学家伊本·胡尔达兹比赫在《道里邦国志》中记载了中国四大海港（包括扬州，他称“刚突”）各临一条大河，海船能在这条大河中航行，这些河均有潮汐现象[19]。扬州海港临的河即是长江。考古工作者在施家桥和掘港附近（今如皋市马港的河旁地下 2.5 米）所发现的同形制的唐代大木船[20-21]，都是能在海域和江水中行驶的沙船，进一步说明扬子津、瓜洲和掘港都有河港和海港的港口特征。

淮河沿岸的山阳港（楚州）也是唐代扬州联系海外诸国的口岸。从山阳港可以渡河北行到长安，也可以沿海岸线北行到朝鲜半岛，或经朝鲜半岛到日本，或直接渡海到日本。圆仁一行即是从扬州沿运河行至楚州，打算横渡海回日本，但未被官府批准，最终从山东半岛的登州登陆，辗转到长安。

通过扬子津或瓜洲、掘港和山阳港，扬州不仅与日本、新罗、高丽等国家直接通航，还与南亚、西亚的林邑、昆仑、狮子国、波斯、大食等国家和地区有友好往来。

二、扬州海港对外交流的路线

唐代海外交通主要有两条：一条往东，至新罗、日本；另一条往西，经东南亚、南亚到西亚。扬州是这两条海外通道的重要口岸。其中，从朝鲜半岛通往扬州的海上线路有两条：一是横渡黄海，于山东登州（今蓬莱市）沿海登陆，然后陆行，沿济水入淮，南下扬州；二是沿海岸线行驶，由楚州（今淮安）沿海登陆，改由淮南运河至扬州。

中日之间的往来交通有三条，即北线、南线和南岛线。从日本筑紫的博多出航，经壱岐、对马、济州岛、竹岛等，渡抵朝鲜半岛，沿半岛西岸航行，至瓮津半岛附近折而向西，横渡黄海，在山东半岛的登州或莱州登陆，这是隋朝遣唐使的路线；或沿山东半岛海岸线南行，从淮海口登陆的线，统称北线。盛唐时期从日本博多出航，抵平户或值嘉岛，直接横断东海，在楚州（今淮安）、扬州或明州（今宁波）登陆的航线被称为南线[22]。南岛线是从博多出航后，沿九州西岸南行，从萨摩循种子岛、屋久岛、奄美大岛横渡中国海，直向长江下游，从扬州或明州登陆[23]。圆仁一行就是沿南岛线到扬州掘港登陆的，鉴真一行也是沿着这条线成功东渡日本的，这条航线也被称为南岛新航线[24]，具体路线在《唐大和上东征传》中描述得最完整。圆仁在《入唐求法巡礼记》中也记载了从扬州到日本的三条线路[25]：第一条是山东密州经新罗到达日本；第二条是从淮河出海口的东海县，向东直接渡海到日本；第三条是从扬州扬子江口的掘港向东渡海到日本。第一条是前所述的北线，第二、三条是前所述的南线。

西亚一带穆斯林商人由波斯湾与阿拉伯出发，经过孟加拉湾、马六甲海峡至南海，到广州，或直接到扬州登陆。阿拉伯地理学家伊本·胡尔达兹比赫在《道里邦国志》中所记载的中国四大海港之一的扬州，应该是阿拉伯地区商人十分熟悉并登陆比较集中的港口城市。从唐代田神功杀戮扬州城数千胡商的事件[26]，可以判断当时从海上登陆扬州，并停留在扬州经商的阿拉伯地区的商人是比较多的。

三、唐代扬州国际海港城市的服务体系

海港服务体系包括码头、航标建筑、造船场、仓库、驿站、海防设施等海港设施，对于国际海港，还应该有为国际贸易服务的官方机构。从公元前2世纪开始到公元17世纪，扬州作为中国对外经济文化交流的重要窗口，逐渐形成了比较完善的海港服务体系，既包括造船场、码头和港口设施等硬件设施体系，也包括接待外国人的机构、制度、客栈、翻译等软件服务体系。

(一) 码头设施与发达的造船业

1960年江苏省文物工作队在施家桥船闸工地发现唐代大木船的同时，还在距离木船北200米处发现了唐代扬子津的码头设施残存部分，是一排东西向的木桩，十七根，楠木木质，竖立在与大木船同样深度的土层里。码头所在处的文化层显示，这个港口从中唐延续至清代[27]。

扬州是长江、运河、大海航运的交汇处，所造的船有运河漕船、近海船、河船和海船几种。唐大历年间(766—779)刘晏任扬州盐铁转运使时，曾大力发展造船业，“晏于扬子置十场造船，每艘给钱千缗”[28]。唐代所造的大船，也用于日本遣唐使回国使用。据《续日本记》淳仁朝天平宝字五年(761)八月甲子条记载，唐朝造了八丈的大船，送日本迎唐大使高元度等十人回国。

唐代航海技术和造船技术是相当高明的，发明了可以行驶在海洋上的沙船[29]。南岛航线是直接横渡东海的捷径，比起早期沿着黄海、渤海海岸线漂航朝鲜的中日北线航路，是一条航海技术提高的新辟航线，海风强劲、浪大，对航船结构和坚固性要求很高。在唐代扬子津所在的施家桥和掘港所在的如皋市马港一带出土的木船即是沙船，其中施家桥出土的唐代大船，从船体形上看，不是早期用原木砍伐，而是雕凿成船的平底形楠木制沙船，排水量约90吨。这样大的船，才能在海上行驶，说明唐代扬州造船技术是相当高明的。鉴真东渡六次，第一次和第五次的海船就是扬州造的。第一次东渡日本时，“始抵东河造船。扬州仓曹李凑依林宗书，亦同检校造船备

粮”[30]。船上载运东渡僧俗舟人和备办的海粮及百物东渡日本，载重之多，只有扬州造的这种沙船才能实现。

（二）海港的服务体系

唐代四大海港外国商人集聚，外贸活动频繁，为了管理入境外国人在境内的商贸活动、征税、招待和安全保护及丧葬日常事务等，开始在海港设置市舶使。《天下郡国利病书》卷120《海外诸藩》记载：“唐始置市舶使，以岭南帅臣监领之，……贞观十七年，招三路舶司，番商贩到龙脑、沉香、丁香、白豆落四色，并抽解一分。”“旧制，海商死者，官籍其资，满三月无妻子诣府，则没入。”[31]。宋代专门设置了相应的官府机构，称市舶司[32]，一直延续至明初。

唐代扬州是中国四大海上贸易港口，有大量胡商来扬州从事商业活动，自然也设置了类似市舶使职能的管理机构。据《宝庆四明志》记载：“汉扬州、交州之域，东南际海，海外杂国，时候风潮，贾舶交至，唐有市舶使总其征。”[33]林荫也认为扬州有市舶使官职[34]。虽然没有明确写出扬州唐代有市舶使，但从其记载的“海外杂国”“贾舶交至”可以判断，扬州外国人比较多，应该设置有类似市舶使职能的机构来管理外国人。又根据《全唐文》唐文宗太和八年（834年）记载：“南海蕃舶，本以慕化而来，固在接以恩仁，使其感悦。如闻比年长吏，多务征求，嗟怨之声，达于殊俗。……其岭南、福建及扬州蕃客，宜委节度观察使常加存问，除舶脚，收市，进奉外，任其来往通流，自为交易，不得重加率税。”[35]不难看出，扬州具有市舶使职能的机构归属于节度使管理。

为使入境外国人食宿方便，扬州在港口及水路交通沿线设置了不少官方住宿设施，如在州城所在的江阳县及海陵县所建的的招贤馆、沿着盐运河所建的宜陵馆、江南客店、平桥馆等，寺院也是官方指定接待外藩来使食宿服务的处所。[36]

因为有大量的新罗人在中国活动，所以扬州港同楚州和山东的港口一样，都有新罗商人集中居住的新罗馆、新罗所、新罗坊等，圆仁《入唐求法巡礼记》对此都有记载。专门为入境外国人提供服务的人员，称“勾当”。如圆仁一行到扬州后，“勾当日本国使王友真”一直跟随服务[37]。勾当日本国使，应该是淮南节度使属下主管日本事务的职官。

扬州掘港和楚州港有不少新罗人做中日语翻译，精通汉语与日语，称新罗语译，如扬州港的金正男、朴正长，一直为圆仁一行服务。在港口一带聚集的新罗人,除了擅长语译服务外,还熟悉海上线路,擅长航海技术,为往来扬州的海船提供航海向导、水手等服务。圆仁一行在楚州一次可以雇佣60多名新罗翻译[38]。可见,扬州民间为往来海船和外国人提供服务的人比较多,外事服务活动比较活跃。如此,则扬州既有官方的海港软硬件服务系统,也有大量民间航海向导、水手、语言翻译等专门服务于海上丝绸之路出入境外国人的群体,作为国际海港的服务体系是比较完善的。

四、唐代扬州港对外经济文化交流

(一)扬州是商贸发达的国际化城市

扬州是运河城市,是国内南北物资集散的中心,也是国际贸易的中心城市,大量国内外商人集居于此,从事商贸活动,国际化程度较高,被誉为"扬州富庶甲天下,时人称扬一、益二"[39],商业和手工业经济发达。西亚、北非、西北亚、东南亚等地的珠宝、香料、药材、珍玩等,中亚、北欧的宝石和毛皮,印度和南洋的香料和染料等,通过海路运到扬州,再通过长江和运河运往中国其他地区;中国大宗的丝绸、陶瓷、茶叶、香料、药材等货物也从扬州运输到这些国家和地区。

唐代来华贸易的阿拉伯商人胡尔达兹比赫描述"由此东方海洋,可以从中国输入丝绸、宝剑、花缎、麝香、沉香、马鞍、貂皮、陶瓷、绥勒宾节("斗篷、披风、披肩"的意思,译者注),肉桂、高良姜"[40]。《唐大和上东征传》记载的鉴真第二次东渡时准备的物品有当地生产的落脂红绿米、甜豉、牛苏等各类食品和工艺品等;国内其他地方贩运来的白藤簟、五色藤簟、麝香、零陵香、甘蔗等;海外进口的安息香、熏陆香、毕钵、诃黎勒、阿魏等。他带去日本的物品均购自扬州,有产于南洋群岛的胡椒、龙脑,产于印度及红海沿岸的苏方木和熏陆香,产于西域与南洋的毕钵、诃黎勒和阿魏香料等等,可见扬州的中外物品是比较丰富的。

唐代中国是东方大帝国,阿拉伯是西方大帝国,两国之间官方来往必不可少。阿拉伯当时称大食,其国家疆域东起印度河流域,西临大西洋,横跨亚非欧,包括后来的波斯和阿拉伯国家。两大帝国之间国使的往来受到朝廷的庇护,所以大批阿拉伯和波斯人打着"贸易朝贡"的旗号,沿着海路到中国。他们在扬州开设的"胡店""波斯邸"等商店,集中销售海外物品,如香料、海药、珠宝、象牙、金银铜器等手工制品，兼营金银财宝、贵重物品的存放、批发、储藏、银钱拨兑等业务，社会地位高，经济收入丰，蕃客中的波斯商人当时被称为“富波斯”。《太平广记》记载唐时胡贾在华事迹有44条之多。《蒲寿庚考》中陈裕菁记载：“唐代互市港中，贸易最盛、侨胡最多者，广州外首推扬州。故扬州于有唐一代，繁盛为天下冠。观张祜‘人生只合扬州死’之句可见。”蒲寿庚、佛莲都是当时蕃客中的大贾巨商，仅蒲寿庚之婿、泉南巨商南蕃回回佛莲一人，“其家富甚，凡发海舶八十艘”[41]。

唐代胡商多为扬州的富有人群，其衣着打扮和生活习俗对中国民间有示范效应。如胡商头戴毡帽的习俗，对扬州居民影响比较大，并通过运河城市影响到宫廷和国内其他地区。在市场需求和经济利益的驱动下，扬州也制作毡帽。“是时京师始重扬州毡帽”[42]，“此间甚难得扬州毡帽子”[43]。当时扬州的手工业发达，制作工艺非常精湛，所制作的毡帽流行于京师，是供不应求的稀有商品，反映出胡商文化对国内居民的影响是比较大的。

唐代扬州城内胡商集中居住在罗城，考古学家在今三元路、汶河路一带发现大量波斯生活器皿类的古陶片，这些波斯古陶片与巩县窑绿釉片、长沙窑瓷片、越窑青瓷片、邢窑白瓷片等唐代文物残件在同一地层出土[44]，是唐代中晚期到五代时期波斯商人集聚于这一带的文化遗存。张祜诗“十里长街市井连，月明桥上看神仙”，指的是罗城最繁华的两条十里长街之一，即东西走向、自禅智寺月明桥抵西水门一带沿官河的街道，长约4.2千米。唐贞元四年(788)，杜亚任扬州长史兼御史大夫和华南节度观察使时，因城内官河淤塞，且侨寄衣冠及工商等多侵街衢造宅，行旅拥弊，疏浚了运河[45]。可见，沿着官河两岸的东西长街是胡商集中居住区和商业活动区，城市的国际化程度是比较高的。

（二）国际商品贸易所体现的文化交流

1. 陶瓷文化交流

古代中国通过海上贸易最大宗的商品不是丝绸而是陶瓷，通过扬州进出口贸易的商品品种繁多，从考古发掘可以看出，陶瓷是扬州大宗的交易品，其次是铜器等。

海上丝绸之路兴盛时期，中国南北方窑口生产的瓷器通过扬州转销到国内外各地。在扬州唐朝罗城商业区出土了大量全国各地生产的瓷器，有河南巩县的唐代青花瓷[46]、巩县窑绿釉片、长沙窑瓷片、越窑青瓷片、邢窑白瓷片[47]，证明扬州是这些瓷器的转销中心。

扬州还是唐三彩转销国外的中心。唐三彩是国内外市场比较偏爱的瓷器，扬州遗址出土的唐三彩，大都属于中晚唐时期北方烧制的实用器皿或艺术陶瓷，通过海上丝绸之路销往国外。在海上丝绸之路所连通的沿岸国家和地区都发现了与扬州类似的三彩实用器皿，如埃及福斯塔遗址、日本奈良县大安遗址、御坊上三号墓、福冈县冲之岛、京都西寺遗址、朝鲜半岛庆州附近、伊朗高原的剌及斯，还有埃及开罗附近的福斯特以及阿曼和印度尼西亚等地[48]。这些国家不同地区所出土的唐三彩，其胎质、施釉和烧结等工艺，与扬州唐代文化遗址里出的三彩器皿残片十分相似，说明是从扬州出口的。

大量唐三彩从扬州港运到沿海的国家和地区后，被当地人模仿烧制。如在日本烧制三彩窑址集中的奈良，被日本历史学界称为"奈良三彩"，受日本文化影响，其彩釉较素雅。伊朗在三彩器物上书写黑色波斯文字，被国际陶瓷学界称为"波斯三彩"，受波斯文化影响，其彩釉较凝重[49]。

扬州不仅是国内瓷器的外销中心，也是国外瓷器在国内转销的中心。2004年在扬州唐宋城东门遗址的唐代晚期遗迹中出土的孔雀蓝釉陶片[50]，属于伊斯兰釉陶器，原产地是以今伊朗、伊拉克、叙利亚为中心的西亚。所出土的孔雀蓝釉大陶壶是西亚人的日常生活用具，应该是波斯人从本国带来扬州使用和销售的。在日本鸿胪馆和西大寺也出土了类似的陶器。这些发现西亚伊斯兰孔雀蓝釉陶器的地方，均又出土了萨珊和伊斯兰货币、伊斯兰玻璃器等[51]，证明扬州不仅是西亚商品进口地，还是西亚商品转输到周边日本等国家的口岸城市。

为满足陶瓷进口国的市场需求偏好，陶瓷烧制上出现了许多外国文化元素。如扬州唐城遗址商业区发现的青花瓷枕残片，上面有异国的装饰图案[52]。唐代晚期长沙窑已从事生产专供穆斯林市场的陶瓷器，并通过扬州港销往东南亚和中东地区，如扬州出土的晚唐时期的青釉绿彩阿拉伯背水壶[53]，上面的阿拉伯文字和图案，与泰国出土的瓷碗相似，同属于长沙窑的产品；伊拉克撒哈拉地区发现了波斯陶和我国唐代青花瓷共出现象，与扬州唐代罗城发现的瓷器共出现象类似[54]。这些都说明国内生产的带有异国文化符号的瓷器，是通过扬州运出的。

2. 铜器文化交流

汉代扬州凭借境内的铜铁资源、渔盐之利，已成为东南地区最具影响力的铜器生产和销售中心。大云山汉墓出土的鎏金铜象、鎏金铜犀牛[55],造型精美,显示出扬州高超的铜器加工技艺。扬州制作的铜器是向唐朝进贡的地方产品,其中青铜镜最受宫廷喜爱,是扬州诸铜器中最重要的贡品之一[56],也是扬州商贸出口量比较大的手工制品,远销西亚,曾从印度尼西亚爪哇岛"黑色号"沉船打捞出带有"扬州扬子江心镜"铭文的铜镜[57]。

为满足贸易国家居民的偏好,铜镜上增加了不少外贸国的文化元素。如扬州出土的一面唐代正方形铜镜上,在镜钮两侧铸有两个腾跃的狮子,波斯人曾经送过狮子给中国,汉语中的狮子源自波斯,这面铜镜说明与波斯文化的联系[58]。扬州金湾坝曾出土一面唐代打马球铜镜,形状是菱花形,主纹为打马球铜案,四人各骑一匹马,各执一支头部弯曲的长棍,分成甲乙两组,中间一个波罗球。这个打马球图镜比故宫博物院的藏品略小,图形与唐章怀太子墓壁画中的马球图基本相同。马球运动始于波斯,早在汉代传入我国,到了唐代更加兴盛,打马球铜镜也反映了波斯文化对中国的影响[59]。日本冲之岛学术调查队曾在位于对马与北九州之间的冲之岛津宫遗址里,发现一面唐代海马葡萄镜,在日本出光美术馆保留了一面叫真子飞霜的铜镜。这种铜镜在清代中晚期的扬州还保留两面,一面存于阮氏,另一面藏于岑氏[60]。这些有外国文化元素的铜镜,印证了唐代依托商品贸易而进行的中外文化交流历史。

除了铜镜,扬州可交易的其他铜制品也比较丰富,当时有歌云:"潭里车船闹,扬州铜器多。"与佛教相关的铜制品也有许多种,如鉴真东渡准备的器物中,以铜制作的净瓶——铜瓶,他东渡带到日本去的铜盘(佛教乐器之一)、铜叠(佛教法器之一)等铜制造的佛教乐器和用具[61]。这些铜器对日本铜制品的制造工艺和文化影响是深远的。

五、扬州依托海港进行的宗教文化交流

(一)佛教文化交流

唐代扬州是淮南江北的佛教文化中心,佛教文化发达,仅城内就有49座佛寺[62],吸引大批日本学问僧随遣唐使到中国学习佛法。日本僧人登陆中国和离开中国时,都要去扬州佛寺拜访学习,如日本天台宗创始人最澄的弟子圆仁入唐求法时,曾去扬州巡礼祖师鉴真的祖庭开元寺[63],也就是大

云寺。

唐代也有不少中国佛教大师出访日本传播佛法，如道璿是洛阳大福先寺僧人，曾在唐开元二十四年(736 年)随日本第九次遣唐使前往日本传法。[64]对中日佛教文化影响最大的是鉴真和尚，他从扬州渡海到日本，将中国佛教文化传入日本，对日本佛教产生了重大的影响。如他将唐朝佛教律宗的主要经典《四分律》传入日本；将唐代中国佛教建筑文化传入日本，完全按照唐代宫殿建筑形制建成了招提寺，成为日本佛教的标志性建筑[65]；将唐代中国佛像文化带入日本，指导塑造的卢舍那佛坐像、药师佛立像与千手观音像，成为日本佛像文化的标杆；还将中国佛教管理体制带入日本，使日本仿唐制设置了佛教僧官——僧正[66]。

鉴真对日本的影响不仅限于佛教文化，还有医药、书法等。日本自古以来在汉药店的药袋上大都印有他的坐像。据《鉴真和尚东征传》记载，鉴真东渡时所带的药物中，有一种叫“诃黎勒”的中药，出产于西南亚，在我国南方各省都有，是佛教常用药，疗效很好，和“奇效丸”一样，在日本直到今天还在运用，是民间常备药。这个处方原来被收在《鉴上人秘方》一书中，这部医书虽然失传了，但鉴真的这两个医方，至今仍记载在日本《医心方》一书里。日本招提寺森本孝顺长老赠送的“鉴真过海大师”肖像的药纸，一张写有“开山鉴真大和尚传方奇效丸”处方和“奇效丸”的药袋，上面的图案皆绘彩色，是江户时代(1603—1867 年)的文化遗产。

鉴真东渡时曾带去了《王右军真迹行书》一帖、《王献之真迹行书》三帖，还有大批唐人手写经以及其他杂体五十帖，这些对日本书法影响比较大。因唐代“二王”书法风靡中国，尤以王右军的书法最为流行，在日本皇室的倡导下，王右军书法盛行全国。现在日本正仓院中还藏着王右军的《御物丧乱帖》与鉴真的《请经帖》，见证了中国书法对日本的影响。

有关鉴真所进行的中日佛教文化交流的遗产，在国内主要集中在扬州大明寺。大明寺虽非唐代建筑，是后期修复的，但其位置仍是唐朝时期鉴真东渡前讲授律学的寺院所在。另外，国清寺也是中日交流的证据，国清寺是圆仁登陆掘港后，首先礼佛并下榻的处所。2017 年，南京大学在如东市掘港镇成功发掘国清寺遗址，出土从唐代到清代的大殿垫土遗迹、墙体、石柱础等遗迹 40 多处，瓷器、建筑构件、紫砂陶器、石雕、铜钱等文物 1 000 多件[67]。

(二)伊斯兰教文化交流

考古工作者在扬州唐代牙城遗址以东不远处,发现的长沙窑青灰色彩釉扁形背水壶,壶正面阿拉伯文字的意思是"真主最伟大",说明唐代扬州已经有伊斯兰教徒的活动。伊斯兰教具体传入扬州的时间,可从明代何乔远《闽书·方域志》记载判断:"(灵山)有默德那国二人葬焉,回回之祖也。回回家言:'默德那国有吗喊叭德圣人,生隋开皇元年,……门徒有大贤四人,唐武德中来朝,遂传教中国。一贤传教广州,二贤传教扬州,三贤、四贤传教泉州。'"[68]说明伊斯兰教是早在8世纪阿拉伯帝国阿拔斯王朝兴盛之前,也就是唐武德时期(618—626年),已经沿着海上丝绸之路传入扬州。

从760年田神功杀戮扬州大食、波斯等商旅数千人的记载[69],可以看出,经过一个多世纪的发展,已经有数千名信仰伊斯兰教的穆斯林胡商长期居住在扬州。胡商集中居住区被称为"波斯邸",现在扬州江都区有一个名叫"波斯庄"的村子,在昌松乡,位于唐代掘港附近,有水道与掘港相通。唐代胡商进入掘港后,为方便商品运输和贸易,会沿着运河水道分布,在水路汇集的地方集聚经商。波斯庄村民相貌类似西域人,应该是胡商后裔。掘港附近的波斯庄和扬州罗城内都有穆斯林胡商集聚区,这些集聚区自然是伊斯兰教传播中心。

六、结论

1. 随着长江三角洲顶点的不断下移,长江江岸是逐步变化的,唐代长江扬州段的江岸变化只是长江三角洲历史变迁长河中的一个阶段。唐代扬州城南临长江三角洲的分岔河段,江流游徙、沙洲变迁,海港相应有所变化,至迟在9世纪中期以前,施家桥沙洲与江北岸合并成陆地。唐末瓜洲逐渐靠拢江北岸,至宋代并陆。在唐开元二十五年(737年)之前,扬子津是扬州的通海港口,其后至瓜洲并陆之前,扬子津和瓜洲同为扬州的通海港口,瓜洲靠拢江北岸后,扬子津废弃,仅瓜洲承担海运职能。唐代扬子津(后为瓜洲)、掘港和淮南运河北端的山阳港,都是进出扬州的重要海港,为唐代扬州成为经济繁华的商业都市提供交通保障。

2. 中外文化通过商人的往来活动进行交流,并通过商品实物体现出来。唐代扬州依托其有利的海运条件,发展国际贸易,成为来自西亚和东亚等地区商人集聚的国际化都市。人们在从事商贸活动的同时，还促进了不同国家之间的文化交流。在扬州国际商品交易中，瓷器和铜器是大宗的贸易商品。由于国际市场需求大，瓷器和铜器制作时均增加了外贸国的文化元素，同时也成为外贸国仿造的商品，如日本和波斯模仿中国唐三彩制作的瓷器。商人带到扬州的日用器物和他们的生活风俗，对扬州及中国其他地方文化也产生了一定的影响。

3. 唐代扬州良好的海上交通条件，为佛教文化东渐日本和伊斯兰教传入中国提供了便利条件。以鉴真为代表的僧人从扬州到日本弘扬佛法，并将中国佛教、建筑、医学和书法等传入日本，对日本社会文化发展产生了相当大的影响。信仰伊斯兰教的胡商在扬州罗城的商业区和波斯庄集中居住，使伊斯兰教以胡商集聚区为中心，向外传播。

作者简介

韩春鲜(1967—)，女，扬州大学教授，博士，主要从事城市历史地理与旅游可持续发展研究。

薛清(1955—)，回族，男，江苏省伊斯兰教协会副会长、扬州市伊斯兰教协会会长，市政协委员，多年从事民族宗教工作。

注释

[1] 陈吉余. 长江三角洲江口段的地形发育. 地理学报，1957，23(3)：241-253.

[2]《史记》卷 6《秦始皇本纪》，1959：260，263.

[3] 枚乘《七发》，汉魏六朝诗文精华，北京：人民出版社，2000：159-174.

[4] 李尉《开沙志》下卷《历代沿革》，2.

[5]《南齐书》卷 14《州郡上》，中华书局，1972，255.

[6] 徐炳顺. 扬州运河. 扬州：广陵书社，2011，21.

[7] [14][21][48][57][58][60]朱江. 远逝的风帆. 南京：东南大学出版社，2014：19；61；92-94；13；76；98.

[8] 武廷海. 京杭大运河城市遗产的认知与保护. 北京：电子工业出版社，2014：68.

[9] (唐)杜宝，撰. 辛德勇，辑校. 大业杂记辑校. 魏全瑞主编. 长安史迹丛刊，2006：22.

[10]《全唐文》卷 519《通爱敬陂水门记》，北京：中华书局，1983：5274.

[11]《旧唐书》卷 190 中《齐澣传》，北京：中华书局，1975：5038.

[12] 南京博物院，扬州博物院，扬州师范学院发掘工作组. 扬州唐城遗址 1975 年考古工作简报，文物，1977(9)：16-36.
[13] [30][61][63-66]真人元开撰. 梁明院校注. 鉴真和尚东征传. 商务印书馆，2016：14；27；15；112；104.
[15]《太平广记》卷 44《神仙 44 · 萧洞玄》，中华书局，1961：277.
[16] [18][25][36-38][62]圆仁. 入唐求法巡礼记. 南京：广西师范大学出版社，2007：10；4；36；41；9；16；30；17；12；24；34；15.
[17]《新唐书》卷 36《五行三》，中华书局，1976：931.
[19] [40]伊本 · 胡尔达兹比赫著，宋岘译注《道里邦国志》，华文出版社，2017：62；63.
[20] [27]江苏省文物工作队. 扬州施桥发现了古代木船. 文物，1961(6)：52-54.
[22] 蒋华. 扬州和唐津. 海交史研究，1982(1)：12-15；
[23] 池步洲. 日本遣唐使简史. 上海社会科学院出版社，1983：14-20.
[24] 陈延航. 从鉴真渡日航船看唐代造船水平. 海交史研究，1996(2)：89-99.
[26] [69]《旧唐书》卷 110《邓景山》，中华书局，1975：3313.
[28]（宋）司马光《资治通鉴》卷 226《唐纪四十二》，中华书局，1956：7287.
[29] 周世德. 中国沙船考略. 科学史集刊，1963(5)：34-54.
[31]《新唐书》卷 163《孔戣传》，中华书局，1975：5009.
[32] 宁志新. 唐代市舶使设置地区考辨. 海交史研究，1996(2)：70-75.
[33] 林荫. 关于唐、五代市舶使机构问题探讨. 海交史研究，1982(4)：92-99
[34]（宋）胡榘，罗濬.《宝庆四明志》卷 6《叙赋下 · 市舶》，《续修四库全书》705 册，上海古籍出版社，2002：78.
[35]《全唐文》卷 75《文宗七》太和八年疾愈德音，中华书局影印，1983：785.
[39]（宋）司马光《资治通鉴》卷 259《唐纪七十五》，中华书局，1956：8430.
[41] 周密，《癸辛杂识》，中华书局，1988：193.
[42]《天平广记》卷 153《定数八 · 裴度》，中华书局，1961：1101.
[43]《天平广记》卷 157《定数十二 · 李敏求》，中华书局，1961：1128.
[44] [47][54]周长源，张浦生，张福康. 扬州出土的古代波斯釉陶研究. 文物，1988(12)：60-65.
[45]《旧唐书》卷 146《杜亚传》，中华书局，1975：3963.
[46] 文化部文物局扬州培训中心. 扬州新发现的唐代青花瓷片概述. 文物，1985(10)：67-72.
[48] 朱江. 远逝的风帆. 南京：东南大学出版社，2014：92-94.
[49] 汶江. 唐代的开放政策与海外贸易的发展. 海交史研究，1988(2)：1-13.
[50] [51]中国社会科学院考古研究所，南京博物院，扬州市文物考古研究所. 扬州城 1987—1998 年考古发掘报告. 北京：文物出版社，2010：178-179.

[52] 顾风,徐良玉.扬州新出土两件唐代青花瓷碗残片.文物,1985(10):77-80.

[53] 朱江.扬州出土的唐代阿拉伯文背水瓷壶.文物,1983(2):95.

[55] 顾风,刘尚杰.申遗视野下的海上丝绸之路和扬州价值.扬州文化研究论丛,2009,12(4).

[56] (唐)李林甫等,《唐六典》卷3,中华书局,1992:96;《新唐书》卷41《地理五》,中华书局,1976:1051.

[59] 周欣,周长源.扬州出土唐代铜镜.文物,1979(7):53-58.

[67] 杨新明.考古发现!如东这座千年古刹遗存,列入南通唯一"海丝"申遗点.南通日报,2018-07-26.

[68] 何乔远,《闽书·方域志》卷7《灵山》,福建人民出版社,1994:165.

韩国海上丝绸之路的中心——泰安马岛海域

金炳堇

摘　要:自 2009 至 2012 年间,在马岛海底发现了 200 多件中国瓷器,其中大多数为白瓷器,另外还打捞出几件黑釉、青瓷和石器皿。这些陶瓷器皿为宋元时期中国南方的窑所产,包括福建、浙江、江西、江苏和广东省。其中很重要的一点就是,许多瓷器足上都有汉语书写的标记。如郑纲、杨纲和林纲,由一个表示姓氏(郑、杨、林)的汉字和一个汉字“纲”组成。有一些瓷器的底部只写有姓氏,签名或只有一个“纲”字。总的说来,写有“纲”字的瓷器船一般都是在宋代的国际贸易船上发现的。此外,还发现了体现元代贸易网络的四足罐,称作蒙古瓶,这件器皿也是元朝的国际贸易船“思南沉船”所装载的货品。

一、序

泰安马岛海底遗迹位于忠清南道泰安郡近兴面马岛海域以北纬 36°41′53″、东经 126°07′54″为中心的半径 2 千米范围内。由于此地区突出到朝鲜半岛西海,因此不仅多雾多风浪,而且海底地形复杂洋流流速很快,同时分布着很多暗礁,给航行带来很多困难。从早开始泰安马岛海域就已经成了重要的航路,是漕船及中国的贸易船、使船的必经海路,同时由于洋流的流速快,经常起雾,也变成艰难的航行之路。从高丽时期开始计划在此处开凿运河,确保安全航行,但由于复杂的地形关系最终没能成功。为了企望航行安全,把此航路改名为安兴梁,并造安兴亭作为船员们的休息处,为来往的船员们提供方便,但还是经常发生沉船事故。泰安马岛海域虽然给古代时期船员带来了很多不幸,但现在已经变成了韩国水下考古学的宝库。

自 2009 年到 2015 年为止,在马岛海域相继发掘出了马岛 1 号、2 号、3 号、4 号沉船。另外,同时打捞出了碇石以及大量的中国陶瓷器和铜钱,从而确定了此海域在 12～14 世纪海上丝绸之路上的中心地位。通过此后的持续性的海底考古工作，泰安马岛必将会成为研究海洋文化遗产的中心舞台。在本论文中通过阐述泰安马岛海域的水下考古成果，并以此证明它在海上丝绸之路中的中心地位。

二、泰安马岛的水下考古

位于泰安西段新津岛与马岛附近的安兴梁海域，由于其海路极其凶险，被人誉为韩国的“百慕大三角”地带，从古开始经常发生沉船事故。

据史料记载，在古代时期此海路被人称之为“难行梁”，其意为此海路难行，从这些地名中可以看出当时的人们对“安兴梁”的恐惧程度。安兴梁起初被称为“安行梁”“安恒梁”“安行渡”，在朝鲜时代的《新增东国与地胜览》中，对安兴梁有如下的记载：“古代时期被称为难行梁，海路难行，漕船到此多发生沉船事故，人们厌恶此名故而改为现名。”①

所为“难行”，顾名思义就是“航行危险”，真实地反映了此地名的特点，但由于多次发生沉船事故，使得人们认识到此海域是危险海域。所以出于企盼来往船舶的航行安全，把地名改称为“安兴梁”。随着沉船的发掘，证明了此海路为海上丝绸之路的必经之路和靠泊地的地位。

泰安马岛 1～3 号船皆是高丽时期运送粮食和陶瓷器的货船，而马岛 4 号船是朝鲜时期运送税物的官船，这是迄今为止确认的最早的官方漕船。另外，在勘探发掘过程中打捞出了可以证明中国商人来往于韩国的中国陶瓷器以及可确认为沉船的石碇等 130 件遗物。这就证明了马岛海域不仅是韩国国内贸易船来往的重要海路，也证明了它是国际贸易的重要海路。此次沉船的发掘情况如下。②

通过对打捞出的木简的研究确认了马岛 1 号船(2009 年)是把韩国南部

---

① 《新增东国与地胜览》第 19 卷，忠清道泰安郡，韩国。

② 马岛海域水下发掘调查结果：
国立海洋文化财研究所，《泰安马岛 1 号船》，韩国，国立海洋文化财研究所，2010。
国立海洋文化财研究所，《泰安马岛 2 号船》，韩国，国立海洋文化财研究所，2011。
国立海洋文化财研究所，《泰安马岛 3 号船》，韩国，国立海洋文化财研究所，2012。
国立海洋文化财研究所，《泰安马岛海域勘探报告书》，韩国，国立海洋文化财研究所，2011。
国立海洋文化财研究所，《泰安马岛发掘的中国陶瓷器》，韩国，国立海洋文化财研究所，2013。
国立海洋文化财研究所，《泰安马岛 4 号船》，韩国，国立海洋文化财研究所，2016。

罗州、海南、长兴等地的粮食和陶瓷器运送到高丽都城开城的漕船，同时打捞出的遗物有谷类、盐渍海鲜类、瓷器、木简等物。根据木简中所记录“戊辰”字样和“大将军金纯永”的生存年代的分析，确定沉船时间为1208年，其沉船的残长为10.8米。

通过对打捞出的木简的研究，确认马岛2号船为装载高敞、井邑的粮食和陶瓷器前往高丽都城的漕船，同时打捞出的遗物有谷类、盐渍海鲜类、瓷器、木简等物。根据对木简所记录的内容的分析研究，确定沉船的时间为公元1200年前后，其沉船残长为12.8米。

通过对打捞出的木简的研究确认马岛3号船(2011年)为装载丽水的粮食和陶瓷器前往高丽临时都城江华岛的漕船，同时打捞出的遗物有谷类、盐渍海鲜类、瓷器、木简等物。根据对木简所记录的“金令公(金俊)”等字样的分析研究，确定沉船的时间为1265—1268年前后(元宗六至九年)，其沉船残长为12米。这一时期与中国有着密切的关系，此时是根据元朝的要求高丽朝廷计划把都城从江华岛重新迁回到开城的时期。

马岛4号船确认为朝鲜时期运税粮的漕船。从沉船内部整理出了朝鲜初期的粉青沙器150件、税物(水稻、大麦)以及木简等180多件。

马岛4号船的残长为13米，残宽为6米，船深为2米。残存有3块底板、4块左舷外板、11块右舷外板、3块船首板、2块船尾板。

早期确认的高丽古船其船首板是竖着的，而马岛4号船的船首板是横着的，这样的船首结构从记录朝鲜时期船体结构的《各船图本》中得到了确认，也就是漕船是横着的，而军船则是竖着的。另外，在左右外板之间横方向以2米的间距6处安装了加龙木。高丽时期船舶的加龙木一般使用较细的圆木，而马岛4号船的加龙木则使用了经过加工的较厚的木材。就是使用结实的横向补强材提高了船舶的横向强度，这也是朝鲜时期以后船舶的特点之一。

打捞出的粉青大碟和小碟共有150多件，其中3件内刻有表示为内赡寺的“内赡”字样。学者们认为在粉青瓷器上开始刻录“内赡”字样的时间是规定在瓷器上必须注明官府名称的1419年(太宗十七年)。而瓷器的形状、纹饰、制作工艺等都是具有15世纪初的制作特点，因此可以推断出马岛4号船装载着1419—1425年(太宗—世宗)的货物，在海上航行的过程中不幸沉入马岛海域。

与谷类同时打捞出的还有 60 多件木简，大部分木简上标注了表明为发货地罗州和收货地广兴仓的“罗(亽)州广兴仓”的字句，说明这些税粮和税物是由罗州荣山仓运往汉阳广兴仓的。

早期发掘出的马岛 1 号、2 号、3 号船所运送的货物，大部分是送给大臣和个人的，所以无法判断其是否为为漕船，但马岛 4 号船装载了送至官仓—广兴仓的货物，因此可断定其为最早的漕船。另外，部分木简中标注了“斗”“麦”等物的数量和种类。

通过对马岛 4 号船的分析研究，我们推断出了朝鲜时期最初的漕船结构。另外，同时打捞出的粉青瓷器等各种遗物，对研究 1410—1420 年时期的公纳制和贡物运输方式——漕运，提供了实物资料，具有很高的研究价值；并且作为朝鲜时期最初的船只，在研究当时的海洋史、陶瓷史、船舶史、文化史等方面，提供了重要的依据。

在泰安马岛打捞出的陶瓷器、铜钱、碇石等多种遗物中还包括中国产的青瓷、白瓷和黑釉、陶器壶等各种器物。这些陶瓷器大部分是宋元时期福建等地制造，并输出到高丽和日本的。碇石的出现，说明中国的船舶曾经停靠过此处。除此之外，在韩国的海域中打捞出大量的中国铜钱。

如上所述，在泰安马岛海底发现的马岛 1～3 号船所装载的货物是高丽时期从各个地方收集并送往开城当权者的贡物。学者们通过对木简的研究确定了其准确的年代，同时也推断出了收取关系、数量、度量衡等具体的历史事实。马岛 4 号船是朝鲜时期最初的漕船，具有珍贵的研究价值。另外，中国陶器等遗物的出现，证明了当时的国际交流是十分活跃的。

三、韩国海上丝绸之路的中心——马岛海域

马岛海域不仅是韩国国内的漕船和运送陶瓷器、粮食船只的必经海域，也是与海上丝绸之路有密切相关的海域之一。北宋徽宗时期出访过高丽的徐兢在《宣和奉使高丽图经》中如下介绍了马岛：“马岛盖清州境也，泉甘草茂，国中官马无事则群牧于此。因以为名。其主峰浑厚，左臂环抱，前一石觜入海，激水回波，惊湍汹涌，千奇百怪，不可名状。故船过其下，多不敢近，

虑触暗礁也。有客馆曰安兴亭。”①

如上所述，从古代开始泰安马岛海域就已成为与社会、经济、军事、贸易等有密切关系的重要海域，尤其是从高丽时期开始就已成为各国贸易船所来往的具有国际性质的重要海域。

中国使船和商船前往高丽时，马岛海域是必经的海路。马岛海域的水下考古所发现的写有中国商团名称的陶瓷器和中国造石碇，就充分证明了这个事实。

在马岛海域打捞出的中国陶瓷器底部，发现印有“郑”“杨”“林”等姓氏与“纲”字合成的落款，有的只写姓氏或“纲”字的落款，也有手写字符的，这是表示其所属的商团。

2009—2012 年间在马岛海域共打捞出了中国陶瓷器 200 多件，其中大部分为白瓷，少量为黑釉及青瓷，而这些陶瓷器主要是宋元时期福建、浙江、江西、江苏、广东生产的，在多数陶瓷器底部印有以“纲”字为代表的铭文。底部印有“纲”字的陶瓷器，多数是在中国宋朝时期的国际贸易船上发现的，应该与宋商有关。另外，也发现了多件被称为“蒙古瓶”的四耳壶陶器，外形呈长条壶型，其壶肩有可穿绳子的 4 个耳孔。从这些四耳壶中，我们可以推断出当时与中国元朝的交流情况，在元朝贸易船——新安船上也发现了这种四耳壶。如上所述，马岛海域所打捞出的与中国商人有关的大量遗物，说明当时的中国商人们为了与高丽开展贸易，前往开城的途中曾经停靠在此地。在《宣和奉使高丽图经》的记载中，可以了解当时的具体情况。“有客馆曰安兴亭。知清州洪若伊，遣介绍与译语官陈懿同来，如全州礼。岸次迓卒旗帜，与群山岛不异，入夜然大火炬，荧煌照空。时风政作恶，舟中摇荡几不可坐。使者扶持，以小舟登岸，相见如群山亭之礼。惟不受酒礼，夜分还使舟。”②

从这些记录中可以确认徐兢一行在前往开城途中，曾经在马岛海域抛锚度过一夜。通过这些记录和遗物，可以确定宋代时期从中国出发前往开城时，马岛海域就已经成了停靠过夜的中转地。不仅国际贸易船，如同马岛 1～4 号船一样经过安兴梁的所有船只，很有可能都在此停靠过夜了。

---

① 徐兢，《宣和奉使高丽图经》，卷 37，海道 4，马岛，韩国。

② 徐兢，《宣和奉使高丽图经》，卷 37，海道 4，马岛，中国。

马岛海域之所以成为中转地，是因为其具有独特的地理位置。从南部过来的船只经过安兴梁前往开城或汉阳，就必须要路过位于马岛北部的冠丈项海域，但此海域由于流速很急，因此在自北向南的海流和暗礁裸露的退潮时，给利用海流和风力航行的船只带来相当大的危险。因此要顺利通过冠丈项，必须在某地等待海流发生自南向北的变化，而最佳的等待之地就是马岛海域。马岛与位于马岛东北海域右侧的新津岛，有效阻挡了春秋季节时期的强南风，因此马岛海域就很适合停泊船只。根据马岛海域打捞出的碇石，可以确认上述推测。碇石是为了使船舶停泊而抛入水下的石碇的一个部件，经过漫长的岁月，石碇中的木材部件腐蚀消失最终只剩下碇石，如今被人们所发现。在马岛海域发现了如此多的碇石，充分说明此海域适合抛锚停靠，或者说成为在通过冠丈项之前不得不抛锚停靠的海域。只是很多船只并没能及时发现马岛前方的暗礁，触角沉没了而已。

到目前为止，在马岛海域已打捞出了 4 艘古船，但并不是只打捞出了古船，与此同时打捞出的还有青瓷、白瓷、陶器、中国陶瓷器、铜勺、铁锅、碇石等多种遗物。部分铜勺、陶瓷器、铁锅等物，有的是船员在船上使用过的生活用品。这些多种多样的遗物，充分说明当时在马岛海域上来往的船只数量超乎想象。

四、结论

泰安马岛海底遗物在以高丽时期为中心的中世纪社会、经济、造船技术、国际交易史、工艺美术等领域的研究以及韩国水下考古学方面都成为重点关注的对象。另外，中国陶瓷器、碇石、铜钱等遗物，以实物的方式证明了马岛海域是中世纪海上丝绸之路必经之路的事实。作者希望此后通过持续发掘，写出以海上丝绸之路为中心的完整的海洋史研究报告。

作者简介

金炳堇(1963—)，男，韩国国立海洋文化财研究所水下发掘课学艺研究官。

注释

[1]《新增东国与地胜览》第 19 卷,〈忠清道泰安郡〉,韩国。

[2] 国立海洋文化财研究所.《泰安马岛 1 号船》. 韩国,国立海洋文化财研究所,2010.

[3] 国立海洋文化财研究所.《泰安马岛 2 号船》. 韩国,国立海洋文化财研究所,2011.

[4] 国立海洋文化财研究所.《泰安马岛 3 号船》. 韩国,国立海洋文化财研究所,2012.

[5] 国立海洋文化财研究所.《泰安马岛海域勘探报告书》. 韩国,国立海洋文化财研究所,2011.

[6] 国立海洋文化财研究所.《泰安马岛发掘的中国陶瓷器》. 韩国,国立海洋文化财研究所,2013.

[7] 国立海洋文化财研究所.《泰安马岛 4 号船》. 韩国,国立海洋文化财研究所,2016.

[8] 徐兢.《宣和奉使高丽图经》,卷 37,海道 4,马岛,中国。

清代扬州盐业发展特征及社会经济影响

李在军

摘　要:在清代海盐主导的不均衡的盐业生产格局中,两淮盐业异军突起,而凭靠优越的交通地理条件、盐品质上乘及有利的政策支持,扬州成为两淮盐业的生产管理中心。在盐业商品经济利诱下,众多商人集聚于此经营盐业贸易,通过对盐的贩运和销售的垄断,获取了大量的垄断利润,敛聚了大量商业资本,并形成了声势煊赫、盛极一时的盐商群体。一方面,他们为赢取封建政治势力的支持,将大部分的财富用于结交权贵;另一方面,为满足生理和心理上的消费欲望,进行投资文化事业、城市建设及社会公益事业,这促使扬州成为国内重要的经济中心和文化发达区,提升了城市建设的知名度,并形成了兼具南北特色的扬州园林,对扬州社会经济环境等多方面产生了深远影响。

关键词:盐业;盐商;社会经济影响;扬州

在中国古代社会,盐是实行专卖时间最长、范围最广、造成经济影响最大的品种,并造就了盐商这一特殊社会群体。明清时期两淮盐业的管理中心在扬州,两淮盐商凭靠朝廷宠惠与地方官府庇护,富可敌国,成为地域经济的操纵者,构成中国社会最为显赫的阶层。两淮盐商多聚居于扬州,扬州借以盐商而闻名天下,时至今日,扬州仍具有国内唯一保存完好的盐宗庙——扬州盐宗庙。为此,本文就清代扬州盐业的兴起、盐商资本流向及其社会经济发展的影响等问题谈谈自己的看法。

1　清代不均衡的盐业生产格局

1.1　海盐主导盐业生产

清代食盐生产包括海盐、池盐、井盐、土盐、石盐等多种类型,基于历史统计资料整理绘制主要盐产区的空间分布(图 1)。由盐产地的分布来看,海盐产地主要分布于奉天(辽宁省)、直隶、山东、江苏、浙江、福建、台湾、广东、广西九省，若以产区论，则有奉天、长芦、山东、两淮、两浙、福建、台湾、两广；池盐产地分布于直隶和山西、陕西、甘肃、新疆、黑龙江五省，以及内蒙古、外蒙古、青海、西藏四个地区；井盐产地分布于四川、云南、甘肃、湖北四省和西藏；土盐产地分布于直隶以及山西、陕西、黑龙江、青海等省；石盐产地分布于甘肃、新疆两省。

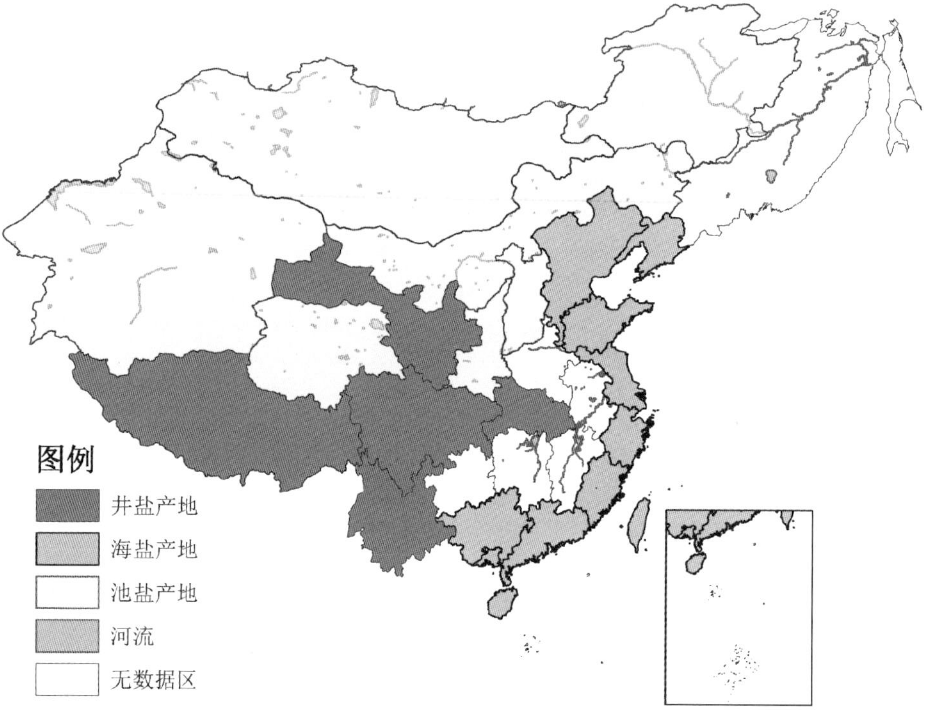

图1　清代(1820年)主要盐产地分布图(地图数据来自复旦历史地理研究所)

在盐课收入、食盐产销量及盐场数量方面，清代均高于其他朝代。其中，清代拥有海盐盐场数量达220多个；池盐产地48处；盐池至少有144个；井盐产地至少有73处，盐井十余万口；土盐产地大约54处；石盐产地20处，石盐生产地点至少有119个[1]。由各盐种的盐课收入来看(图2)，海盐(包括长芦、山东、两淮、两浙、福建、两广)盐课收入居首位，而两淮的盐课收入居最高位，两浙次之；其次是池盐(包括河东、陕甘、甘肃)，河东为主要产地；井盐(包括四川、云南)收入最低。可见，海盐在清代盐业生产格局中占据重要地位。

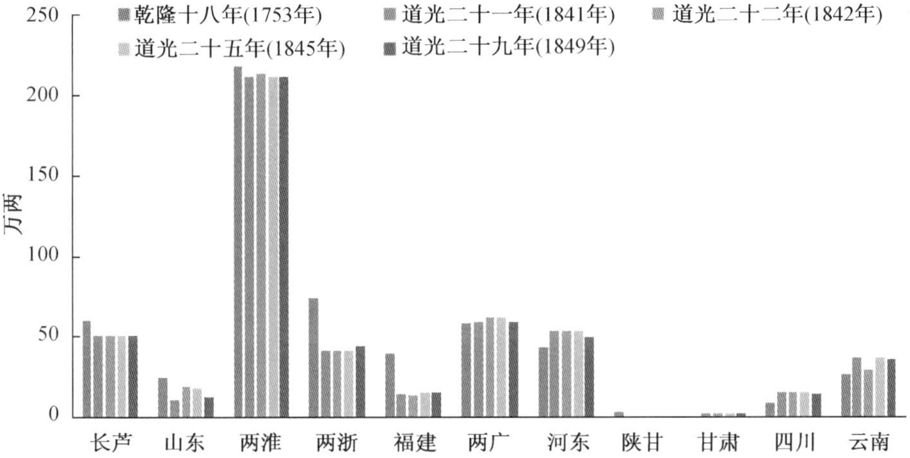

图 2 乾隆、道光年间主要盐产地盐课收入(数据来源于吉成名[1])

1.2 两淮盐业占据重要地位

海盐以两淮地区为主要生产地,清代两淮盐区各场均分布于江苏境内的赣榆县、海州、阜宁县、盐城县、东台县、如皋县、通州和海门地区。清初,两淮盐场承袭明代,盐场数达 30 个,而由于海岸东移,淮南场区离海渐远,卤水淡薄,盐产量日减,盐场数不断变置,淮北场区新滩不断淤现,盐产量增加,并且逐渐超过淮南。至乾隆三十三年(1768 年)经调整合并存续盐场数为 24 个,其中,草荡面积约 47 362 顷 1 851 亩,沙荡面积约 29 182 顷 1 839 亩[1]。至清末,两淮盐场又有所调整,淮北有 4 个,淮南有 14 个。

两淮地区的海盐行销在清代财政收入中始终占有重要地位,其盐课岁入占全国盐课岁入比例维持在 40%～65%之间(表 1)。按每引 400 斤计,清代淮盐产量收入最高时有近 7 亿斤,约合全国盐产量的三分之一[2]。吉成名推算两淮盐课岁入在全国财政岁入中所占比例大致维持在 5%～7%之间,如果考虑加价、盐厘等因素,实际比重可能在 6%～9%。这是由于清初淮盐盐课收入是用兵军费的重要来源,清政府对两淮盐业尤其淮北盐业实施“焙灶”以保盐产、“招商”以办盐纳课及“疏销”以利盐税等恢复保护政策[3]。并且,疏浚运盐河、修筑潮堤、调和盐商与盐民关系[4],从而保障了盐业生产和运销所需的生产设备、灶丁及交通,刺激了淮盐的快速发展。乾嘉道时期,两淮盐年产量最高达 200 万引左右,折合七八亿斤,约占全国食盐产量的三分之一[5]。

表 1　两淮与全国盐课岁入对比

年份	两淮岁入(万两)	全国岁入(万两)	淮课所占比例(%)
顺治十年(1653 年)	119.71	212.80	56.3
顺治十四年(1657 年)	136.06	252.06	54.0
顺治十五年(1658 年)	78.80	251.70	31.3
康熙三年(1664 年)	176.88	274.37	64.5
康熙十二年(1673 年)	144.66	279.27	51.8
乾隆八年(1743 年)	256.83	556.05	46.2
嘉庆八年(1803 年)	230.82	565.26	40.8

资料来源:陈锋.清代盐政与盐税[M].北京:中国古籍出版社,1988.

1.3　扬州为两淮盐业中心

清初两淮盐商处境艰难,清政府为恢复盐业发展,于顺治二年(1645 年)在扬州设两淮巡盐察院署和两淮都转盐运使司,以加强盐政管理,恢复生产和运销,增加盐赋收入。在盐官和皇帝的支持下,两淮盐商才得以重新垄断盐利,时至乾隆年间,两淮盐业经济渐趋繁荣,扬州也因此成为淮扬地区最重要的商业中心,清人黄钧宰在《金壶浪墨》中指出扬州繁华的原因,“扬州繁荣以盐盛”。盐盛,扬州则盛;盐衰,扬州则衰。这吸引了大量盐商群聚于此。在两淮盐商中,淮北盐商多居于淮安,淮南盐商多居于扬州,而扬州盐商在雍正至乾隆时盛极一时,声势煊赫,成为全国最大的商业资本集团之一,经济上富可敌国。其间,扬州集聚大小盐商多达几百家,总商人数有十几人,多至三十人;盐商总资本估计七八千万两白银,最富者资金以千万计,“小商”资金低于一百万;两淮食盐每年总销量额定为 160 多万引,而有的盐商一家在江西等地销售便达 30 万引[6]。乾隆三十七年(1772 年),扬州盐商年赚银 1 500 万两以上,上交盐税 600 万两以上,占全国盐课的 60%左右,而这一年,中国经济总量是世界的 32%,扬州盐商提供的盐税占了世界 8%的经济总量,扬州盐商可谓富甲天下,“扬州盐商”几乎成了盐商的代名词。诚如马克思考察商人资本时指出,“商业依赖城市的发展,而城市的发展也要以商业为条件,这是不言而喻的”①。扬州盐商的消费促进了扬州商业经济的繁荣,由于盐业的兴盛带动了各商贸行业、手工业的发展和文化事业的繁

① 马克思《资本论》卷 3。

荣，影响到城市建设的各个方面，扬州亦因此成为全国闻名的一大商业都会，“维扬天下一大都会也，舟车之辐辏，商贾之萃居，而盐荚之利，南暨荆襄，北通漳、洛、河、济之境”①。

2 扬州盐业兴起的原因

2.1 品质高

淮盐尤以洁白干著称，吴王刘濞煮海水为盐，吴王阖闾在海州、苏州、扬州生产海盐。淮南通州、泰州一带古属吴地，因而此时的淮盐称为“吴盐”。李白《梁园吟》诗中的“吴盐如花皎白雪”句，描述的就是淮盐的上乘品质。明代淮盐就作为贡品而进入皇家。由于自然条件的差异，特别是制作方法和生产技术的不同，淮南、淮北所产的盐并不相同。“淮南之盐熬于盘，其形散；淮北之盐晒于地（池），其形颗”。从色看，淮盐之色有青、白、黄三色，青、白盐为正色；从味看，盐味厚者称为咸鹾，而淮南盐味咸，较厚。近代实业家张謇称，从盐的色味而论，“淮南为上，四川次之，浙东又次之”②。淮南各盐场主要以煎盐方法制作，但因盐卤的质量以及煎盐锅中形成的层次不同，所产盐的质量有差别。《清盐法志》记载“盐以卤为本，卤池清则色洁，色洁则味鲜”；“淮南盐向分三等，曰梁盐、曰安盐、曰次盐。梁盐之中，真果质较轻色白，最为上品，正梁、顶梁次之，谓之尖盐；安盐结于锅底，如炊饭之有锅，焦者，然亦谓之碱片；次盐则以池底不洁之卤，更为锅底尘土所聚，色黑如泥，亦谓之脚盐”。梁盐为梁垛盐场所产之盐，安盐为安丰盐场所产之盐。梁盐又称尖盐，分为真梁、正梁、顶梁（冲梁）。如再细分，又分为真梁、顶梁、上白梁、白梁。清同治四年（1865 年），淮盐又分为真梁、次真梁、尖真梁、顶梁、上梁、白梁六个等级。清光绪时，尖盐之内，又有真、正、顶、重淋四项区别。另外，在梁盐和碱片之间又有和盐，指梁盐和安盐的掺和品。总之，淮盐质量属上乘，其中淮南盐又超过淮北盐。

2.2 便利的交通

如史志所载，扬州地处长江以北，淮河以南，西濒运河，东临大海，方圆

① 嘉庆《两淮盐法志·杂记》。
② 张謇《张季子说盐》。

数百里内，河道纵横，水陆交通便捷，是自隋朝开凿京杭大运河以来南漕北运船舶必经之咽喉，加之扬州附近有当时全国最大的海盐产场，历史上一直流传着“两淮盐，天下咸”的民谚[7]。淮南盐场的食盐都经过通扬运河，从通州经过台州、扬州到仪征去销往各地。此外，两淮盐业的管理中心设在扬州，扬州自然也就成了两淮盐商的聚集地。

由于清代盐税占到国家财政收入的一半，而两淮地区盐税又占全国盐税的一半，清政府极其重视两淮地区食盐的运销情况，同时也注重运河的顺利通航，因此多次大规模整治运河，防灾救灾。当时，两江总督兼管江苏省内的漕运与河道事宜，往往还兼任巡盐御史（即两淮盐政），两淮盐政官员和扬州盐商对运河的整治，在财力上给予极大的支持。如康熙三十八年（1699年）4月上谕，两淮盐运使每年必须将正常开支以外的盐业收入全部解送河工；乾隆元年（1736年）上谕，扬州府仪征、江都、甘泉三县所辖的三岔河一带60余里运河的大挑与捞浅工程，今后不许向商民派捐，一律由盐政在运库中开支；乾隆二十二年（1757年）六月上谕，令两江总督尹继善、江南总河白钟山、两淮盐政普福等人，会同协商疏浚河道、归江、归海工程事宜，经费如有不足，就在盐库项下支用；乾隆二十七年（1762年）四月上谕，江北运河所有应添石坝、土堤及一切挑挖、疏浚各工，该督抚、河臣，会同盐政，悉心确估，核议以闻；嘉庆十三年（1808年），淮、扬运河三百余里浅阻，两淮盐政阿克当阿，请等候九月内漕船过竣，堵闭清江三坝，筑坝断流，自清江至瓜洲分段挑浚。嘉庆五年至九年（1800—1804年），扬州盐商向政府先后捐输白银340万两、粮食30万担，其中大部分用于水利工程；同治十三年（1874年）黄河南岸决口，上谕修筑运堤，令两淮盐运使方浚颐劝众商捐银助工，扬州盐商共计捐银61万两；光绪十三年（1887年）郑州黄河决口，两淮盐商又捐银60万两，资助疏导工程。

2.3 政策支持

对盐商来说，政策便是市场，市场便是他们的生命。清初，两淮盐商并不十分富有，清中叶以后，伴随国家的统一，全国政局日趋稳定，整个封建经济得以恢复和发展。自古作为赋税重地的淮扬地区，在盐官的庇护和皇帝的支持下，两淮盐商才得以重新垄断盐利。扬州盐商在政府的大力支持下，通过垄断市场而低价获得商品、高价出售是扬州盐商们的创富路径，成为清政府盐业政策的最大受益者，实现了快速崛起。具体来说，一方面他们受益于国家的引岸制度，即规定某场之盐，固定行销某岸，场产数量按引岸可能销量来规定产额；另一方面，他们还受益于当时在两淮盐区所实行的特许专商制度，即政府授予若干资本雄厚的大盐商以贩盐专利，由其总领盐引，形成专商对盐的贩运和销售的垄断，从中获取大量的垄断利润。凭借政府给予的特权，他们获得了江苏、安徽、河南、江西、湖南、湖北等 6 个省份的巨大市场，而这 6 个省份几乎是当时中国经济最发达、人口最稠密的地区，因而成就了扬州盐商的鼎盛，也造就了扬州的繁荣。尤其是清康雍乾年间，扬州盐商的财富和影响力可谓达到了极致。而据《两淮盐法志》记载，自道光十二年（1832 年）起，清政府在两淮盐区逐渐取消特许专商制度，开始推行盐票法，即取消行盐商人的世袭专卖特权，带给盐商以沉重打击，盐商垄断盐业销售局面被打破，无弊可作，原有大盐商的垄断利润也就一去不复返了，扬州盐商由盛而衰，这也说明失去政策支持带给盐商的负面影响。

3 扬州盐商兴起、资本流向及其社会经济影响

3.1 盐商主体的分层性

由于两淮盐区是全国重要盐产地，以及扬州在两淮盐业中特殊地位和得天独厚的区域条件，吸引了大量商人来此经营盐贸，他们构成了一个特殊地域性群体，即扬州盐商。作为纯粹的商人，专指侨寓扬州，或坐镇扬州经营两淮盐业的商人，但扬州盐商中的绝大多数并不是扬州人，他们是迁徙而来的秦、晋、徽商组成的地域性群体[7]。随着开中折色制实施，商屯解体，大批边商转业内商，迁居于淮、浙，从事食盐经营。其中，徽商利用靠近淮、浙的有利地理条件和已具备的经济实力，也纷纷迁居于此。初期，陕西商人和山西商人在扬州的实力与人数均超过徽商，嘉靖时，“在扬者数百人”①。此后，徽州盐商实力日渐增大，并成为盐商中的主要代表。据《两淮盐法志·列传》记载，自明代嘉靖至清代乾隆年间，在扬州的著名客籍商人共计 80 名，其中徽商为 60 名，占大多数，陕西、山西商人各占 10 名，势力相等[8]。此外，在扬州业盐的还有江西、湖广及浙江等地的盐商。通过盐业贸易，许多盐商家业大起，有的“富等千户侯，名重素封”，有的“连檐比屋，皆称素封”，

① 嘉庆《重修扬州府志》卷 52。

赀财多少也成为盐商身份等级区分的标准。

由于来自不同地域及个性和爱好等方面差异，扬州盐商并不是浑然一体的群体。正如民国《歙县志》(卷1“风土”)对此进行了区分，指出盐商中“其上焉者，在扬州则盛馆舍，招宾客，修饰文采……下焉者，则但侈服御居处声色玩好之奉，穷奢极靡，以相矜炫已耳”。“下焉者”将一小部分财富用于进行再生产，更多的钱财除报效朝廷、贿赂官府以外，则用来挥霍享受，或用于维护封建家族声势的“义举”，招致扬州社会盛行“奢靡之风”。而由于“其上焉者”主客观上的努力带动，扬州地域文化内蕴的园林建筑艺术、书画艺术、学术文化、旅游文化、饮食文化、服饰文化与民俗文化得以空前繁荣昌盛[9]。

3.2 盐商资本流向

由于清政府对两淮盐业实施整顿，使得扬州盐业迅速得到恢复并发展，扬州盐商在经营盐业发家致富后，积累了巨额财富，集聚了大量的资本。明清时期，“重农抑商”思想虽有所弱化，但“以末致财、用本守之”的传统理财观念植根于商人头脑，这亦是特定历史条件下资本增值的有效取向，购置土地使资本保值深受盐商青睐。如乾隆年间两淮总商鲍志道及其家族，自乾隆三十年(1765年)至道光年间的七八十个年头，共购置祠产多达1 422.35亩[10]。

然而，两淮盐商的财富，除一小部分用于诸如救灾济荒、筑路修桥、抚孤恤贫、捐资助学等社会公益事业外，一部分被挥霍用于如修建园林、购置土地、日常奢侈性消费等，但最大部分则流向官方。主要通过三种方式[11]：一是盐商们主动结交权贵、捐资买官，这类钱财估计数额不小，但难以统计。二是政府半强迫性质的捐款(时称“捐输”或“报效”)，其数额极为惊人。据清代官方统计资料，乾隆年间两淮盐商“捐输”“报效”的军需、河工、灾济、备公(指乾隆下江南用款)银子高达2 850万余两。三是被管理盐政的官员和各衙门胥吏们用各种各样的名目剥夺了，时称“朘削”，其数额更是惊人。据估计，乾隆时期盐商们交给盐政官员们的银子将近亿两，被胥吏们“朘削”的财富则有四五千万两。此外，还有其他方式，如皇帝还借钱给盐商，收取一分至一分五厘的利息，称为“帑利”。官府的盘剥对扬州盐业的打击是沉重的，据估算，乾隆时期盐商们为此支付的银子有七八百万两[12]。总之，由于盐商扶持文化，提倡教育，热心公益事业，倡导奢侈性消费，这对扬州城市社会经济发展产生了重要影响。

3.3 盐商对扬州社会经济发展的影响

3.3.1 扬州成为国内重要的文化发达区

扬州盐商们在集聚了大量财富后,他们支持和扶植文化事业,如刻印书籍、建立书院、收集古籍、资助文人、发展戏曲等,对文化发展做出了重要贡献。这既有助于提高商人的社会地位,也推动了扬州文化事业的繁荣,塑造出当代扬州文化的重要特征。

清代的扬州刻书分为官刻、私刻和坊刻。其中,为奉旨刊刻《全唐诗》,于天宁寺开设扬州诗局,并于扬州东关门内开设淮南书局,编定《全唐文》一千卷,刊刻了《诗经》《毛诗注疏》《两淮盐法治》《扬州水道记》等书目。这些官印书籍工程浩繁,经费基本上来源于盐利。除官刻外,一些盐商“接纳名士,为之刻书”。此外,市面上还出现一批以刻印书籍为业的书铺(书坊)。这些刻书虽夹杂着功利目的,但无疑有助于促进扬州文化事业的繁荣。当时一些刻书印刷的木版仍有不少保存至今,成为国内难得的文化遗产。时今至日,扬州广陵书社仍专事雕版印刷。

盐商出资承办了图书贮存的书阁,其中最为著名的是文汇阁,由乾隆赐名,藏有官方的《四库全书》《五经》《平定准噶尔回部》及《两金川得胜图略》等书目。此外,盐商的私人藏书也蔚为壮观,黄奭家藏书极富,汪棣家多蓄异书,最著名的是马氏兄弟藏书,马氏兄弟的小玲珑山馆中有一丛书楼,前后两楼,藏书百橱,共藏有十余万卷。盐商的藏书供人查阅、检读,一些学者利用其藏书进行著述,得到了较好的利用。

收藏古玩字画也是盐商的嗜好和追求,这既是其财力雄厚的表征,也使得一些珍贵文物能加以集中,并得以保存和传布,如鲍氏家族的《安素轩法帖》使得一些珍贵艺术广为流布。由于收藏之风愈盛,盐商们对古玩的搜求更是“千金勿恤”,一些盐商精于赏藏,而一些盐商却附庸风雅,这使得扬州成为全国古玩集中市场,也为后人研究提供不少珍贵史料和鉴赏著作。如《积古斋钟鼎彝文款识》所列器物多达560件,不仅对“辨识疑文,稽考古籍”是有益参考,也为后来学者所重,推进校勘学形成新的进展和突破。

盐商们对文化教育事业也十分重视,捐资建立了一批书院。如柳诒徵在《江苏书院志稿》中指出,“两淮盐商利甲天下,书院膏火资焉。故扬州之书院,与江宁省会相颉颃,其著名者有安定、梅花、广陵三书院,省内外人士咸得肄业焉”。这些书院、学校资金多半是出自盐商和盐运使司的运库。由于雄厚的经济实力支撑，扬州书院的地位与南京书院不相上下，“能文通艺之士萃于两院者极盛”，集聚了许多名流学者，吸引了外府、外省的生员来扬就读。这提高了扬州学子文化水平，培养了众多人才，清扬州府进士总数多达 248 名[13]。此外，许多盐商家中都有私塾，专门聘请一些学者来家中坐馆教书。

在盐业的带动下，扬州城市商品经济走向了繁荣，为戏曲事业的发展提供了有利条件，清代扬州成为全国戏曲中心之一，其间以乾隆时最盛。钱泳指出，“梨园演戏，高宗南巡时为最盛，而两淮盐务中尤为绝出。例蓄花、雅两部，以备演唱，雅部即昆腔，花部为京腔、秦腔、弋阳腔、梆子腔、罗罗腔、二簧调，统谓之乱弹班”①。利用雄厚的经济实力，盐商提倡、支持和扶植扬州戏曲事业。这首先体现在蓄养家庭戏班。为了迎接御驾临幸，招待中央及地方官员、士绅和商人，家庭娱乐与欣赏的需要，盐商中的一些人都自备有家庭戏班和乐队，而一个戏班从筹建、置办戏具、排练到演出，再加演员的薪水开支，其费用是巨大的，一般人无力承担。王利器在《元明清三代戏曲史料》中指出，“大户人家资助文人学士、名伶歌伎，动辄二三十人，一年所费不止数千金，终日以笙歌为事，诸务俱已废弛”。其次，聘请名流演员。为了建好家庭戏班，盐商不惜重金聘请一些名流加盟以充实戏班，临时演出以张声势。这些名角的加盟，极大地推动了当时扬州京、秦腔的互相融合、吸收，对戏曲事业的发展起到了极大的推动作用。并且，为戏曲演出的需要，盐商聘请了一些精于词曲的名家，提供优厚的条件，长期供养他们。此外，盐商还召集各地戏曲班社会演，作为清代全国戏曲中心之一的扬州城，各地戏曲班社纷纷来扬演出，南北曲剧名流齐聚于此。这种交流无疑对扬州戏曲的发展起到了重大的推动作用，而会演正是在扬州盐商财力的支持下得以举办的。

由于盐商们的厚实财力、热情相邀、真诚相待、众多的藏书、舒适的条件等多方面原因，使得盐商周围集结了大批学者、诗人、画家。正是由于盐商们的召集与资助，使他们得以处于一种无忧的环境下舒畅生活和全心创作，也使得扬州形成了独特的画派和学派，推动了扬州和全国戏曲事业的发展，

① 钱泳《履园丛话》卷 12。

文化显示出高度繁荣，涌现一批名垂千古的作品与著作，为后人积累了极丰富的精神文化遗产。但是，这种建立于盐商财力基础的文化繁荣随着盐商财力的衰减也渐趋没落。当盐商完全退出历史舞台时，扬州再也没有吸引全国一流文化名人的引力，也失去了东南文化中心的位置。在此意义上，盐商对扬州的社会影响，应该是积极的，也该是充分肯定的。

盐商虽有足够的财力用于自身的享受与经营，但很难说每个人都有足够的实力来保证自身的社会身份、个人地位与家族声誉受到社会的尊重，因而盐商为了确保个人成功感的满足及自身的社会声誉，常常采用结交文人、兴办学校、从事公益、刻书印经、搜藏名物等种种文化活动来达到此目的。这些文化活动从主观上是为了满足自己对社会地位的心理追求或个人的学术爱好，但客观上也推动了扬州文化事业的一度繁荣。他们无意之间造就的一座座文化丰碑也成为今日扬州的宝贵文化财富和历史遗产，更为重要的是，几百年形成的文化氛围和积淀至今还影响着扬州文化的发展与前进，成为扬州建设文化名城的历史基础。

3.3.2 扬州成为发达的社会经济活跃区

3.3.2.1 扬州成为国内经济中心之一

凭靠清政府不合理的盐业政策，两淮盐商独占长江流域、江淮平原江苏、安徽、山东、江西、湖南、湖北六省二百五十余州县的食盐消费市场，其中江西、湖广为其最大的行销区，这些地区是清代经济发展较为迅速、人口相对集中的地区。随着盐商赚取了巨额的商业利润，巨额的商业资本推动商品交流日益频繁，城内行铺林立，各业兴旺，来自全国各地的货物充盈于此，使得扬州成为全国著名的商业城市。据《嘉靖惟扬志》卷 7 记载，全市共有 15 个市，而到了清代雍正年间，“新旧两城之市且月增而岁倍，阛阓密联，檐牙参错，居者鳞次猬集，行者毂击肩摩”①。

市内既有日常生活消费所需的物资市场，也有文化娱乐所需的旅游、书画等文化市场，有商品货物，也有支持商业经营的金融业。众多的商品货物在门类齐备的行铺内发售，形成了除盐业外的农副产品、饮食服务、首饰、漆玉器、灯彩、化妆品、药材、粮食、布匹、柴炭、木材、书画、旅游、洋货、鲜花、金鱼及金融业等众多行业。如扬州园林的兴建推动了手工业、花木业等与园

---

① 雍正《江都县志》卷 7。

林相关的行业，这些都印记了盐商消费的特征。

此外，大批行市的出现，带来日益兴旺繁荣的商业，一些行市集中于特定区域，形成了众多的商业区，这些商业区有教场、辕门桥、小东门、彩衣街。其中，辕门桥在新城区内，臧谷在《续扬州竹枝词》中指出："辕门桥上看招牌。第一扬州热闹街。闻道开张生意好，时新茶事鹤林斋。"小东门商业区，"市肆稠密，居奇百货之所出，繁华甲两城，寸土拟于金云"①。小东门外集中了一些小饭铺、小吃店，也有供应回民所需的回回馆。彩衣街为服装行业的集中地，原为军队操练的营区，长期禁闭，车骑不通。在康熙南巡期，由于"銮辂南浔，郡守始辟行"②，至康熙三十四年（1695 年），徽商汪简臣捐修教场街道，自通尺街到新圈门，南北道路得以畅通。乾隆二年（1737 年），徽商汪承炳又捐修了自守备至松风社巷的东西大路。商业区扩大侵占了原军队的操练场所，军队操练无法进行。乾隆三十二年（1767 年），两江总督高晋下令移教场至城外，仅留下一小块之地。撤出之地，由徽州盐商黄源德等人召民领建认租。乾隆南巡此处成为御道，商业更趋繁荣，教场就成为"两淮精气"所在，沿途"高固新屋"③，且这些商业区在不断地扩大。

3.3.2.2 "扬气"外溢的社会生活

两淮盐商以扬州为其业盐活动的主要舞台，对社会各领域影响较大，他们与扬州社会各阶层联系密切，将家乡的社会风俗带入扬州，他们又是扬州社会中最富有的一个阶层，他们对居住、饮食、服饰等的讲究也被其他阶层的人效仿，同时那些外地来扬州的盐商也受扬州社会风俗的影响，融入扬州社会之中。清《扬州画舫录》卷 6 描述，"扬州盐务竞尚奢丽，一婚嫁丧葬，堂室饮食，衣服舆马，动辄费数十万"等等。扬州盐商对扬州社会风俗的影响是很大的，由于盐商的奢侈型消费，带动了扬州服务性行业的兴起，在扬州的平民百姓中形成了讲究饮食、服饰与享受的社会风气，"建造名园巨第，豢养歌儿舞女，讲求服色饮馔，食必膏粱，富拟王侯，甚或王侯所不及"。

盐商讲究饮食，一些盐商也研究饮食，制定饮食制作标准，与扬州菜肴同时发展的，还有维扬细点和扬州风味小吃，其品种之多、制作之考究往往亦非他处可比。在盐商"肥家润身"中，饮食消费占很大比重，盐商家中雇佣

---

① 焦循《扬州足征录》卷 25。
② 陈述祖《扬州营志》卷 16。
③ 《咸同广陵史稿》。

精于烹调技艺的厨师，主理烹调掌勺之事，这些厨师也被称家庖。正如朱自清在《说扬州》中指出的那样："扬州是吃得好的地方，这个保你没错儿。"但扬州菜"若是让盐商家的厨子做起来，虽不到山东菜的清淡，却也滋润、利落，绝不腻嘴腻舌。不但味道鲜美，颜色也清丽悦目"，这说明在扬州"烹调之技，家庖最胜"。一些盐商、盐官也确为美食家，他们精于肴馔，长于此道。如盐商吴楷，精于烹饪，首创了扬州"蜱螯糊涂饼"；盐商童岳荐，著食谱《调鼎集》，所述大部分为淮扬菜。盐商讲究饮食和享受的习惯影响到扬州社会，使得从地方官府到一般士庶之家，凡公事、重大节庆日，或宾客驾到，或文人雅集，都要集会宴庆，也使得扬州市面上的酒楼、茶肆特别多，如《扬州画舫录》提到"吾乡茶肆，甲于天下"。在盐商崇尚肴馔之美的带动下，扬州饮食自成体系，形成了全国有名的淮扬菜系，对全国各地饮食风尚形成极大影响。吃不仅是一种生活需要与享受，也是一种显示个人家庭门户的荣耀，或者是攀结权贵、邀求声誉，或者是借此敛财的一个重要机会与手段。

盐商为改变政治地位低下，打破传统服饰等级束缚，花费了大量钱财用于服饰消费，以至于有"苏扬服饰天下先"的说法。当时，扬州服饰既学京师，又学苏州，同时又在盐业贸易过程中将它扩散到周边地区，这产生了较大的社会影响，其服饰时尚新奇不亚于苏州服饰。这是由于在盐业商品经济推动下，盐商们为满足生理和心理上的消费欲望，很多人在发财之后，华服锦绣，相互攀比，而盐商姬妾仆役的服饰往往是最奢华、最时髦的。扬州城风竞尚华服丽衣，奢风盛行，使得"操他业以致富者，群慕效之"①。扬州城内百姓"多嗜利，好宴游，征歌逐妓，袨衣媮食，以相夸耀"②。这种追逐时髦的社会风尚不仅在扬州盛行，也成为其他地区模仿的对象，扩散到南京、徽州等邻近地区，甚至影响了全国的一些大城市，如上海、汉口、北京、天津等城市，如嘉庆《上海县志》记载，当时上海"城内慕苏、扬余风"。

此外，扬州盐商对社会风俗的影响，还体现在娶妾、宿妓和赌博等方面，这形成了颓废的社会风气。盐商及其仆役、姬妾、清客等生活作风，为扬州社会所效仿，使得扬州社会弥漫着一股浮华、侈丽、散漫、不思进取的衰败之风，其时髦、奢华曾被人们视为"扬气"，影响波及全国。如邓之诚在《中华二

---

① 民国《歙县志》卷1。

② 赵之壁《平山堂图志》卷9。

千年史》中提到，扬州盐商“服食、器用、园亭、燕乐同于王者，传之京师及四方，成为风俗。奢风流行，以致世乱，扬州盐商与有责焉”。

3.3.3 对扬州市城市建设影响

3.3.3.1 走向辉煌的城市建设

扬州古城历来以繁华著称，自经历了明末清初的浩劫之后，城市已面目全非。为尽快恢复古城扬州的旧貌，他们将商业利润的一部分用于扬州“治坏道”“葺废桥”“治街肆”，积极地完善扬州城基础设施，使得清代扬州城市建设走向巅峰[14]。其中，如《歙县志》(卷1)描述，“盐策极盛，物力充羡，值高宗南巡，兴宫室，建园池，营台榭，屋宇相连，矗似长云”。为迎接康熙、乾隆皇帝驻足扬州，供邀宸赏，盐商不惜工本，大兴土木，为准备迎接圣驾，御道用文砖砌筑，其次等用石工，再次等用涂铺垫；为便于乾隆轻舟临幸，从扬州城外东北的香阜寺直抵新城天宁寺行宫，遂由盐商新开了一条“新河”；自高桥起至迎恩亭止的迎恩河两岸是仿照京师内府工程构筑的档子，名为“华祝迎恩”，为八景之一，由淮南北三十总商分工派段；为安置乾隆随从的军机处、六部和侍卫官员住宿，在杳园、买卖街上岸和恩奉院内仿造京师八旗官房建造了大批房屋。

盐商还出资进行文物修复，或在名胜古迹之外再配套建设一些新的景点。扬州历史上遗留下众多的名胜古迹，由于受到人为的、自然的破坏，损坏日益严重。如雍正年间，大明寺颓败倾圮，诏授光禄寺少卿衔的扬州盐商汪应庚重建了大明寺的前殿、后楼、山门、廊庑、庖湢；寺东建藏经楼、云盖堂、平远楼，请金坛蒋衡书“淮东第一观”五个大字，刻石寺门东折墙壁上；汪应庚之孙立德、秉德于寺西增建文昌阁、洛春堂。此外，汪氏祖孙还增建斋堂12间、香积厨(厨房)5间、僧寮及回廊58间，又添置钟鱼釜甑、军持应器、禅床香案，再现了名刹风采。

盐商们积极参与修桥、铺路、河道整治等公益性事业，做出了重要贡献。如乾隆以前，扬州新旧两城，人口稠密，但地势卑湿，虽然街道设有沟渎以排水，可一遇到大雨，沟渎常被淤积，给百姓行路带来困难，给他们的生活造成诸多不便。清乾隆二年(1737年)，扬州盐商公议修浚，需经费白银1.4万两左右。当时徽州大盐商马曰琯愿独自捐2 400余两，修浚自光储门起至便益门街道，其余14段，由其他盐商出资公修。大盐商鲍志道，鉴于康山南河下以西至钞关，北抵小东门地势低洼，街道易积水，雨天行人不便，他出资挖去原铺砖路，改成石板路。另外，他还出资修造古虹桥。盐商汪应庚于清乾隆三年(1738年)建石桥，打通了扬州城西北交通孔道古雷塘，方便了行旅往来。

清代扬州的城市建设也达到巅峰，这同盐商的大力资助密切相关。总之，盐商们对扬州社会公益事业投入了巨额资金，这既与他们任侠慷慨、追求君子之风的个人品质密切相连，又与其好名、渴望攀缘封建政治势力直接相关。正是由于雄厚的财力投入，扬州在盐业鼎盛时，城市建设也走向了辉煌。

3.3.3.2 兼具南北特色的扬州园林

据《扬州园林品赏录》考述的扬州园林274处，三分之二以上系清代园林，约百分之四十为盐商所营建或改筑、增扩[15]。出于美化城市、居住环境及迎接皇帝南巡整治等目的，盐商们热衷于建造园林，为园林营造提供充足资金，从而吸引大量造园家聚集扬州，建造出众多的园亭。其中，康熙、乾隆的多次南巡，经过并逗留扬州，地方官吏和政府连谋与盐商许以政治资本，向清帝献媚取悦，盐商们不惜重资，建造出高旻寺行宫、天宁寺行宫等园林，极大地推动了扬州园林的兴建；而园林的精华当属扬州私家园林，其作为盐商生活场所的重要组成部分，象征盐商的道德追求和精神信仰，不仅是慰藉自身心灵之所，也是标榜与宣示自身追求的一种做法。因此，大大小小的盐商都愿意花费大量的财力去营造一个属于自己的园林世界，其中尤以保存至今的个园最为著名。《个园记》描述道，“士大夫席其先泽，家治一区，四时花木，容与文宴周旋，莫不取适于其中”，说明盐商们在这里独立经营着宛如山林的区域，平衡着自己对社会地位的心理，也作为接待和宴会的场所。除私人园林外，盐商还兴建了一种公共场所——会馆，如湖南、江西和安徽等会馆，便于传递商业信息、联结乡谊、办理义举等事务。每个会馆均构有园林，且集中于盐商聚居的南河下街，对门而居，夹道成巷，此处也被称为“花园巷”，而迄今遗存最完好的当推岭南会馆。

在盐商、盐业和盐务衙门等的大力支持或推动下，扬州园林在全国城市中产生相当高的声誉，使扬州园林臻于鼎盛。清人刘大观曰：“杭州以湖山胜，苏州以市肆胜，扬州以园亭胜，三者鼎峙，不可轩轾。”梁章钜在《浪迹丛谈》中也称：“扬城中园林之美甲于南中。”晚清金安清《水窗春呓》更盛赞：“扬州园林之胜，甲于天下。”[16]这些都是当时扬州园林时代意义的写照。此外，它们深受盐商文化涵养与个性的影响，形成了自己独特的文化特征。一方面，园林的命名是主人价值取向与审美情趣公开表露的点睛之笔；另一方面，无论从建筑、山石、理水或总体风格来看，扬州园林形成了兼具南方之秀与北方之雄的地域文化特征。可见，遍布于扬州城内大街小巷的园林，尤其瘦西湖两岸的园林别墅组成了一道美丽的风景线，这是扬州城市历史文化的一部分，成为那个时代留给今人的历史遗产。但伴随盐务的凋敝，盐商经济上的衰落，无力加以维修和保养，使得当初鳞次栉比的园林逐渐荒废。可见，园林的兴衰也是盐商经济兴衰的直接体现。

4 结论与启示

自明清以来，社会商品经济得到了较大发展，随之各地方涌现出一批商业资本雄厚的商帮，而扬州盐商便是由晋商、陕商、徽商、赣商等地区性商人投资两淮盐业而形成的一个全国最著名的商人集团。商人通过经营商业，以商品这一具体形式沟通了城市与城市、城市与农村之间的联系，促进了市场的发展，繁荣了经济。商人在经销商品活动中，往往是新信息的携带者、文化的传播者，开社会风气之先。他们的活动可以起到促使旧社会变革的作用，而这种变革，对当时人们的思想观念、文化传统、社会风尚的变化，有着不可低估的作用。

凭靠有利的政策支持、优越的交通地理条件、悠久的人文历史环境，在盐业商品经济推动下，扬州盐商集聚了大量商业资本，使得扬州经济得以快速发展，市场出现繁荣。依赖雄厚的经济资本，他们兴学好文，广建园林，设书院，置戏班，以文会友，争以风雅名世，文坛上出现了“扬州学派”，戏曲上则有昆曲与地方戏争辉，绘画上更是拥有了“扬州八怪”这一瑰宝。招致“四方贤士大夫无不至此”，“海内文士，半集维扬”，“怀才抱艺者，莫不寓居于此”，使得扬州成为讲究饮食的地方。但盐商们为满足生理和心理上的消费欲望，崇尚奢侈性消费，很多人在发财之后华服锦绣，相互攀比，讲究服饰屋宇、恒舞酣歌的奢靡习气，影响了社会风气。

但“投机得来的财富，自然主要在这种形式中寻求开心的用场，于是，享乐变成淫荡，金钱、污秽和鲜血就同归一流”①。无疑，扬州盐商如“商人对于

---

① 《马克思恩格斯全集》卷7。

以前一切都停滞不变，可以说由于世袭而停滞不变的社会来说，是一个革命的要素。现在商人来到这个世界，他应当是这个世界发生变革的起点。但是他并不是自觉的革命者"①，但他们中的绝大部分人根本没有将商业资本用于投资以带动生产，为社会创造更多的财富，推动社会进步。这是由于在集权专制阴影下，盐商与其他仰仗权力生存的群体的命运是一样的，只不过其规模更广，对权力的依附更具专业灵活，有时盐商遭受官吏的盘剥，有时盐商又和盐业官员们结成利益共同体，关系非常融洽。他们对垄断权力的绝对依赖，使其经营模式染上鲜明的官家特征。他们有钱，却仅仅局限在流通领域运作，没有向产业资本转化，也就没有建立起成规模的生产实体，更别说现代基础工业了。由于缺少超越性的文化思维，无法实现主体意识的自我觉醒，他们不可能像西方商人那样凭借雄厚的经济实力和敢于自由竞争的开创精神，率领自己的商人群体担负起通过竞争重构社会价值体系的历史使命，而只能在向官僚政治折腰屈从并与之同流合污中，在向正统文化依附与回归中走向堕落和毁灭。

作者简介

李在军（1989—），男，扬州大学助理研究员，博士，主要从事区域经济发展研究。

参考文献

[1] 吉成名. 中国古代食盐产地分布和变迁研究[M]. 北京：中国古籍出版社，2013.
[2]（日）佐伯富. 清代盐政之研究[M]. 京都：东洋史研究会，1956.
[3] 陈锋. 论清顺治朝的盐税政策[J]. 社会科学辑刊，1987(6)：55-60.
[4] 李传江. 中古两淮盐业历史演进论[J]. 地方文化研究，2016(2)：67-78.
[5] 郭正忠. 中国盐业史[M]. 北京：人民出版社，1997.
[6] 王喻，朱正海. 盐商与扬州[M]. 南京：江苏古籍出版社，2001.
[7] 陈星生. 两个城市的背影——扬州盐商与自贡盐商的比较研究[J]. 盐业史研究，2008(2)：22-29.
[8] 薛宗正. 明代盐商的历史演变[J]. 中国史研究，1982(2)：27-37.

① 《资本论》卷3增补。

[9] 王伟康.两淮盐商与扬州文化[J].扬州大学学报(人文社会科学版),2005(2):76-80.

[10] 吴海波.乾隆年间两淮盐商的资本积累与流向[J].四川理工学院学报(社会科学版),2006,21(3):17-22.

[11] 石立.盐商为何跨不出资本经营这一步[J].中小企业管理与科技(中旬刊),2010,(2):94.

[12] 佚名.盐商的暴利之路[J].财经文摘,2010(7):100-102.

[13] 梅丛兰,孙海宁.明清徽商与扬州文化[J].唐山学院学报,2008,21(1):77-80.

[14] 吴海波.两淮盐商与清代社会公益事业[J].湖南工程学院学报,2008,18(1):57-60.

[15] 王伟康.两淮盐商与扬州经济[J].南京广播电视大学学报,2005(3):35-43.

[16] 赵昌智.扬州园林与《文选》[J].扬州文化研究论丛,2011(2):9-16.

大桥波斯庄与海上丝绸之路关联性分析

刘奇斌

摘　要:唐代的扬州是海上丝绸之路与陆上丝绸之路重要连接点,也是波斯人很早聚居的地方之一。他们从海上或经运河到达扬州,促进了繁荣富足的扬州与世界的接轨。波斯庄成为扬州申报“海上丝绸之路”备选遗产点,通过对波斯庄文化遗迹的进一步考证,佴姓族谱和波斯龙攘祭仪式的追溯,进一步论证扬州在海上丝绸之路文化交流中的重要地位,以及波斯庄与海上丝绸之路的关联性,为“海上丝绸之路”扬州段申遗点的遴选提供基础支撑。

关键词:海上丝绸之路;大桥波斯庄;关联性

扬州市江都区大桥镇坐落在长江与运河水系交汇处,是国家南水北调东线源头。它西连广陵区头桥镇,东邻泰州市,北靠吴桥镇。地形东高7.6米,西低4.3米,平均海拔6米,为长江三角洲北岸的高沙平原,南境沿长江一带为圩区,有江都“屋脊”之称。属亚热带季风气候,年平均气温14.9℃,年平均水日数为112.1天,降水量978.7毫米,气温适宜,光照充足,降水充沛。水系与河道分属长江、淮河两大水系。白塔河和红旗河分别从辖区境内东西两侧连接老通扬运河(运盐河)和长江。

1　大桥古镇的历史发展概况

早在汉代,大桥已经出现人文遗迹,境内曾出土汉代陶罐、南北朝铜器和瓷器、唐代窖藏金银器,现均藏于江都博物馆。据《大桥镇志》记载,唐宋时期,设“大桥山寨”,大桥地名正式出现。明代《嘉靖惟扬志》卷一收录的一幅“宋江都县图”,在现大桥镇位置标注有“大桥山寨”字样,图上除“大桥山寨”外,还有“盐河山寨”。根据百度百科,“山寨”具有两种含义:一是指古代山贼或绿林人士占山为王建立的集居住、屯兵、防守于一体的武装基地;二是指依靠抄袭、模仿、恶搞等手段产生的亚文化现象。而南宋时期的“大桥山寨”类似于现在军分区级别的地方武装，主要任务是负责长江沿岸区域的安全防卫。据当地历史文化爱好者考究，大桥镇于宋淳熙二年（1175 年）建镇。明代建大桥市，设巡检司及预备仓。1912 年，废府存县建大桥市，属五区辖。1931 年，撤市设镇，大桥分设成大桥、青龙、仁寿三镇。而大桥镇自有史以来，一直隶属于江都县，即属于旧江都县（扬州）和现江都区管辖。

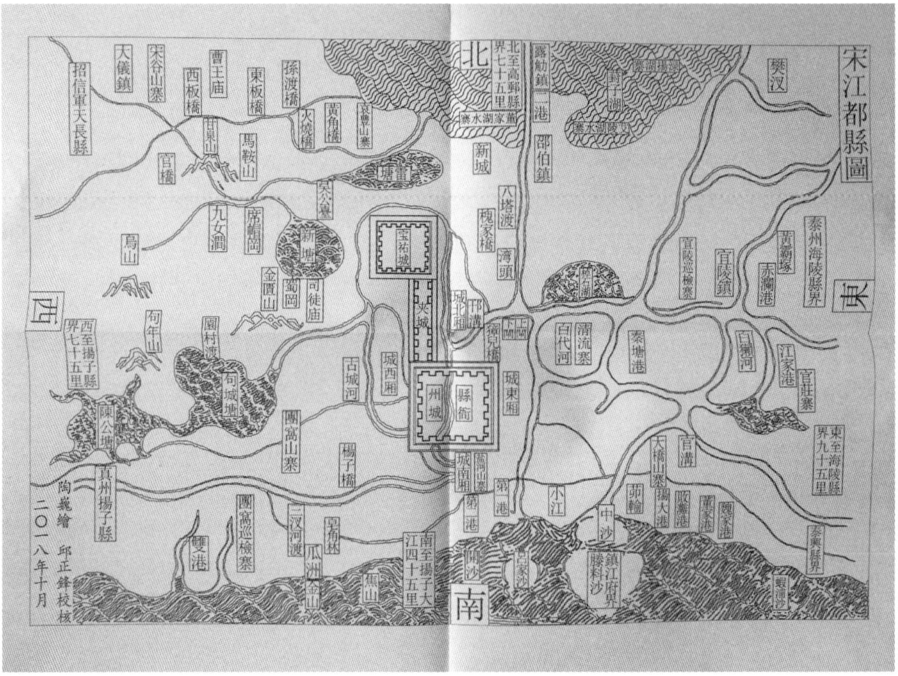

图 1　宋江都县地图

大桥镇居扬州东乡各邑之首，不仅军事位置险要，是岳飞抗金、明代抗倭、新四军抗日、渡江战役炮击英国“紫石英号”的战场，而且，也是纺织、粮食、木业等重要的集散地。元末明初，大桥镇开始陆续产生规模较小的手工业作坊和作场，包括油坊、糟坊、火腿坊、碾坊、磨坊、豆腐坊、染坊、香烛坊、丝线作场、茶食加工场、酱菜加工场、农具和纺织加工场等[1]。明朝永乐七年（1409 年），陈瑄将江北漕运水道改为大桥白塔河以后，来往各地客商云集大桥，粮食业十分繁荣，带动了当地整体商业发展。清末民初，街面长达 3 华里，大小店、铺、行、馆、坊等 200 多家，日用百货、钱庄、典当行一应俱全，出现了祥盛布店、天祥香店、天福祥、福茂南货店等知名商铺[1]。至今，大桥镇仍然呈现出繁荣的商业景象，形成了以塌扒街、繁荣街为主干的街区，从事各种手工制作、服装及日用百货销售的商铺鳞次栉比。临街民居通常前后五至七进，形成了前店后宅，“一府跨两街”的建筑格局。

大桥镇是中国第六批重要的历史文化名镇之一。第三次全国文物普查发现，大桥镇区共计有省（市、区）级文物保护单位和不可移动文物 27 类，另有历史建筑若干。此外，大桥镇也是国家级非物质文化遗产扬州水笔制作技艺的传承地。发达的经济，厚实的文化，造就出一批誉满国内外的名人，如清代最早的日本军事实力研究学者顾图河，中国“雷达之父”束星北及中国铁路客车制造专家顾懋林等。

2 大桥波斯庄文化遗迹留痕

大桥镇境内有一村子称作“波斯庄”，波斯庄原名榉树阁。有关庄名的由来流传着三种说法：一是元朝以前，波斯河边原来有座码头，时常停靠波斯商船，因此取名波斯庄；二是波斯人在此地行医济世，倍受当地村民尊重，故而命名为波斯庄；三是 1368 年（元朝末年）前，有佴姓波斯珠宝商人寄居榉树阁，在此经商、传教，定居，并通婚，后遇土匪袭扰，波斯人带头抗击遇害，为了纪念他，榉树阁改名为波斯庄，这种说法最为盛行。

波斯庄之所以区别于其他地方，除洋气的庄名外，重要的是独特的文化现象。这表现在以下四个方面：

（1）波斯龙骧祭舞。20 世纪 50 年代之前，波斯庄每年清明都举行波斯龙骧祭，而波斯龙骧祭舞已经被列入江都区级非物质文化遗产名录。

（2）佴姓族群。以波斯庄为核心的周边广大地区，繁衍生息着一个佴（音“nài”）姓族群。佴姓是波斯庄及周边地区所独有的姓氏，当地佴姓人读为“lì”。比较有代表性的是一名叫佴毓才（1890—1989 年）的老人，身材魁梧，剑眉浓黑，鼻梁挺直，眼窝深凹，眼珠略显棕黄，两颊胡须密集。老人在世常称：“我的祖先是波斯人！”“我是信奉伊斯兰教！”[1]佴姓族群中长有这种相貌的人不在少数。截至 2015 年 5 月，据大桥中心派出所提供的数据，波斯庄共有佴姓 450 多户。另外，还有王、张、龚、陈等族与佴氏家族存在姻亲关系。至今，该地区还保存有记载佴氏、龚氏等族群几百年历史的《佴氏

图 2　波斯庄碑文

族谱》和《龚氏族谱》等谱系。

（3）波斯庄民间俚语。当地流传着与波斯相关的一些民谣、俗语，经常出现在人们日常生活、生产的方方面面。其中，“波斯献宝”是波斯庄出现频率最高的词汇。原意是指波斯珠宝商人向人炫耀并推介自己的珍宝，庄人常常借此表达对长辈和地位高于自己的人主动示好，表达热情。1949 年前，波斯庄一直流传着这样一首民谣：“波斯六家庄，荞面疙瘩汤；一年吃了三顿饭，还沾祖宗亡人光；不是胡萝卜来打架，早就淌到董家岔。”[1]

（4）波斯庄当地历史遗存。2015 年，当地政府在波斯河中打捞起了老波斯桥石栏、石柱等。另外，还有待认定的“石质人俑”和拟考古发掘的波斯墓碑等。20 世纪 80 年代，波斯庄文化现象逐渐引起国内外相关学者的关注。1994 年 7 月，昌松乡政府按照波斯建筑风格，在波斯河畔建成“波斯亭”一座，坐东朝西，占地面积 60 平方米，两侧书对联“中波友谊，源远流长”，亭顶绘有波斯龙骧祭彩画，亭内有一口井。2017 年，该亭被公布为江都区级文物保护单位。

图 3 波斯河边石柱

图 4 波斯庄石人形柱

3 波斯庄的进一步考证

近年来，随着经济发展速度加快与文化遗产保护工作力度加大，有关波斯庄的研究热度越发增强，研究层次日趋提高。2015 年，波斯庄、白塔河及其支流波斯河历史河道，成为扬州申报“海上丝绸之路”七处遗产点。之后，中央电视台《国宝档案》栏目对波斯庄历史进行了专题报道，中国视觉文献专家、丝绸之路研究学者尔冬强和中国民主促进会江苏省委员会专家等围绕“海上丝绸之路”研究课题考察波斯庄遗产点，一些有关波斯庄的研究文章不断出现于各类媒体和学术刊物中。2018 年初，中国国际广播电台与伊朗驻华媒体联合探访波斯庄。时隔 25 年，2016 年中国国际广播电台主任播音员温业浔完成了波斯庄的研究论文。

波斯庄，在受到社会各界广泛关注的同时，也遭受部分人的质疑。一些研究波斯庄历史文化的文章，因存在着论据不充分、论证不严谨等问题，使得这种质疑声音越发强烈。经过梳理，当前的质疑主要体现在四个方面：一是，历史上存在过波斯庄吗？是不是后人或今人因某种目的而杜撰出来的？二是，佴氏族人是不是波斯人后裔？三是，波斯河是不是当代人开挖的？四是，波斯庄与海上丝绸之路有没有关联？

质疑历史才能更加接近历史真相，才能推动历史研究不断深入。中国境内有两个地名与外国国名有关，一是甘肃永昌的“罗马城”，另外便是江苏扬州的“波斯庄”。随着社会历史的变迁，记载着波斯文化的遗迹散落在民间日渐稀少。当前仅有的历史文化线索，也许不能完全探索波斯庄与海上丝绸之路的历史路径，但也能使沉寂数百年的历史真相变得清晰起来。接下来本文对上述质疑进行辨别。

3.1 波斯庄庄名起源时间

关于波斯庄的庄名，虽然上至唐代《元和郡县志》，下至清代各时期的《江都县志》，几乎全无这方面的记载。且被誉为中国乡镇第一部志书的《甘棠小志》中，记载了仙女庙、宜陵等老通扬运河沿线的地方，也没有提及波斯庄地名。实际上，20 世纪 80 年代以前，江都境内除昌松乡附近的本地人外，知晓波斯庄的人也是微乎其微。然而，不能就此断定历史上不存在波斯庄。最晚记载波斯庄的官方文献是 1995 年昌松乡政府编撰的《昌松乡志》。目前，社会上流行的波斯庄的种种说法大多来源于该乡志。再早些，《民国江都县续志》中《河渠考》和《名迹》有波斯庄地名。而最早出现波斯庄地名的，要数大桥镇波斯庄和善玉村、吴桥镇小荡村、浦头镇东堡村等地村民收藏的《佴氏族谱》。这套族谱共有 8 卷，时间从东汉光武帝建武年间(25—56 年)延续到 1933 年，跨越了近两千年。族谱共分两部分，前部分为苍梧佴氏族谱，后部分为波斯庄佴氏族谱。全套族谱先后重修了 3 次，续修了 6 次。由于佴氏移居波斯庄，对族谱进行了 7 次重修。其中，第一次续修族谱为明崇祯十年(1637 年)；第二次续修族谱为清乾隆四十一年(1776 年)；第三次续修族谱为清嘉庆十九年(1814 年)；第四次续修族谱为清道光二十年(1840 年)；第五次重修族谱为清咸丰五年(1855 年)；第六次续修族谱为清光绪二十六年(1900 年)；第七次重修族谱为民国岁次癸酉年(1933 年)。

该族谱除收录从宋元祐三年(1088 年)资政殿大学士右谏议大夫杭州军事赵抃和元祐八年(1093 年)佴氏三十二世孙右谏议大夫佴中师撰写的《苍梧佴氏谱序》和《古苍梧佴氏谱系序》外，还收录了重修、续修族谱的 10 篇序，其中提及“波斯庄”的有 7 篇，分别是曹安祖的《续修波斯庄佴氏谱序》、蒋如奇的《波斯庄佴氏谱序》、无名氏的《维扬波斯庄佴氏续修谱序》（落款部分已经散失）、张清华的《波斯庄佴氏续修谱序》、张行俭的《江都波斯庄佴氏重修族谱序》、孙桂林的《佴氏续修谱序》和丁岗的《续修波斯庄佴氏谱序》，这些族谱在序言标题或在序文中分别提及波斯庄，或在序言标题和序文中都提及波斯庄，或在部分族谱正文中提及波斯庄，所涉地点、年代基本一致。例如，崇祯九年（1636 年）荆溪曹安祖序《续修波斯庄佴氏谱序》指出：“余稽维扬波斯庄佴氏谱，其先源流之，……遂卜居波斯庄，子苓比我幸福三生。”嘉庆十九年（1814 年）张清华《波斯庄佴氏续修谱序》记述：“若波斯庄佴氏则不然，其族敦本，重农桑，习诗书，崇礼教，朝夕之，耳提而面命者，不外乎大司徒之训。”再如《维扬江都佴氏重修族谱年表卷之八》记载：“第六十二世锦福，生于光绪廿一年……配波斯庄秦宏林长女。”“学儒，生于乾隆三十八年……次（女）适波斯庄张龙旺。”“美骅，生于道光十五年……配波斯庄王连官长女。”同时，查看与佴氏关联的龚氏、王氏等族谱，它们之间能够相互对应。如《龚氏族谱》记载：“万邦，字茂文，生于嘉庆十三年……配波斯庄史长荣次女……”虽然，这些族谱都是民间个人收藏，但基本保持着历史原貌。因此，佴氏族谱可以证实历史上波斯庄确实存在。

波斯庄庄名首次出现在崇祯十年（1637 年）荆溪曹安祖所述的《续修波斯庄佴氏谱序》。由此判定，当第一次续修佴氏族谱时波斯庄已经出现。但是，根据《波斯庄佴氏重修族谱年表之二》记录，“浩公生于万历三十九年辛亥（1611 年）……合葬于官沟桥南东南佴家庄南头田乾山巽向兼丙戌丙辰分金”，官沟桥在波斯河与白塔河交汇处以东、波斯庄以西的位置。当时此地姓佴的族群除波斯庄外，没有其他地方。这说明 1611 年前波斯庄可能称作佴家庄，这存在着两种可能，一是 1376 年以后，波斯庄被称作佴家庄，1611—1637 年间佴家庄庄名改为波斯庄；二是这个庄子有两个名称，一个称作佴家庄，另一个称作波斯庄。事实上，波斯庄在民间很长一段时间，尤其是 1949 年后，被当地人称作波庄和知斯庄。如果真是这样，可以认为波斯庄庄名起始时间，至少在 1637 年以前已经出现。最早始于何时，仍需要进一步考证。

3.2 波斯庄佴姓族人的来历

佴姓，最早可以追溯到商汤时期。原为设计制作“珥”的工匠，其先祖即以“珥”为姓，后改为“佴”姓。佴氏真正意义上的始祖，为东汉光武帝的左相佴茂。《维扬波斯庄佴氏续修谱序》记载：“维扬波斯庄佴氏姓本商汤后代……波斯庄谱以光武朝左相茂公为始祖。……佴氏益盛，四十五世，讳璞号楚石，自今南通州出赘维扬东乡郭氏家，公爱江淮之胜，遂卜波斯庄为世居焉。公实为佴氏之近祖也。”除该序言以佴茂为佴氏始祖，其他序言也持同样的观点。佴茂辅佐光武帝建立东汉王朝不久，辞官归隐广东府南苍梧（即今广西梧州）。至四十一世佴毅时，迁徙到南通州（即今南通）。直至元朝末年，佴氏第四十五世佴璞入赘到波斯庄，成为波斯庄佴氏的始祖。第五十世薄华、柔中两人续修佴氏家谱，并修建了家庙。佴氏族谱随着佴氏族人繁衍生息留存至今。

中国传统姓氏中，佴姓应该读“nài”。波斯庄佴姓族群与众不同地将佴读作“lì”，对其解释是由于这样的发音与伊朗的“伊”字发音类似。伊朗，意思是“雅利安人的国家”。伊朗古称波斯，波斯的意思是“产马的地方”。中国古称安息国。虽然伊朗是 1935 年 1 月正式改的国名，但据《一品波斯》（2017 年 7 月 15 日）登载的文章《波斯为什么要改国名为伊朗》介绍，伊朗人对自己国家的称呼从古至今一直为伊朗。那么，波斯庄人将佴读作“lì”，是佴氏祖辈流传下来的说法，应该是真实可信的。

佴璞，是波斯庄第一代佴氏人。《波斯庄佴氏重修族谱年表之二》这样介绍：“第四十五世，璞公，字楚石。公之先系出商汤之后，崧公之裔，至东汉而有茂公，光武朝为左相，退居苍梧，子孙因世家焉，故以茂公为论世之祖。四十一传毅公，避元乱，徙居通州。又四传迨至璞公，于洪武丙辰（即洪武九年，公元 1376 年）岁，赘维扬东乡郭氏后，子孙遂尊公为斯地之始祖矣。生于元至正十四年甲午（1354 年）三月初二日午时，寿七十有二，殁于洪熙元年乙巳（1425 年）五月十一日。配郭仲涉公次女，生于元至正十七年丁酉（1357 年）四月初一日子时，寿七十有五，殁于宣德六年辛亥（1431 年）十月廿四日，合葬波斯庄宅前柏树茔主穴。生八子，葵、英、芩、芝、芳、芸、兰、薏，芝芳兰薏四公徙居通州故籍，另谱。”结合族谱中其他记载，佴璞从南通州迁徙至扬州波斯庄，主要原因有两个：一是入赘；二是仰慕扬州文化名胜。

“入赘说”，《佴氏族谱》中都持这一说法，并与民间流行说法一致。蒋如奇在《波斯庄佴氏谱序》中提到：“迨洪武朝，因元兵偕乱，宗族无统，散徙云南、襄阳、金陵、南通州、滁州、兴化、广陵、巫山等处居焉，而国初惟通州佴氏

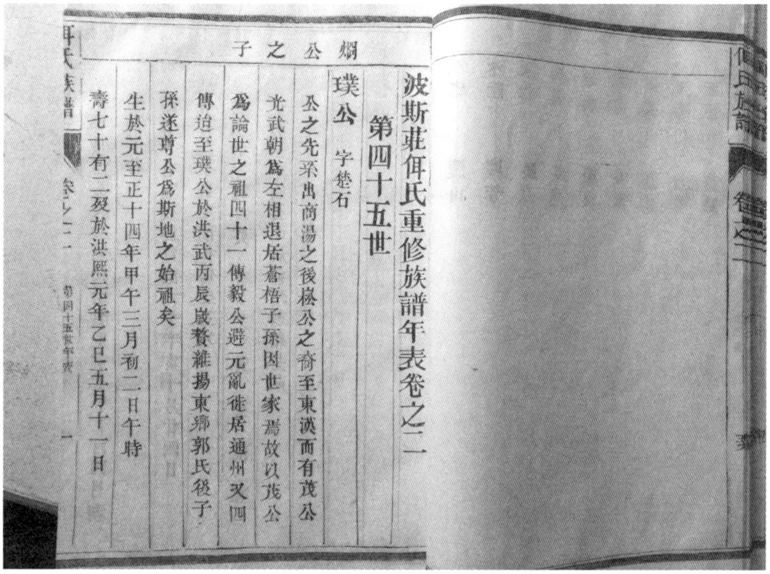
烱公之子
波斯莊佴氏重修族譜年表卷之二
第四十五世
璞公 字楚石
公之先系出商湯之後㮚公之裔至東漢而有茂公
光武朝爲左相退居蒼梧子孫因世家焉故以茂公
爲論世之祖四十一傳毅公避元亂徙居通州又四
傳迨至璞公於洪武丙辰歲贅維揚東鄉郭氏後子
孫遂尊公爲斯地之始祖矣
生於元至正十四年甲午三月初二日午時
壽七十有二歿於洪熙元年乙巳五月十一日

图 5 佴氏家谱

为盛，相传有军民之别，民籍炯（第四十四世）之长子，讳璞，号楚石公，徙赘维扬东乡郭氏。”明朝建立之后，起初还沿袭元朝的户籍制度。洪武十四年（1381 年），朱元璋在全国人口和财产申报的基础上，按照军籍、民籍和匠籍实行分别管理，每十年重新核实编造户籍。这不仅遏制社会流动，减少不稳定因素，而且，还方便赋役征调，达到巩固政权的目的。蒋如奇所言“相传有军民之别”，应为佴氏族中有军籍与民籍之分。元末、明初相关军籍管理规定，不许过房，不许随便入赘，以防止军户人口流散①。由于佴璞为民籍，所以才可以入赘。

赘婿自古是汉民族婚姻形式之一。元末明初，入赘分四类：一是养老女婿——一辈子生活在妻家，给女方父母养老送终；二是年限女婿——生活在妻家一定年限，到了约定时间回男方家生活；三是出舍女婿——生活在妻家一定年限后，携妻出外与岳父母分开居住；四是归宗女婿——妻子亡故，或离异，回男方自家生活。[2] 根据佴璞家庭婚姻情况看，他应该是第三种出舍入赘。从唐宋到元明，经济基础在家庭婚姻中越来越重要。男女双方家长

---

① 军籍黄册. http://www.chinavalue.net/Wiki/ShowContent.aspx? TitleID=404997

主持写立婚书，女方接受男方聘礼后，即产生法律效力。聘礼在婚姻中处于关键和核心地位。利玛窦等外国人将这样的婚姻称作买卖婚姻。赘的本义是“抵押”，入赘的原因大多是男方家庭条件不好，付不起沉重的聘礼，只能选择以身为质。赘婿在女方家生活地位一般很低，经常受到社会歧视。根据《明会典》户令条，女婿入赘后，有的要改从女方姓，有的可以保留本姓，但婚生子女都属于女婿家，依然随父亲的本姓。从这一点可以理解，为什么佴璞入赘郭氏之后，不仅保留了自己的姓氏，而且子女都随了父亲的本姓“佴”。

“仰慕说”，至少有3篇族谱序言中提到佴璞“爱江淮之胜”“爱古扬州之胜”的话。早在唐代，扬州就有“扬一益二”的说法。扬州的美好随着李白、杜甫的名篇传遍大江南北，“腰缠十万贯，骑鹤下扬州”成为众多人的梦想。元末明初，扬州城总面积5平方公里[3]，常住人口57万(含11个县)[4]，经济文化发展处在全国领先地位。南通东临大海，地贫人少，相比扬州经济文化较落后。明代时，南通虽然号称“小扬州”“北苏州”，据《万历通州志》记载，洪武九年(1376年)，通州(不包括海门)人口只有7万。当时，20岁左右的佴璞，正当青春年少，向往如诗如梦的扬州，是情理之中的事情。他如何从南通到扬州，整个族谱没有记载，只留下了“徙赘”“卜居”的字眼。他可能走了不少地方，也选择了不少场所，最终落脚在波斯庄。

3.3 佴璞是波斯人的考证

毫无疑问，佴璞是入赘到波斯庄的第一代佴氏人，应该是民间传说中的那位“波斯商人”。但《佴氏族谱》8卷，从头至尾没有介绍佴璞的生平事迹，更不用说相貌、职业。从其收录祖先佴茂的画像以及择婚配、遵丧制、建宗祠、崇节义、重祭事等宗训十六条和佴氏家规，彰显的皆是汉民族传统优秀文化，丝毫没有一点波斯文化的痕迹。虽然，波斯民族与汉民族文化存在差异，但扶弱济贫、弘扬正气为各个民族所崇尚。文化虽不同宗，但殊途同归。另一方面，中华文化，尤其是汉文化在几千年发展过程中，已经具备极强的包容性和同化性，这是世界四大文明中巴比伦文明、埃及文明及印度文明消亡，而中华文明一枝独秀的原因所在。汉民族在历史上曾遭受两次外族侵略和统治，一次是以蒙古人为代表的元朝统治者，对待汉文化以轻视和排斥的态度，但统一中国短短89年后就灭亡了；另一次是以满族人为代表的清朝统治者，从大举入关之后就开始重视汉文化。到19世纪，官方文件中的满文已基本换成了汉文。清朝，作为中国封建史上最后一个王朝，统治时长达 300 年之久。大清王朝都被汉化，何况一点点外来的波斯文化呢？

当然，关于佴璞是波斯人还是留下些许线索的。除现存的佴氏家谱外，也能体现出不太符合汉民族习俗的地方。比如，佴璞入赘郭氏，好像并不是出于家境困难。他入赘之后，生育 8 个子女，还培养出担任山东济南府常山县训导的儿子佴芸(第六子)，历经三四代就修建佴氏家庙和祠堂，如果没有一定的经济基础，这些都不容易办到。当然，其中有妻家家境优越的因素在里面，但不排除佴璞自家殷实的条件作底子。由于作为出舍女婿，与岳父母家析居之后，主要还是靠自己的经济实力支撑。另外，佴璞在家是长子、独子，按理是不可以入赘的。其父佴炯好像并不拘泥这样的传统束缚，将佴璞入赘到远离南通的维扬波斯庄。作为女方郭家，无论出于哪种考虑招赘女婿，都应该选择知根知底的人。郭家招赘一个远离维扬 300 多里的外乡人，估计婚前对佴璞还是比较了解的。民间传说的郭、佴两家是生意伙伴和朋友，这样的关系估计是存在的。

同时，在《佴氏族谱》和佴氏后人中还是留下有限痕迹的。如《维扬波斯庄佴氏续修谱序》赞美佴璞的三个儿子苍、行、华时，用了“雄木伟貌，志趣高雅”来形容，可见此三人确实与众不同，不仅身材高大，而且相貌特别。如今，在波斯庄还有少数长相特别，看上去明显带有外族血统的佴氏后人。他们虽然生活习惯、宗教信仰与本地人没有什么不同，但是，他们的面孔与前来波斯庄参观、寻亲的伊朗朋友极为相似。

图 6　波斯庄佴氏后人：佴荣兆

根据人类遗传学等位基因分离定律和非等位基因自由组合定律，基因会随着同源染色体分开而分离，分离或组合彼此互不干扰，各自独立地遗传[5]。目前生活在波斯庄疑似具有波斯人种体貌特征的村民，他们的基因有着上辈遗传下来的波斯人种基因。或者说，他们的祖先中有人是波斯人。另外，人类遗传基因分为显性和隐性，显性基因对隐性基因具有功能掩盖效应，隐性基因在杂合体中不能表现，只能在纯合体状态时才能表现出来[5]。如果，波斯庄有的人遗传了汉人的显性基因 A，基因类型是纯合体 AA，或者遗传了波斯人隐性基因 a，基因类型是杂合体 Aa，他们就会表现汉人的显性特征；而那些基因类型是杂合体 Aa 人的后代，当遗传了波斯人的隐性基因 a 呈纯合体 aa 时，他们就会表现波斯人的显性特征。至于他们的始祖，男方是波斯人，还是女方是波斯人，估计男方是波斯人的可能性相对要大。中国古代家庭富裕的女人是足不出户的，来到中国做生意和传教的波斯人基本上是男人。如果从遗传学的角度看，佴璞或者是波斯人，或者有着波斯人的血统，更或者他的后人中有波斯血统。当然，最终证明佴氏族群是波斯后裔，还需要科学地考证。

3.4 佴璞义举的考证

近年来，有人在支持波斯人舍身救乡里这个说法的同时，推断出袭击波斯庄的是元末农民起义军张士诚的军队。那么，为了查清事实真相，不妨将张士诚起义军活动时间与佴璞生卒年月作一比对。元顺帝至正十三年(1353 年)正月，张士诚在白驹场起兵反元；时年，佴璞差一年降生。元至正十五年(1355 年)，张士诚派部从通州(南通)渡江进入常熟；时年，佴璞 1 岁。元至正二十五年(1365 年)，朱元璋攻克南通；时年，佴璞 11 岁。元至正二十七年(1367 年)，张士诚兵败自杀；时年，佴璞 13 岁；明洪武元年(1368 年)，朱元璋统一全国；时年，佴璞 14 岁。明洪武九年(1376 年)，佴璞入赘波斯庄，时年 22 岁。明洪熙元年乙巳(1425 年)五月十一日，佴璞去世，享年 71 岁。

可见，张士诚起义部队在江浙一带活动时，佴璞还未成年，并且还没有到波斯庄。当他成年入赘波斯庄时，张士诚已经被灭约十年。很显然，关于佴璞抗击张士诚义军的说法站不住脚。佴璞在波斯庄一直活到 71 岁寿终正寝，并没有在中青年时非正常死亡。民间传说中的英雄好像并不是他，波斯庄东边“躺沟”里曾经与土匪拼死搏杀的是佴璞的波斯血亲，还是他的波斯仆人，现在已经无从知晓。当然，佴璞运用智谋、勇气，惩恶扬善，全身而退，安享天年，这也是可能的。

3.5 波斯龙骧祭祀与波斯祆教

据《昌松乡志》《中华舞蹈志·江苏卷》和2009年《江苏省非物质文化遗产资源调查表》记载，每年清明，波斯庄都要举办波斯龙骧祭。祭祀执事包括正副通、引礼、侍席、司鼓、司点、司馔、司燎和传托等16至20人，穿着长到膝、前对襟、后开衩的黑色燕尾礼服，头戴高筒黑色礼帽，胸前系一朵白花。祭祀场地设置：第三进堂屋设为灵堂，前院内放置木制猪羊各一只；第二进厅房中央，陈列各式盆景、花瓶、插牌、时钟、香炉、烛台等。厅房东西两侧设"波斯"神像，西侧面善，东侧面恶。两神像一手下垂，一手上举，虎头燕颌，隆鼻、凹眼、高眉骨，头戴向上翻卷的毡帽，上插一支蜡烛[6]。两神像之间设"龙骧"木柱一根，高约1米，镶金龙。第一进照厅右前方为陈设所，左前方为盥洗所。祭祀开始，吹鼓手从灵堂波斯龙骧前绕行三次，司鼓手击鼓399次，象征风、雷、雨三种声音，司点鸣金12次，正通引孝子行十二大礼，然后到波斯龙骧前跪下，司燎焚松柏和香烛"迎神"，传托采取"卍字""蝴蝶穿花""锁壳""同心结"等花式传送肴馔、香帛到神像前，犹如舞蹈一般[7]。一切陈设完毕，诵读祝词、嘏词，祭祀仪式结束。整个波斯龙骧祭与现在江都民间的"放焰口"有不少相似之处。"放焰口"是为亡者修善事，祈求冥福的佛事之一。所不同的是，"放焰口"的执事为僧人，供奉亡人牌位，僧人吟诵《心经》《往生咒》等经文，孝子及家人焚烧纸扎、纸钱；而波斯龙骧祭的执事全为俗人，衣着具有典型的外域文化特点，供奉波斯神像和龙骧，祭祀过程中还穿插有舞蹈。1949年以后，经过50年代的清除反动会道门、60年代的"文化大革命"，波斯龙骧祭最终在20世纪90年代杳无遗迹。

元朝末年，朱元璋等人打着"明教"的旗号起事，一下子组织起各地最底层的农民，成为反元队伍中比较强大的力量。金庸先生的武侠小说《倚天屠龙记》就是以明教起义为背景，其中，有高深莫测的圣火令武功和行踪诡秘的波斯人。明教正式名称为摩尼教，发源于古波斯，是在琐罗亚斯德教基础上发展起来的。琐罗亚斯德教是古代波斯人的国教，是伊斯兰教诞生之前西亚最有影响的宗教，号称"世界第五大宗教"，在中国旧称为祆教、火祆教、拜火教。公元7世纪即唐朝，祆教经过新疆传入内地，祆祠内"商胡祈福，烹猪羊，琵琶鼓笛，酣歌醉舞"[8]，曾极为常见。唐武宗年间，先后查禁了摩尼

图7　波斯龙骧祭舞

教和袄教。宋元以后，这两个教派在公开场合已经基本绝迹，这是由于在严厉的禁令下，逐渐转入地下活动，散布在民间少数地区，直到自然消亡。经过长期的演变，无论是明教还是袄教，都与中国境内的道教、佛教等宗教文化有机地融合起来，彻底被同化了。

袄教主张善恶二元论，认为自古以来善、恶本已存在，两者不断斗争，最终善取得胜利。善有善报，善人进入天堂；恶有恶报，恶人堕入地狱。将火看作光明与善的化身，把拜火作为他们的神圣职责①。波斯龙骧祭中供奉的应该是袄教中的善、恶二神，二神头顶的烛火，就是不灭的“圣火”。故而，波斯庄人习惯将蜡烛称作“拜烛”。袄教提倡的理想生活是“成家立业，牲畜、妻室、子女都兴旺。旱地灌溉，洼地排水”，与佴氏祖先在波斯庄追求的“重农桑，习诗书，崇礼教，朝夕之”的生活非常相像。可以看出，波斯龙骧祭与波斯袄教和佴氏家族存在着某些渊源。佴氏族谱家规家训中还有“禁酗酒”规定，与明教教义也十分相似。究竟波斯龙骧祭祀属于袄教，还是明教，无法定论，但这一祭祀仪式中具有波斯宗教的元素。

① 琐罗亚斯德教. https://baike.so.com/doc/5946050-6158986.html

4 波斯庄与海上丝绸之路的关联

4.1 波斯庄周边水系分布

波斯庄周边河网密布,水系发达。向南距大桥镇区约 6 公里、距长江 7 公里,向北距老通扬运河(即古运盐河)8 公里,向西距白塔河约 4 公里,波斯河横贯东西,与红旗河紧密相汇。发达的水系,使得波斯庄成为连接运河、长江,通向海上丝绸之路的重要节点。

(1) 波斯庄主要依托波斯河经白塔河通达长江。根据"宋江都县图"所绘,南宋时期的大桥镇区域长江水道位置与现在的长江水道位置大体一致。图中显示的江心洲位置,与今天大桥长江南边的江心洲位置没有太大区别。虽然从唐宋以后,长江河道发生了一些变化,扬州古城南部长江段向北迁移了一段距离,使得原来居于中流砥柱位置的镇江焦山,已经成为长江南岸陆地的一部分。大桥镇东边的嘶马镇因为地处长江弯道,河道北侧有不少土地面积坍塌江内,但大桥白塔河入江口附近没有太多变化,长江基本保持着历史位置和历史走向,蜿蜒向东连接大海。汉代以后,长江入海口区域的海门、启东和上海东北部、崇明岛还没有完全形成陆地,基本以沙洲为主。从 5 世纪初至 18 世纪,先后经过 4 次聚沙成岛、并岛成洲、连洲成陆的过程,江海平原得以形成[9]。长江北入海口从南通市如东,延伸到启东市与崇明岛北侧;长江南入海口从太仓市,延伸到上海东北部和崇明岛南侧。唐代时,如东隶属如皋镇,如皋镇隶属海陵县(今泰州市),海陵县隶属扬州府,故而唐代称扬州府临海。被誉为日本"玄藏"的圆仁和尚西渡中国,第一次看到正在成陆的南通时,在《入唐求法巡礼记》中这样写道:"西方见岛,其貌如两舶双居,须臾进去,即知陆地。"另据《唐大和上东征传》记载,鉴真第一次东渡失败以后,于 744 年一月第二次东渡。船只还未出海,就在狼沟浦遇风浪沉没。日本学者藤田元春指出:"狼沟浦恐在今南通县之南,近狼山,位于扬子江北岸的港口。"国内学者认为,此次鉴真东渡出发地在太仓市。无论哪种观点,鉴真第二次东渡出发地,基本在当时长江两个入海口之间。

(2) 老通扬运河,又称为运盐河、盐河,开凿于西汉文景年间(前 179—前 141 年)。吴王刘濞煮海运盐,开挖了西起扬州茱萸湾(今湾头镇)、东通海陵仓(今泰州)及如皋蟠溪的河道。后经历代改造,成为连接南通和扬州的重要水道,清宣统元年(1909 年)改称通扬运河。1903 年,中国著名实业家张謇成立大达内河轮船公司,先后开通了扬州到南通、掘港等航线。1949 年以后,在通扬运河基础上重新整修,开挖了新通扬运河,过去的河道被称作老通扬运河。圆仁和尚从海上来扬州,走的就是老通扬运河这条线。他在《入唐求法巡礼记》中写道:"午时到江口,未时到扬州海陵县白潮镇桑田乡东梁丰村。""从东梁丰村去十八里,有延海村,村里有寺,名国清寺。"国清寺应该是圆仁登陆中国的第一处地方。2017 年,南京大学在如东市掘港镇成功发掘国清寺遗址,出土了从唐代到清代的大殿垫土、墙体、石柱础等遗迹 40 多处,瓷器、建筑构件、紫砂陶器、石雕、铜钱等文物 1 000 多件[10]。

圆仁停留掘港国清寺 15 天后,沿运盐河支流掘沟(隋炀帝开掘)进入运盐河,一路向西,经如皋镇,过海陵县东,历时 6 天到达宜陵馆。宜陵馆"此是侍供往还官客之人处"。圆仁一行船舶全部停宿在宜陵馆,人人都患了痢疾,最严重的是第四舶判官水米不进,只好安置在一个名叫白水郎的家中。他们在宜陵馆从前一天下午 3～5 点落脚,到第二天凌晨 3～5 点离去,合计停留了 12 个小时以上。

(3) 白塔河又称白獭河、官河、大桥河。因为该河与通扬运河最北端连接处有白塔寺,民间大多称之为白塔河。它北起通扬运河,流经吴桥、焦荡、三墩桥、大桥至中闸河口入夹江,全长 18.2 公里,是沟通老通扬运河与长江的重要河道。1409 年,由于白塔河与江南孟渎河参差相对,平江伯陈瑄开浚白塔河河道,将北上漕运线路从瓜洲改为大桥白塔河,经通扬运河入大运河北上,节省漕运时间和劳动力成本,降低了行船风险[11]。据南宋理宗宝庆三年(1227 年)编撰的《舆地纪胜》卷三十七"扬州"记载:"白獭河在江都县东六十里,名龙儿港。《图经》云,尝有怪物自海陵穿入此港,至古盐河南岸变为白獭,故名。"由此可见,白塔河至少在南宋理宗时期已经存在了。至于最早开凿的时间,目前还没有文献佐证。白獭是一种传说中的动物,现实世界并不存在。既然宋人有这方面记载,不会是无中生有,应该事出有因。当时的人可能将怪异的水生动物认作了白獭,比对江河中的动物,估计是白鳍豚。因白鳍豚习惯晨昏时间在岸边浅水区游猎,进入白塔河的概率较高。加之生性害羞,很少跃出水面,很难让人见识其真面目。在科学知识不普及的古代,人们容易将白鳍豚误认为神物。

(4) 波斯河及红旗河。关于波斯河,历史上没有任何记载。根据《江都水利志》(2009年)介绍,红旗河位于江都通南(通扬运河以南)地区东部,北起通扬运河,流经汤营、张庄、小荡、李桥、南桥、史庄、六河、常兴,至嘶马入江,全长15.8公里。该河曾于1958年、1970年和1971年开挖河道。若单从这一记载来看,红旗河无疑是新中国成立后新开的一条河道,但"宋江都县图"显示,老通扬运河沿线宜陵镇东段有一条河,向南折向西与从宜陵镇向南连接长江的白獭河交汇在大桥山寨北段,该河转折处地名为官庄寨。另据《民国江都县续志》"沟渠篇"记载,白汉河即南龙尔河西渠,又名王家河,从老通扬运河向南5里入张家河,向南经萧家庄、万寿寺、北野桥、南野桥、高兴庄到波斯庄,再折向西经乔家巷连接白獭河。该河道的位置和流向与"宋江都县图"和清嘉庆《江都县沟洫圩围图》基本一致。通过百度地图、360地图和现场对比,上述文献中记载的北野桥(现为北桥)、南野桥(现为南桥)、高兴庄、乔家巷、萧家湾等地名一直保留到今天仍然存在,并分布在红旗河北段和波斯河沿线,两条河流位置、流向与白汉河基本一致。因此,可断定红旗河北段和波斯河就是白汉河历史河道。新中国成立后只是在原来白汉河转折处,即波斯庄位置上向南开挖延伸成了红旗河,白汉河东西走向的河道基本保持历史原貌,只是因波斯庄而更名为波斯河。

4.2 波斯庄与扬州波斯人的关联

唐代的扬州是海上丝绸之路与陆上丝绸之路重要的连接点,也是波斯人很早聚居的地方之一。他们从海上经长江或运盐河来到扬州,再从扬州经运河到达都城长安;或者从西域进入长安,再经运河到达扬州;也或者从其他线路来往扬州。他们带来了波斯珠宝、波斯宗教,促进了繁荣富足的扬州与世界的接轨,扬州文化中又增加了不少波斯文化元素。生活在扬州,包括波斯人在内的阿拉伯商人最多时有5 000多人[3],占当时扬州总人口的百分之一,他们统一被称作胡商。《旧唐书田神功传》和《旧唐书邓景山传》都曾记载,唐上元元年(760年),田神功受唐肃宗之命和邓景山求援平息刘展之乱,入据扬州后,大肆掠夺民间财产,屠杀商胡大食、波斯等商旅数千人。在这场战乱中,波斯商人四散逃命,隐匿到扬州周边地区。据悉,江都樊川镇三周村曾经有一支这样逃难的波斯人,并形成一个波斯村落,还建了一座波斯庙。后来,庙毁人散,已经找不到任何遗迹。大桥波斯庄是不是也与田神功祸乱扬州有关呢?这种可能性也是有的。波斯庄民谣"波斯六家庄,荞面疙瘩汤;一年吃了三顿饭,还沾祖宗亡人光;不是胡萝卜来打架,早就淌到董家岔”，形象地描述了波斯庄区域的村民，因为生活在高沙地区（1949 年前，该地区不种植水稻），粮食收成不好，生活水平低下，一年到头只能在祭祀祖先的时候才能吃到三顿白米饭。“波斯六家庄”既可以理解为波斯庄总共有 6 个庄子，也可以理解为波斯庄和一个被称作“六家庄”的庄子。事实上，在波斯庄南边的大石桥河附近，就有一座“六家庄”。当时，在波斯庄这块有限的土地上，随着人口的不断增长，村民生活异常艰难，平时主要依靠“胡萝卜”为生。13 世纪，也就是在南宋、元朝时期，胡萝卜从伊朗引入中国。也许，胡萝卜就是由生活在扬州城的波斯人避乱波斯庄时带过去的。

4.3 波斯庄与海上丝绸之路的关联

（1）波斯庄是海上丝绸之路遗产点。波斯庄在历史上就存在，这是毫无疑问的。只要波斯庄是客观存在的，不是后人杜撰、捏造的，则可以说明波斯庄与海上丝绸之路存在不可割裂的联系。波斯庄地处扬州东乡偏僻之地，即使是现在，民风也比较纯朴、保守。元末明初时当地村民既没有造假的动机和能力，也不可能像现代人附庸风雅、追赶时髦，起个吸引眼球的外国村名。虽然目前没有充分的证据证明波斯庄的来历，但传说中波斯庄名的三种说法，还是可以说得通的。波斯庄地处长江与运盐河之间，又通过古白汉河、白塔河与这两条大江、大河相连。无论是江上，还是河上来往船只，波斯庄区域都为最好的歇憩地。这里安全、隐蔽，生活补给方便，不影响运盐河干流行船，也方便庄内、庄外的船舶进出，甚至通江、入海，是一个天然的港口。来往的波斯商人在这里停留、集聚，直到安家，这种可能性极大。由于生活在这里，这些信奉传统袄教或明教的波斯人，给周边群众看病，帮助当地人驱逐土匪、传播宗教活动，也在情理之中。

（2）佴氏族群是海上丝绸之路的活化石。综合起来，波斯庄的波斯人可能来源于四个方面：一是唐宋以来从海上丝绸之路经过，自然集聚在波斯庄的波斯人；二是唐代躲避田神功祸乱扬州的波斯人；三是元末明初入赘到波斯庄的佴氏，本身就是波斯人或带有波斯血统的人‘四是入赘到波斯庄的佴氏，虽是汉人，但后来与外来波斯人通婚留下子孙。上述四个方面，可能部分成立，也可能同时成立。其中，佴氏族群应该是不可缺少的重要因素。

东汉王朝建立之初，佴氏族群退隐广州仓梧。仓梧先后属交州和广州，是海上丝绸之路与陆上丝绸之路最早的对接点之一。佴氏族群在仓梧生活了 1 250 多年。佴氏族群可能在那里与波斯人通婚，使得后来移居波斯庄的

图 8 波斯亭全景

后人中有了波斯人的基因。另外，据有关人士研究，佴氏始祖佴茂本身可能并不存在。因为，作为辅佐东汉光武帝立下功勋的佴氏始祖佴茂，在任何历史文献中都查无此人。除了佴氏族人杜撰一个大人物抬高本族群声望外，还有一种可能：波斯庄这一族佴姓是杜撰出来的。即波斯人为了方便在汉民族圈子中经商、生活等原因，给自己找了一个姓氏。就像如今留洋在外的中国人起一个外国名字，来中国留学、经商的外国人起一个中国名字一样。这也是有可能的。元军发动侵宋战争以后，佴氏族群离开苍梧，来到了又一个海上丝绸之路节点——通州。元末明初，他们离开了通州，徙居到下一个海上丝绸之路节点——扬州。从整个佴氏族群迁徙的过程看，他们走的线路就是一条海上丝绸之路的路线。他们每一次移居的原因都与战争有关。他们应该不会是普通农民，因为农民以土地为生，离开土地就无法生存。仅仅依靠仓梧的农民或地主自己那点经济基础，从中国南部移居到中国东南沿海，行程近 2 000 公里，估计可能性不大。因此，佴氏族群的职业可能与传说中的一样，是商人，并且是边经商边传教的波斯人。根据流传的民谣和祭祀仪式看，他们来到扬州波斯庄，不仅带来了财富，而且带来了宗教。试想一下，如果佴璞是波斯祆教或明教某个分支的传教者，发展维扬东乡郭仲涉入教之后，郭氏不仅将他招为女婿，而且还允许他另立门户。直到后来，佴氏家族人丁兴旺，建立自己的家庙祠堂，续修佴氏族谱。这样，一切好像变得很容易理解了。虽然，佴氏族群是不是波斯后裔还不能最终定论，但是，他们世代传承已经汉化的波斯宗教，足够说明佴氏族群与海上丝绸之路有着不容忽视的联系。

（3）大桥镇是海上丝绸之路的重要通道之一。大桥古镇的前身“大桥山寨”早在唐宋时期就是一个江防要塞，负责扬州以东从海上经长江进入运河或从运河经长江进入海上的航道安全。应该说，大桥古镇本身就是海上丝绸之路的节点之一。正因为大桥古镇这座江防要塞的存在，在以其为核心的一定区域内形成了不少船舶、人口相对集中的码头和村落。根据“宋江都县地图”显示，除了波斯庄以外，大桥镇周边还有江家港、董家港等五六个港。1987 年 12 月 12 日，大桥镇疏扩波斯庄以南大石桥河时，在杨墅村南偏西约 110 米处的河边，出土一批唐代窖藏银器。其中有船形卷足银铤半块，平沿平底圈足海棠盘一只，梅花形杯两只，长柄银勺一把，长柄钥匙六把，其中一把上錾有一朵莲花并鎏金，银筷两根半[12]。船形卷足银铤为唐代晚期民间商贸用银[13]。之所以制成银铤形状，一是容易让人判断有无杂铜、铅等，二是标志着该银铤专用于中外海上贸易。

波斯庄的存在，为海上丝绸之路扬州节点提供了重要的实证。据国内知名丝绸之路研究学者尔冬强介绍，“波斯庄”的历史遗迹比甘肃“罗马城”要多。我们在抢救性保护波斯庄仅有的历史遗迹的同时，还要在民间口述历史、非物质文化遗产中继续挖掘，尽最大努力恢复历史原本的面貌。

作者简介

刘奇斌（1970—），男，江都区文化新闻出版局文博管理科科长，扬州大学苏中学院特约研究员，主要从事文物保护工作实践和研究。

参考文献

［1］江都县大桥镇志编纂领导小组．大桥镇志[M]．北京：中国商业出版社，1996．

［2］魏雪飞，郝敏．论明朝的婚姻制度[J]．法制与社会，2014(10)：31-32．

[3] 冬冰. 铜镜照射的盛世之光:海上丝绸之路扬州段遗迹及隋唐扬州研究[M]. 南京:东南大学出版社,2014.

[4] 王晓易 .460 万扬州总人口 12 年来首增长[N]. 扬州晚报,2014.

[5] 余其兴,赵刚. 人类遗传学导论[M]. 北京:高等教育出版社,2000.

[6] 江都市昌松乡志编纂领导小组. 昌松乡志[M]. 苏扬江准字(96)第 21 号.

[7] 中华舞蹈志江苏卷编辑委员会. 中华舞蹈志(江苏卷)[M]. 上海:学林出版社,2002.

[8] 王青. 石赵政权与西域文化.[J]. 西域研究,2002(3):92-98.

[9] 陈炅. 也谈江海平原成陆史[N]. 江海晚报,2016.

[10] 杨新明. 最新考古发现! 如东这座千年古刹遗存,列入南通唯一“海丝”申遗点[N]. 南通日报,2018.

[11] 江都水利志编纂委员会. 江都水利志[M]. 北京:方志出版社,2009.

[12] 江都县大桥镇志编纂领导小组. 江都地方志丛书:大桥镇志[M]. 北京:中国商业出版社,1996.

[13] 周卫荣,杨君,黄维. 中国古代银锭研究[M]. 北京:科学出版社,2016.

隋唐时期扬州佛教文化沿海上丝绸之路的传播

马　越

摘　要:作为世界三大宗教之一的佛教,从印度经陆路传入中国,而经海上丝绸之路往来的僧侣则使佛教在中国的地位更加牢固。扬州是佛教传播较早和发展较快的地区之一。这座连接陆上丝绸之路和海上丝绸之路的贸易古港,不仅成为隋唐经济文化体系中的翘楚,更成为佛教发展的重镇,凝聚了佛教文化传播与佛教徒交流的共同记忆。本文以隋唐为时代背景,以海上丝绸之路为路线,围绕扬州佛教文化的传播史实展开分析,由此认识扬州在海上丝绸之路宗教文化传播史上的地位及贡献。

关键词:隋唐时期;扬州佛教;文化传播;海上丝绸之路

中国古代有两条丝绸之路——陆上和海上丝绸之路,曾经深刻地影响和改变过世界,对全球文明和经贸的发展做出过重要贡献。7世纪以后,隋代中国的重新统一以及唐代中国的崛起,令长江流域及以南的地区,获得了比北方黄河流域更大、更迅猛的发展,逐渐成为国家的经济中心。南方各个天然港口推动的海外贸易重塑了国家与外部世界的往来关系,商人们的注意力从横跨中亚的陆上丝绸之路转移到海上丝绸之路。新的贸易机遇与文化交流引来了更多的海外使节、商人与僧侣,同时也促使中国人向南方以及更远地方流动。

隋唐时期是中国古代社会的盛世。封建经济的空前繁荣,不仅令其文化进入了一个旺盛的创造期,更拥有了传播文化成果的资本。就文化传播与交流而言,古代多呈现在宗教领域。作为世界三大宗教之一的佛教,公元前6～前5世纪起源于印度。佛教从印度经陆路传入中国,而经海路到来的僧侣则使佛教在中国的地位更加牢固,并由此传播到苏门答腊岛、越南以及朝鲜半岛和日本。南海北路的贯通,促生了一个佛教文化循环游历的大圆圈。当这个圆圈转动的速度骤然加快时,往来僧侣明显增多。乘着佛教大船而来的,不仅是宗教信仰,更是优秀的东亚、中亚文化,唐代中国的建筑、绘画、音乐、美术、工艺以及眼界、胸襟与风气，也在这股全球大融合中裨益众生。

在这个佛教文化共生的循环圈里，长江下游南北水运交通以及海路交通动脉上出现了一颗耀眼的明珠——扬州。这座连接陆上丝绸之路和海上丝绸之路的贸易古港，不仅成为隋唐经济文化体系中的翘楚，更成为佛教发展的重镇，凝聚了佛教文化传播与佛教徒交流的共同记忆。本文立足扬州一地，以隋唐为时代背景，以海上丝绸之路为路线，剖析扬州佛教文化得以传播所需的经济与交通资本、所涉及的重要人物和重大事件，列举现存相关遗产点，由此深刻认识扬州在海上丝绸之路佛教文化传播史上的地位及贡献。

一、隋唐扬州佛教文化传播的经济与交通资本

古代中国在分裂了三百余年后，至隋代重新获得了统一，南北得以联成一个板块。唐代承袭了隋代的大量遗存，其中包括了将北方政治中心和南方经济中心连接起来的大运河，同时将疆域面积推广到了中亚、朝鲜半岛及越南北部。经济上的顺畅带来文化的兴盛，中华文化的黄金时代就此开启。作为隋唐经济交通体系中的重要港口，扬州自 7 世纪中叶起达到了中国城市经济和文化发展的高峰。当人口与技术、财富与智慧在扬州迅猛膨胀时，文化交流、宗教传播、技术更新、物产推广等全方位的人类活动就此生根发酵。隋唐时期扬州佛教文化的大范围传播正是得益于这座城市繁华的经济与便利的交通。

(一) 扬州古港的水运经济枢纽位置

扬州位于长江入海口北侧，兼有海、河港口的特质，为南北水运交通要冲，唐代成为发达的国家贸易港。众多海内外侨居者令其成为一个包容万象的富庶的移民城市。

除去先天地理条件外，扬州港埠事业的开端在鲁哀公九年(前 486 年)邗沟的开凿。隋代以前，受地理、人口等多种因素的制约，扬州城的范围基本局限在蜀冈东南缘。隋代，随着运河的大规模开凿，扬州迅速发展起来。据《隋书》记载，开皇七年(587 年)夏四月，隋文帝为征伐南陈“于扬州开山阳

渎，以通运漕”①。山阳渎自山阳（江苏淮安县治），东南经射阳湖接邗沟，引淮水至扬子（江苏仪征市东南）入长江。隋炀帝大业四年（608 年），“发河南诸郡男女百万，开通济渠，自西苑引谷、洛水达于河，自板渚通于淮”②。通济渠自西苑（河南洛阳市西）引谷、洛水到黄河，又从板渚（河南汜县东北）引黄河水通淮河。大业六年（610 年）冬十月，“敕穿江南河，自京口至余杭八百余里，广十余丈”③。江南河自京口（江苏丹徒区治）引长江水至余杭，入钱塘江。自此，南北水运干线大为缩短，扬州作为水运经济枢纽尽显优势。在这条人工运河的线路上，扬州位居长江与江南、江北大运河的交汇点，也是南粮北运的重要中转站，为扬州城跃升为唐代仅次于两京的经济文化都会打下坚实基础。

唐代，国家幅员广阔，东南临海，海岸线绵长。与海岸相关的海港，是海外交通、贸易的基地和出发点。“唐时扬州东距海却只有五百里有奇，东南距海更近，才四百里挂零。当时海岸在现盐都区东。唐代后期李承曾于楚州置常丰堰，以御海潮。楚州治所在今江苏淮安县。置堰地方实在盐都区。北宋时范仲淹又踵其故绩，于泰州城东修捍海堰。可知唐代扬州距海确不甚远。”④因为距海口近，船舶可以直达城下，所以扬州能够成为对外贸易口岸。彼时苏南地区包括上海港尚未发育成熟，长江入海口附近尚未能有其他港口可以代替扬州。扬州港既是漕运和南北物资集散中心，也是联系广州和长安的中继港和空前繁荣的国际商港。

民国二十九年（1940 年），经济史学家全汉昇在其著名论文《唐宋时代扬州经济景况的繁荣与衰落》中揭示扬州在唐代繁兴的重要原因：第一因素是国内贸易发达。“扬州位于长江和运河的交叉点上，为南北交通要冲，水运非常便利，实是全国货物最理想的集散地。”⑤第二个因素是国际贸易发达。其一由海外来华的船舶，可以直驶扬州；其二由南海来华的外国商船，除驶往广州及福建外，又有向北直驶扬州；其三南洋各国的商船虽以驶往广州贸易为多，但这些外货之运销于北方各消费地，须先沿着北江、赣江及长江等

---

① 《隋书·卷一·文帝纪》。
② 《隋书·卷一·炀帝本纪》。
③ 《资治通鉴·卷一八一·运河》。
④ 史念海：《唐代历代地理研究》，中国社会科学出版社 1998 年版，第 236 页。
⑤ 全汉昇：《中国经济史论丛》，中华书局 2012 年版，第 5 页。

水道北上，集中于南北交通要冲的扬州，然后才能利用运河的水路交通线，分配于北方各地。由此可见，扬州不但有南方盐、茶、药材各货，海外舶来品也多集中于此，再经运河北运销售，扬州本地工业、运输业、金融业等相应而生。

21 世纪初，哈佛大学出版了“哈佛帝制中国史书系”，其中的唐朝卷里也做出“江都（扬州）把内航水路和外部世界连接起来”的论断：

长途水运的发展使很多城市繁荣起来。这些城市为上千艘大船的移动增加新船坞码头和其他设施而发生重组。此方面的典范是长江下游的江都。江都以前是一座中等规模的城市，后来一跃成为大运河的枢纽和全国的经济中心，晚唐有“扬一益二”的说法，即可证明这一点。经过江都的船只来自帝国各地，包括四川、广东、福建和今天的越南。甚至自长安去四川的旅行者也经常先到江都，然后溯江而上。远洋船只来到此地，把唐代庞大的内航水路和外部世界连接起来。①

上述跨越不同时代不同角度的论述佐证了扬州在隋唐经济交通体系里极为显著的价值与地位。此外，扬州地处江淮之间的长江三角洲上，北边比邻黄河下游的中原大平原，南边接壤吴、越平原。自然条件的优越性，行政区域的重要性，加之自身优越的地理交通位置，大量外来人口蜂拥而至。为了逃避战乱、征募和天灾，黄河流域的人口大量南迁，迁徙而来的北方移民带来了原汁原味的中原文化。由海道来华的外国人，也常常把扬州当作海洋航运终点或者侨郡，带来新鲜的外来文化。隋代江都一郡共有十一万户，为这一地区人口最多者。附近其他各郡大都没有超过五万户的。后来的昇州（治所在南京）、常州（治所在常州）、苏州（治所在苏州）当时的人户也就在两万上下。② 在人口的刺激下，扬州经济快速发展，反过来更多地吸引了各地的能人巧匠前来，为建设扬州添砖加瓦。

（二）交通航道促进扬州佛教的发展

佛祖释迦牟尼创立了佛教后，传教活动的地区主要在古印度恒河中部流域。佛祖涅槃后，经过弟子的努力，佛教逐渐传遍全印度。公元前 3 世纪，佛教越出国界，开始向周边缅甸、斯里兰卡、叙利亚、埃及等国家发展。

---

① （美）陆威仪：《世界性的帝国：唐朝》，张晓东、冯世明译，中信出版社 2016 年版，第 22 页。

② 《隋书》卷三一《地理志》。

公元前 1 世纪，佛教传入伊朗以及中亚各地，再通过陆上丝绸之路传入中国，并由中国向朝鲜半岛和日本传播开来。西晋以后，经由南洋群岛或中南半岛的交趾、扶南抵达广州、扬州、徐州、青岛等地的海路传法通道也已经形成。

隋唐时期，佛教在亚洲东部大陆上蓬勃发展起来。当佛教在印度本土节节衰败时，隋唐佛教却以国家统一和空前富强为社会背景，无论在译经、著述、思想学说还是寺院规模方面都呈现出繁荣的景象。此景象既是佛教中国化的必然趋势，也是统一社会在文化上的需要，更是南北运河经济发展后衍生出的结果。

北周建德六年(577 年)，武帝以佛教“废财伤民”“悖逆不孝”为由，宣布毁法。隋代的统一，结束了中国近 300 年的战乱和分裂，同时又通过重新崇佛收拢人心。隋文帝在位二十年，共度僧尼 23 万人，立寺 3 792 所，写经 46 藏、13 286 卷，治故经 3 853 部，造像 106 560 躯。[①] 和父亲杨坚采取的策略一样，晋王杨广在扬州任总督期间，除了息武兴文，汇编关于礼仪方面的巨著《江都集礼》，团结江南文人，更以发展佛教的方式，加强南北文化的交流。据南宋天台宗僧志磐所著《佛祖统纪》及僧士衡《天台九祖传》所记，隋开皇十三年(593 年)，杨广在扬州设千僧会，从天台宗的四祖智顗受菩萨戒。

此前近三个世纪里，隔江的建康(南京)一直是南方的文化和政治中心，沿着丝绸之路来到中国的僧侣先后奔赴那里。随着南陈的覆灭，隋炀帝杨广着手另建一都以替代原本的建康。他最终选择了长江北岸的扬州，这一选择直至终唐之世，都令扬州在淮南地区居于政治文化包括佛教文化在内的显要位置，其最根本原因还是在于交通航道的需要。

杨广执政后的第一年(605 年)，便将扬州改名为江都郡，同时颁布了全面开凿运河的诏书。运河加上自然的水道，保证了隋政府能获取所有最富饶地区的资源。运河网络把长江流域与黄河及其北方地区连接起来，从而能够用南方的粮食和物资供养庞大的中央系统，并给北方汴京提供战略物资。至唐朝，政府继续在江北运河的整治上投入了巨大的人力物力，保证了南北大运河的全线沟通。安史之乱之后，大运河更从有益的补充手段变成了不可或缺的生命线。

---

① 《释迦方志》卷下，转引自杜继文主编：《佛教史》，江苏人民出版社 2007 年版，第 220 页。

运河畅通之后，带来的经济利益令生活在扬州的来自南方和北方的上层人士愿意把大量土地和财富施舍给寺院，并经常把自己的宅院用于做佛事，宗教生活成了扬州人民生活的一部分。不仅如此，鉴真东渡弘法，圆仁跨海求经，都与扬州作为海上丝绸之路的一个重要港口密切相关。佛教文化从扬州沿着两条线路向外传播：一路是通过运河沿运河传播，另一路是借助海路向海外传播。交通航道的开拓扩展了扬州佛教的发展与传播空间，交通航道带来的经济繁荣更令扬州成为新兴的东亚佛教世界的重镇。

二、扬州是海上丝绸之路佛教文化传播的重要港口

扬州是佛教在中土传播较早和发展较快的地区之一。无论陆路还是海路，佛教传入中国不久，就传播到了扬州地区，扎根成长。同时，扬州的文化氛围开放而兼容，这一点与扬州早年接受北人南下以及成为侨郡的经历有关。唐代开放的对外政策为扬州佛教提供了更为自由的发展空间，加上优越的地理位置及繁荣的经济文化，扬州佛教形成了开放、兼容、乐于交流的特质。因此，扬州佛教僧徒活动范围广、空间大，地方本位主义影响甚微。僧人除了西行北上拜师求法外，还可以面向海外。此外，扬州向来不乏来自他乡异国的僧侣。唐代扬州不仅是连通陆上丝绸之路与海上丝绸之路的重要港口，更成为佛教东渐的起始港。

（一）僧侣海路求法的途经和中转港

汉僧求法除了唐代的玄奘，更早广游西土的是东晋高僧法显。法显凭信风泛舶，求法东归，被视为海路求法的始祖。后秦弘始元年（399 年），法显与慧景、道整、慧应、惠嵬一行五人从长安出发，去往天竺，寻找佛法。十二年来，他的足迹穿越三十多个国家。踏上归乡路途的法显，为了确保来之不易的戒律和经本能顺利带回国内，放弃陆路选择海路乘船回国。东晋义熙七年（411 年）秋，法显沿着海路，经由印度半岛顶端的师子国（今斯里兰卡），途经耶婆提国（今印尼苏门答腊或爪哇），义熙八年（412 年）夏抵达山东半岛的青州（青岛）长广郡牢山（崂山）南岸，而后往南到扬州，第二年秋到达晋都建康（南京），在当时的佛教翻译中心道场寺同佛驮跋陀罗、宝云等学僧翻译经律诸书。义熙十四年（418 年）法显在道场寺撰写完成《佛国记》，记述了自己西行路上的所见所闻，成为研究当时西域和印度史的重要文献。此事件

对于扬州也是值得纪念的，扬州港的海外交通史因此事追溯到了东晋时期。

法显之后，许多僧人沿着他的足迹，陆上西行去印度取经，而后从海上东归中国，如西凉僧人智俨，高昌僧人道普，走的都是同样的路线。海上丝绸之路因此多了一个重要的宗教文化传播的内容。

1921 年，梁启超在《改造》第 4 卷第 1 号上发表了论文《千五百年前之中国留学生》，此文收入《饮冰室合集》时改题名为《中国印度之交通》。文中整理了一张《西行求法古德表》，统计了从三国末年到唐代中叶约五百年间，通过陆路、海路前往印度求法的 169 位僧人的名单（佚名者 82 人）。梁启超对于中印间交通路线进行了整理。届时有六条路线可以通印度：海路、西域渴槃陀路、西域于阗罽宾路、西域天山路、吐蕃尼波罗路以及滇缅路。其中海路亦分为三条路线：从广州放洋以及由安南或者青岛放洋。文中总结："是故虽有六路，然惟第一海路之由广州放洋者与第二西域路之由莎车、子合度渴槃陀者最为通行。前者为七世纪时交通之主线，后者为五世纪时交通之主线。"①此语间接证明了隋唐以来，随着西域的不稳定因素增加，海上丝绸之路兴起，广州专设市舶司，海路代替陆路成为中印之间僧侣往来的主要路线。

《新唐书 · 地理志》中提到唐代中国与外国交通路线共七条，更出现了唐代高僧利用海上交通渡海求法的盛况。《大唐西域求法高僧传》中记录在公元 641—689 年共有 60 位高僧西行求法，其中从海路到印度者有 38 位，这个数字与梁启超整理的有名有姓的 37 人的数字相差无几。在这 37 位海路西行求法僧中，长江以北从新疆、甘肃、陕西、河南、湖北、河北、山东出发的有 22 位，长江以南从四川、越南、广西、湖南、广州出发的有 15 位。

长江以北的僧人要走海路，最佳捷径是走水运，由广州放洋。"义净、不空等出归皆遵此路。唐代诸僧，什九皆同。昙无竭归时遵此路。"②如此一来，扬州便是南北交通最可能途经之地。史载唐代求法译经僧义净与弟子善行自山东经扬州南下广州，搭乘波斯舶，西行取经。至于法显走海路在青岛上岸，南下也是先到扬州，再至金陵。此外，海外僧海路求法也有过扬州北上的情况。唐龙朔二年（662 年），38 岁的新罗僧义湘大师搭上唐使者的

---

① 梁启超：《梁启超佛学文选》，武汉大学出版社 2011 年版，第 130 页。

② 梁启超：《梁启超佛学文选》，第 129 页。

船舶,取海路入唐,“初止扬州,州将刘至仁请留衙内,供养丰赡”[①]。离开扬州后,再乘商船北上至新罗僧人聚集的山东登州。唐贞元十九年(803 年),日本僧空海跟随桓武朝遣唐使舶第一舶漂流至福建长溪(今霞浦)赤岸登陆,经苏州、扬州北上,十二月到达长安。

(二) 扬州沿海丝建立起的中日、中朝佛教关系

随着海外贸易的繁荣,隋唐时期由北而南兴起了登州、扬州、明州、泉州和广州等一批沿海港口城市,往来海上丝绸之路求法弘法的僧侣从这里启程或登陆。作为新罗使节、日本遣唐使、留学生、留学僧登陆、经停的主要城市,扬州不仅具有特殊的经济地位,同时也是佛教传播的重点区域,更与日、朝建立起独有而稳固的佛教关系。

1. 鉴真东渡传播文化

著名佛学家汤用彤在《隋唐佛教史稿》中写道:“中国佛法传布,最重要者为日本。”[②]自隋至唐末,日本敕遣入华使十六次,两次直接在扬州登陆,随使求学巡礼的僧人非常多,日本国内的佛寺建筑、僧伽组织,均取法唐制。及至扬州高僧鉴真东渡日本弘法,日本对僧侣的法制形态,从训练、教育到受戒得度才得以有了正式完整的体系。自此,鉴真大和尚名垂中日文化交流史册。

唐武则天垂拱四年(688 年),鉴真出生于扬州江阳县。据《旧唐书·地理志》云“江阳,贞观十八年分江都县置,在郭下,与江都分理”,可知唐时江阳县是扬州的附郭。中宗神龙元年(705 年),鉴真在扬州大云寺从律宗高僧光州道岸律师受菩萨戒。中宗景龙元年(707 年)至玄宗开元元年(713 年),鉴真前往洛阳、长安学习佛法。此后他回到家乡扬州,在江淮一带弘扬佛法,取得了极大的声誉与成就,在扬期间“前后度人、授戒,略计过四万有余”,“讲授之闲,造立寺舍,供养十方众僧,造佛菩萨像,其数无量”[③]。因此,在日本学问僧荣叡、普照来到扬州发出邀请之前,鉴真在江淮一带的佛教界已经成为戒律学高僧以及佛界领袖人物。

鉴真一行人接受日本僧人的祈请,五次东渡日本失败。其中两次失败是由于自然的险阻,三次失败是由于人为的阻挠。虽然五次东渡漫长而悲

---

① (高丽)释一然:《三国遗事》,吉林文史出版社 2003 年版,第 392 页。

② 汤用彤:《隋唐佛教史稿》,武汉大学出版社 2008 年版,第 215 页。

③ (日)真人元开:《唐大和上东征传》,汪向荣校注,中华书局 1979 年版,第 80-81 页。

壮，却让鉴真在七年的时间里沿海岸线游历江苏、浙江、江西、广东、广西、海南六省，水路往返一万余里，“所经州县，立坛授戒，无空过着”[①]，成就了扬州佛教文化向南的传布。尤其当鉴真到达唐代四大都督府之一的广州，不仅受到都督卢奂亲率僧俗的欢迎，更接触到大量循着海上丝绸之路而来的婆罗门、波斯、昆仑、师子国、大石国等僧侣。据传昆仑国人军法力就在广州加入鉴真东渡的僧侣队伍，成为中日文化交流的使者之一。

鉴真的第六次东渡搭乘了日本第十次遣唐使的归国航船。唐天宝十二载（753年）十二月二十日，鉴真一行所乘的第二舟驶达冲绳（今日本阿儿奈波岛）。此后，航船又北航到达萨摩川边郡的秋目（今日本阿多郡秋妻屋浦），登陆上岸。十二月二十六日，僧人延庆将鉴真一行人引入太宰府（今日本福冈）。太上皇圣武和天皇孝谦女帝专门为鉴真颁诏，“自今以后，授戒传律，一任和上”[②]，更颁授“传灯大法师”名位。鉴真带去了天台宗经典和密宗佛像，在日本讲授戒律，并与随从僧人、工匠一起，按唐寺院法式，建造了著名的唐招提寺。作为佛教中国化后的此次东传，传播的不仅是佛、法、僧，还包括了建筑、绘画、雕刻、翻译、音乐、舞蹈及日常生活习俗，鉴真大和尚成为中国传统文化的传播者。

关于鉴真东渡弘法事迹的文献资料，国内见于北宋赞宁的《宋高僧传》卷一四《唐扬州大云寺鉴真传》以及明代《神僧传》卷八《鉴真》，另有唐元和年间（806—820年）中书舍人李肇作《唐国史补》中一节《佛法过海东》，解释了“过海和尚”之名的由来。传唐人梁肃曾撰写过一篇《过海和尚塔铭》，今已散佚。

相比较而言，日本关于鉴真的史料记载更为详尽。鉴真在日本圆寂后，弟子思讬作《大唐传戒师僧名记大和上鉴真传》《延历僧录·释鉴真传》，文人淡海三船（真人元开）在思讬的基础上撰写了《唐大和上东征传》，成为日后人们研究鉴真最重要、最翔实的文献资料。此外，如宝在日本的弟子丰安撰写了《戒律传来记》和《鉴真和上三异事》，日本元禄年间僧师蛮在《本朝高僧传》卷二记录了《唐大明寺沙门鉴真传》。1979年12月6日，日本内阁总理大臣大平正芳在中国人民政治协商会议上的演讲中，对鉴真对于日本文

---

① （日）真人元开：《唐大和上东征传》，第80页。

② （日）真人元开：《唐大和上东征传》，第92页。

化的恩德所做的总结反映了日本对于鉴真东渡事件的评价：

唐代高僧鉴真和上应我国留学生的殷切希望，不顾生命的危险，闯过万里风浪，渡海前来我国，不仅在佛教，而且通过他的门生弟子在建筑、雕刻、文学和医药方面，对于日本的发展做出了重大贡献。[①]

隋唐时期的中国，就佛教而言，输出的力度远远大过传入。其中扬州佛教领袖人物鉴真功不可没，鉴真东渡弘法成为佛教中国本土化二次输出的典范。

2. 日僧圆仁跨海求经

鉴真东渡之后，跨海求经的学问僧众多，最为著名的有最澄、空海、常晓、圆行、圆仁、惠运、圆珍和宗叡八个人，被称为“入唐八大家”。圆仁（793—864 年），22 岁在东大寺戒坛受具足戒，24 岁由师父最澄授圆顶大戒。仁和天皇承和元年（834 年）正月，日本任命了以藤原常嗣为大使，小野篁为副使的遣唐使团，随行请益僧圆仁“携带延历寺未决的疑义三十条入唐，请求唐朝高僧给予解释”[②]。此次遣唐使中的学问僧人才济济，圆行、圆仁、常晓、戒明、义澄、真济、真然等都在其中。唐开成三年（838 年）七月初二，船队抵达扬州海陵县，再向西，经江阳县禅智寺前桥进入扬州罗城，寄住开元寺。

在扬淮南节度使李德裕奏报朝廷后，只准大使等少数人入长安，其他人原地待命。留在扬州的常晓以慧果徒孙、空海弟子的身份进入栖灵寺学习密宗，次年又谒华林寺大德问学三论宗义。圆仁则在开元寺求法，跟随宗叡学习梵书，又跟从全雅受灌顶礼及金刚界等诸尊仪轨等大法。可是，他要求巡礼天台山的申请却未被批准，只得于开成四年（839 年）二月和常晓一道随遣唐使从扬州踏上归途。

圆仁不甘心就此回国，途中伺机逃脱，常晓则携带典籍 31 部 36 卷回到日本。开成五年（840 年），滞留中国的圆仁又向官府申请巡礼五台山圣地，终获批准。同年四月，圆仁率弟子从登州出发，经山东青州、淄州、齐州，河北德州、贝州、冀州等地，抵达五台山。他们巡礼了五台山各名刹灵迹，参谒大华严寺志远和尚等名僧，抄录了天台典籍 34 部。八月，一行人抵唐都长安，居资兴寺，又向大兴善寺元政、青龙寺义真等高僧学习密法，还向青龙寺

---

① （日）大平正芳：1979 年 12 月 6 日在中国人民政治协商会议上的演讲，载《人民日报》1979 年 12 月 7 日。

② 圆仁：《入唐求法巡礼行记》，广西师范大学出版社 2007 年版，第 93 页。

法润和尚学习金刚戒,并得到经书多种。

圆仁在唐期间恰逢唐武宗实行排佛、毁寺驱僧的政策。唐会昌五年(845 年),圆仁被命还俗,离开长安。宣宗大中元年(847 年)六月廿八日,圆仁到扬州。在扬州停留三四天,最终携佛教经疏、仪轨 559 卷(包括在扬州求得的 128 部 198 卷①)以及法物多种(包括在扬州求得的胎藏金刚两部、曼荼罗诸尊坛样、高僧真影及舍利二十一种②)自山东登州赤山浦渡海回国。日齐衡元年(854 年),圆仁受封为第三代天台座主,撰写了《苏悉地经略疏》《显扬大戒论》等著述近百部。日贞观六年(864 年),71 岁的圆仁在京都延历寺圆寂。两年后,日本清和天皇赐圆仁"慈觉大师"谥号。

圆仁之所以在中日佛教史上名垂不朽,也因为他留下了一本游历日记《入唐求法巡礼行记》,成为中日文化交流史上的重要史料。此书卷一记载了圆仁入唐的第一站扬州,书中生动描述了扬州城的地理位置、城市规模、寺院法会、出产饮食、经济交通及民间习俗等,不仅成为研究唐代扬州佛教的重要资料,也成为扬州中日文化交流的见证。

3. 新罗崔致远佛学化

中国历史上的隋唐时期也是朝鲜半岛上高句丽、百济和新罗三国鼎立而后新罗统一的时期。彼时作为东方文化渊源的中国,受到了近邻各国的学习和仿效。前文提到过新罗僧义湘大师入唐学法,事实上三国末年以及新罗统一全朝鲜后,入华僧人数比其他各个历史时期的入华僧人数的总和还多。不仅仅是僧侣,前来学习的留唐学生更是不绝于途,其中学有所成者不少,被称为"东国儒宗"的崔致远就是之中的佼佼者。

崔致远(857—?),新罗王京(今韩国庆尚北道庆州市)人。12 岁随商船入唐,在东都洛阳国子监接受正统儒家教育,后得中"宾贡进士"。唐乾符三年(876 年)出任溧水县尉。广明元年(880 年),崔致远来到扬州,投入高骈淮南幕府,先后被委以书记、都统巡官、奏授殿中侍御史内供奉职。中和四年(884 年)秋,以淮南入新罗兼送诏书国信使身份回国。

崔致远自称"儒门末学",归国后积极传播汉文化,并完成了记载有扬州文化大量珍贵史料的二十卷《桂苑笔耕集》,献给新罗宪康王。《桂苑笔耕

① (日)木宫泰彦:《日中文化交流史》,胡锡年译,商务印书馆 1980 年版,第 191 页。
② (日)木宫泰彦:《日中文化交流史》,第 191 页。

集》带有浓郁的扬州地方色彩，共收入崔致远在淮南幕府时候的公私应酬文章310篇、诗篇60首，其中前十六卷是崔致远代高骈所写的各类文书，后四卷是自己的应酬和记事之作。

回归新罗后的崔致远以儒佛同根的观点精研佛法，广交高僧，为新罗王室、寺庙撰写了大量佛事文书，包括最著名的《四山碑铭》(《初月山大崇福寺碑铭》《朗慧和尚白月葆光塔碑铭》《智异山双溪寺真鉴禅师大空塔碑铭》《曦阳山凤岩寺智证大师寂照碑铭》)。晚年的崔致远"带家隐伽倻山海印寺，与母兄浮图贤俊及定玄师结为道友，栖迟偃仰以终老焉"①。作为正宗的儒者，崔致远的佛学化为扬州佛教东渐提供了另一种渠道。

崔致远在扬州为官四年，不仅所写《檄黄巢书》为天下传颂，更参与唐乾符六年(879年)前后在扬州修筑唐罗城、羊马城的工程。此时的唐王朝已经风雨飘摇，而扬州却商贸活跃，生活富足，佛音悦耳，僧侣云集。《桂苑笔耕集》里使用了"十地""火宅""演迦叶之真宗"等佛教用语，集内涉及佛教的有7篇，数量虽不多，却能够反映出崔致远信仰舍利佛、观音菩萨，在扬州接触到了各种佛教宗派，并对于佛教有了初步认识的思想。

在《天王院斋词》中，崔致远代高骈表达出希冀借助佛的引领与庇佑，在乱世之中护持统治、教化众生的思想：

伏愿舍利佛大慈大悲观世音菩萨，教既东流，迹能西降，远救阎浮之地，暂离兜率之天。问疾语言，不竞维摩之时；称名功德，可逃罗刹之灾。唯愿共泛慈航，齐挥智剑，寝惊涛于苦海，埽妖气于昏衢。则乃慧灯照天帝之心，法鼓破波臣之胆。静销诸恶，暂开方便之门；广庇众生，无惜慈悲之室。②

在《求化修大云寺疏》里，崔致远借重修鉴真和尚出家祖庭，分析了佛教的功用，更留下了扬州名刹大云寺、禅智寺的宝贵史料：

大云寺募缘求化重修建瓦木工价等。详夫教列为三，佛居其一。其如妙旨则暗禅玄化，微言则广谕凡流，开张劝善之门，解摘执迷之网。然则欲使众心归敬，须令像设庄严，有感必通，无求不应，恳情田而种福，游法海而消殃，不可思议，于是乎在？当州城西大云寺，虽临楚甸，实压蜀冈，旧创仁祠，高标兑位。……则与城东禅智寺，双肩对耸，两耳齐张，夹炀帝之遗宫，

① 金富轼：《三国史记》卷46《崔致远传》，奎章阁本。
② 崔致远：《桂苑笔耕集校注》，中华书局2007年版，第518-519页。

拥淮王之仙宅，壮兹乐土，倚彼福田。①

崔致远在《求化修大云寺疏》中已经清楚地认识到佛教与儒道的目的是一致的，即“克兴上古之风，永致大同之化”。及至写《谢借示法云寺天王记状》，借由“隋炀帝之故都”“谢将军之旧宅”极力推崇佛教在扬州的福祉。

扬州是崔致远旅居唐朝十六年中成就最为辉煌的地方，在这个拥有特殊地理位置和优越交通条件的城市，其佛教的发展对内扩散到整个江淮地区，覆盖中国东南，对外传播到日本、朝鲜半岛。当地更是寺院众多，海内外僧侣络绎。崔致远浸淫在这种环境中，当他回国后遭遇人生起伏，转而佛学化，辞官隐居海印寺也就合乎情理。成为佛教信徒的崔致远在晚年留下了《法藏和尚传》等华严宗僧侣传记及其他佛教方面的重要资料，成为扬州佛教海路传播的另一种方式。

三、海上丝绸之路扬州佛教相关历史遗迹

海上丝绸之路，不是单纯的贸易之路，它也是一条宗教文化交流之路，这种持续千年的交流对于沿岸各国各地的影响是至深的。仅扬州一地就留下了多种佛教史迹，见证了经海上丝绸之路进行的文化交流以及对社会发展所做出的贡献。

(一) 大明寺

大明寺建在扬州北郊蜀冈中峰上，是扬州现存寺院中最古老的一所，中日文献典籍中都留下了它的名字。该寺始建于刘宋孝武帝大明年间(457—464 年)，以年号命名。隋仁寿元年(601 年)，文帝杨坚在自己六十寿辰时，下诏在全国三十个州内立三十座塔，供奉舍利。其中一座就建立在大明寺内，史称栖灵塔。塔高九层，寺以塔而闻名，寺亦从塔名，时称栖灵寺。大明寺因为位于扬州郡城之西，又称西寺。其与海丝相关的价值在于：

其一，大明寺是鉴真学成回扬，广传戒律的寺院。

唐开元元年(713 年)，鉴真从洛阳、长安等地南归扬州。此后，他就在扬州从事弘法传道的活动，并将活动范围扩大到江淮一带。大明寺即是鉴真传法的寺院。

① 崔致远：《桂苑笔耕集校注》，第 561-562 页。

图 1　1922 年大明寺大雄宝殿

图 2　大明寺大雄宝殿今貌

日本唐招提寺沙门丰安在《鉴真和上三异事》中写：

时沙门在扬州大明寺，为众僧讲律，其先所造石砖浮图，忽然放光，又现菩萨,三目六臂,自称般若仙,以为讲说之灵验也。①

丰安自署名“大唐国鉴真大和尚末弟子少僧”,与鉴真大和尚有师承关系,其所写可信度颇高。《唐大和上东征传》中也记录了鉴真第五次东渡失败后,回到扬州在大明寺讲律授戒的事实:

和上从南振州来至扬府,所经州县,立坛授戒,无空过着。今亦于龙兴、崇福、大明、延光等寺讲律授戒,暂无停断。②

其二,鉴真在大明寺接受日僧的邀请东渡出海。

前文已经证实扬州在隋唐经济文化体制中的重要地位,因此鉴真学成归扬,才有可能成为名重一时的高僧。尽管在鉴真之前已经有中国僧人如道明、道荣、道璿赴日,但是日本在宗教上的需求并未能实现,鉴真在学成之后积极致力于宣扬佛法、造寺、写经、塑像、布施、度人授戒等佛教事业,邀请他整肃主持日本佛教现状,无疑是最好的选择。接受使命的日本僧人荣叡和普照在洛阳和长安一番搜索之后,这才南下扬州。

鉴真弟子思讬在《大唐传戒师僧名记大和上鉴真传》里写道:

荣叡乃向大明寺顶礼和上足下,具论心事。……和上乃自许僧叡、照等之日本国。当时乃有祥彦更云,和上若去,彦亦随去。复有僧道与、道杭、神顶、崇忍、灵际、明烈、道默、道因、法藏、志静、道翼、出岩、如海、证观、德清、思讬等二十人,同心陪从大和上往日本国。③

此记载与《唐大和上东征传》里“时,大和上在扬州大明寺为众讲律,荣叡、普照师至大明寺,顶礼大和上足下”④的记载一致。思讬是鉴真的嫡系弟子,追随鉴真六次东渡,后在日本随伺。唐天宝元年(742年)荣叡、普照去扬州拜谒鉴真当天,思讬也在现场。因此,大明寺是鉴真驻锡传法的寺院,鉴真在大明寺讲律,并接受了日本僧的邀请。

其三,大明寺也是鉴真筹备东渡的重要场所。

鉴真与弟子们周密安排东渡事项,其囤积渡海弘法物品的寺院便有大明寺。《唐大和上东征传》中记录鉴真第一次东渡因为僧人内讧而失败时写:

---

① (日)真人元开:《唐大和上东征传》,第115页。
② (日)真人元开:《唐大和上东征传》,第80页。
③ (日)真人元开:《唐大和上东征传》,第105页。
④ (日)真人元开:《唐大和上东征传》,第40页。

时如海大瞋，裹头入州，上采访厅告曰："大帅知否，有僧道航，造船入海，与海贼连。都有若干人，办干粮在既济、开元、大明寺。复有五百海贼入城来。"时淮南采访使班景倩闻即大骇，便令人将如海于狱中推问，又差官人于诸寺，收捉贼徒。遂于既济寺搜得干粮，大明寺捉得日本僧普照，开元寺得玄朗、玄法。①

鉴真东渡成功以后，大明寺成为海外僧人尤其是日本僧人屡屡朝拜的佛教殿堂。传空海四处参学时，也曾来到扬州大明寺学习佛法。另有《入唐求法巡礼行记》中记载留学僧常晓住栖灵寺，于文琛法师受真言法。

唐会昌三年(843 年)，栖灵塔遭大火焚毁。会昌五年(845 年)，武宗诏令毁全国大寺四千余所、中小寺院四万余所。会昌法难中大明寺亦未能幸免。唐末，吴王杨行密占领扬州，重修殿宇，更名为秤平，寺院自北宋景德年间开始，历经南宋、元至明初，沿称大明寺，其间兴废无常，直至清末。寺内建筑为历代复建。

(二) 鉴真纪念堂

大明寺内有一座具有特别意义的当代佛教建筑——鉴真纪念堂。

图 3　鉴真纪念堂

---

① (日)真人元开:《唐大和上东征传》,第 44 页。

1963年,鉴真大师圆寂1 200周年。中国与日本两国的宗教、文化、艺术、医药各界人士在日本、中国北京和鉴真的故乡扬州举行纪念活动。10月,在扬州法净寺(大明寺)举行纪念盛会。在此次盛会上,鉴真大和尚逝世1 200周年纪念委员会主任委员赵朴初撰稿并书写了《唐鉴真大和尚纪念碑》碑文。其间,国务院采纳各界人士建议,决定在寺内建立鉴真纪念堂,并在纪念法会期间举办了奠基仪式。

鉴真纪念堂由出生在日本的中国著名建筑家梁思成先生指导设计。正殿式样完全仿照日本奈良唐招提寺金堂改建而成。鉴真在日本留下最主要的遗物,莫过于他与弟子们营建的唐招提寺金堂。以唐开元、天宝时期中国佛殿为蓝本建造的唐招提寺金堂"不仅是日本建筑遗产中的重要文物,不仅是研究唐代中国建筑的重要参考范例,而且是中日人民千百年来传统友谊的纪念堂"①,是日本"现存最大的天平时代建筑,也是天平金堂唯一的遗迹"②。

1973年11月,大明寺鉴真纪念堂建成。唐招提寺金堂原本面阔七间、进深四间,受地势限制,鉴真纪念堂改为面阔五间、进深三间。屋顶坡度依照金堂屋顶最初的标准,定位大约1∶2的坡度铺设。单檐庑殿屋面,屋顶正脊东西两端饰有和金堂一致的鸱吻。金堂左右无毗邻的廊屋,纪念堂则为创造唐代佛寺的气氛,结合扬州当地寺院风格,在正殿与碑亭间以抄手回廊连接。纪念堂正殿柱梁、枋、斗拱等部分沿袭扬州风格,采用紫檀木色,配以白垩墙壁。2004年,鉴真纪念堂被国家列为经典建筑。

继1980年4月自日本唐招提寺回国探亲的鉴真大师坐像在鉴真纪念堂展出以后,近四十年来,各种中日友好交流活动在此展开,前来参拜鉴真的海内外人士络绎不绝。鉴真纪念堂以建筑与园林的语言彰显唐代佛教文化的同时,也成为扬州佛教文化对外交流的重要组成部分。

(三) 扬州城遗址(隋唐)

自20世纪60年代开始,经过半个世纪的考古勘察和发掘,扬州城发现了多处遗址,出土了大量珍贵文物,基本查清隋、唐扬州城的规模和形制。

唐代扬州城,是由略呈方形的子城和长方形的罗城组成。据《隋书·张

---

① 梁思成:《唐招提寺金堂和中国唐代的建筑》,载《鉴真研究论文集》,扬州市政协文史资料研究组、扬州师院历史科编1980年版,第55页。

② 《唐招提寺概说》,载《鉴真文化大观》,许凤仪主编,中国炎黄文化出版社2010年版,第208页。

衡传》记载,“(大业五年,帝)敕衡督役江都宫”,通过对蜀冈之上城垣的解剖,发现唐子城的建设直接沿用了隋江都城,仅做一些相应的修补。唐建中四年(783 年),史籍记载淮南节度使陈少游“归广陵,修堑垒,缮甲兵”[①],修筑罗城。此时的扬州连贯蜀冈上下,实为双重城:蜀冈之上为子城,是扬州大都督和各级官衙驻地,也就是原先隋炀帝的宫城所在;蜀冈之下为罗城,是在平原上增筑起来的工商业云集的区域和居民驻地。两城相接,共同构成扬州城。这与日僧圆仁所记录的扬州城址及其规模“扬府南北十一里,东西七里,周四十里。从开元寺正北有扬府”[②]基本一致。史籍中记载再次修筑扬州城便是乾符六年(879 年)前后,淮南节度副大使高骈“缮完城垒”,又“于城外壕内去城十步”修筑“羊马城”[③]。崔致远亲手撰写了《筑羊马城祭土地文》,为新建的扬州城墙祈福。

鉴真、圆仁、崔致远等都生活在唐代扬州,他们的跨国别文化活动及其留下的作品已经成为扬州文化中重要的组成部分。如今,已发掘的隋江都宫城、东城和罗城、唐子城和唐罗城遗址包括在扬州城遗址(隋—宋)范围之中,成为中国唯一一座现代化城市和古代城市遗址大部重叠的古城址,1996 年被国务院公布为第四批全国重点文物保护单位。

(四) 惠照寺石塔

日僧圆仁所著《入唐求法巡礼行记》卷一记载“扬府里僧尼寺卌九门”,书中提及寺院有禅智寺、灵居寺、开元寺、无量义寺、塔寺、观音院、龙兴寺、白塔寺、栖灵寺、延光寺等。圆仁留住开元寺等待南往浙江天台山国清寺的批文期间,与扬州寺僧过往从密。唐开成三年(838 年)九月十九日事云:“惠照寺广衲法师来,相见谘谈。当寺僧等云是《法花》座主,讲《慈恩疏》”[④]。

惠照寺,始建于晋代,原名蒙因显庆禅院,南朝元嘉十七年(440 年)改此名,又名慧照寺、惠昭寺、慧照教寺。唐先天元年(712 年)改名安国寺,肃宗乾元年间(758—759 年)曾改名为木兰院。唐开成三年(838 年),寺内得古佛舍利,建石塔供奉,寺以塔名,后称为石塔寺。1974 年,扬州师范学院地下会堂工程破土之后,不断挖出石雕佛像残件等,昭示这里是一处寺庙遗址。

---

① 《资治通鉴·唐纪四十五》。
② (日)圆仁:《入唐求法巡礼行记》,第 15 页。
③ 《旧唐书·高骈传》。
④ (日)圆仁:《入唐求法巡礼行记》,第 15 页。

图 4　惠照寺石塔

1976 年，该处基建工地出土有“咸通十四年”纪年的八面石刻经幢，同时出土的还有刻“罗城官”铭文的莲花瓣瓦当、鸱尾残件等。1976—1977 年，该处又收集到一批石造像、石兽、石碑、石经幢、石柱、石座等遗物。石造像中有菩萨像一尊、天王像两尊以及青狮白象像等，考古认定此处中唐时期即有寺庙，晚唐重建，宋亦有复建。当时经幢等文物的出土并没能确定寺庙的名称。直至 1980 年 6 月，此处新出土的一方《大唐扬州惠照寺新修佛殿志》残石揭示该寺庙遗址应该就是圆仁在书中写到的惠照寺。历史上，惠照寺曾与大明寺齐名。位于唐代扬州城西郊的惠照寺，在宋代被移建于城内，后历代重新修葺，清乾隆年间，知府李逢春再修石塔时，曾将唐代《藏舍利石塔记》碑砌塔下。

现存石塔坐落于文昌中路的绿化带中，属于楼阁式唐塔形制。塔为六角形，以青石构筑，通高 10.09 米。塔基为须弥座，底层与塔基平，石上刻有鹿、马、牛等动物。塔基上有白矾石栏板，雕云龙、莲花图案。塔有塔顶，共五层六面，塔身由下而上逐层收缩，每层的转角处有圆形倚柱，南北两面一、三、五层有拱形洞门，其余每层各面均刻有浮雕小佛像，共 24 尊。石塔每层檐上均凿成筒瓦形，坡度平缓，角檐戗脊向外伸出，微微向上反翘。塔顶为六角攒尖式，上为仰覆莲座，塔刹为葫芦形。

四、结语

佛教是人类历史上的重大社会现象，它既是一种信仰实践，又是一种社会力量，同时也是一种文化现象。扬州佛教文化的传播建立在这座城市经济繁荣与交通航道便利的基础上。作为隋唐时期最繁华的南北水运及海运经济枢纽城市，扬州财力的雄厚、物质的丰腴以及文化的发达，均是全国其他城市望尘莫及的。只有在这样的社会状况下，文化的传播与交流才会产生。

日本遣唐使团两次在扬州登陆，标志着扬州成为国际文化交流的窗口，随行日僧圆仁留下的日记成为最真实的史料见证。唐代鉴真东渡弘法不仅仅是印度佛教中国本土化后二次输出的典范，也成就了扬州佛教向祖国东南的传布。新罗崔致远由儒入佛更是为扬州佛教东渐提供了另一种渠道。迄今世人看到的佛教文化遗产点，如大明寺、鉴真纪念堂已经成为关联中日佛教文化史的一条重要的纽带，为世界宗教传播史增添了浓墨重彩的一笔。

当唐代的繁华落幕，五代十国时期的中国又经历了一次南北的分裂与动荡。后周世宗显德二年（955 年），发生了佛教历史上“三武一宗法难”的最后一厄。北方佛教就此衰落。扬州所在的南方地区，虽因诸侯割据大体相安，但扬州的经济却走向衰落。因为失去通海的机会，加上东南各港口的崛起，扬州不再处于东南区域经济中心位置，也就再也不能恢复到“扬一益二”的水准。

经济资本的失去，带来了佛教文化的衰微，扬州在宋元年间除了具有港口功能外，更多地成为军队屯驻与争夺的军事要地。即便如此，这座城市还是竭力恢复佛教的生命力。元代印度佛教僧人指空从扬州乘船返回大都，明代扬州天宁寺禅僧道彝出使日本，成为中国佛教徒中第一位以国使身份赴日的僧人。相对应的日本室町幕府也曾派遣画僧雪舟、高僧策彦周良出使中国，两位日本僧人均经由扬州沿运河北上北京。明万历十年（1582 年），

“在城二里，官河南岸”建起一座文峰塔，成为由水路出入扬州城的地标建筑。清代康雍乾三世，扬州兼具漕、河、盐三大优势，加之康熙、乾隆皇帝多次南巡，扬州又一次达到了中国城市经济和文化发展的高峰，与经济发展同步的是佛教文化的复兴，而此时海上丝绸之路却因为政治的变化走向衰微。

作者简介

马越（1975—），女，扬州市职业大学副教授，博士，主要从事当代文学及地方文化研究。

参考文献

[1]（美）爱德华·谢弗. 唐代的外来文明[M]. 吴玉贵，译. 西安：陕西师范大学出版社，2005.

[2]（澳）安东篱. 说扬州：1550—1850 年的一座中国城市[M]. 李霞，译. 北京：中华书局，2007.

[3]（美）林肯·佩恩. 海洋与文明[M]. 陈建军，罗燚英，译. 天津：天津人民出版社，2017.

[4]（美）陆威仪. 世界性的帝国：唐朝[M]. 张晓东，冯世明，译. 北京：中信出版社，2016.

[5]（日）木宫泰彦. 日中文化交流史[M]. 胡锡年，译. 北京：商务印书馆，1980.

[6]（荷）许理和. 佛教征服中国：佛教在中国中古早期的传播与适应[M]. 李四龙，裴勇等，译. 南京：江苏人民出版社，2017.

[7] 陈景富. 中韩佛教关系一千年[M]. 北京：宗教文化出版社，1994.

[8] 陈炎. 海上丝绸之路与中外文化交流[M]. 北京：北京大学出版社，1996.

[9] 杜继文. 佛教史[M]. 南京：江苏人民出版社，2007.

[10] 郝润华. 鉴真评传[M]. 南京：南京大学出版社，2011.

[11] 梁启超. 中国佛学史稿[M]. 北京：中国人民大学出版社，2012.

[12] 梁二平. 海上丝绸之路 2000 年[M]. 上海：上海交通大学出版社，2017.

[13] 全汉昇. 中国经济史研究[M]. 北京：中华书局，2011.

[14] 史念海. 唐代历代地理研究[M]. 北京：中国社会科学出版社，1998.

[15] 吴家兴. 扬州古港史[M]. 北京：人民交通出版社，1988.

[16] 汤用彤. 隋唐佛教史稿[M]. 武汉：武汉大学出版社，2008.

[17] 朱福烓. 扬州发展史话[M]. 扬州：广陵书社，2013.

运河文化带下的扬州水文化景观的梯度保护研究

宋桂杰　陈思昊

摘　要：遗产价值是大运河文化带核心价值的体现，而文化景观是文化遗产的一种特殊类型。运河文化景观是水环境与人类文化结合，由此而形成的文化景观亦称为水文化景观。扬州是大运河沿线的重要城市之一，大运河扬州段是大运河开凿最早的河段，也是遗产点最多、构成要素最全面、遗产类型最丰富的区段，在水文化景观方面拥有极为丰富且极具价值的内容与要素。现以大运河扬州段保护规划为基础，对大运河扬州段规划中的遗产基本要素进行水文化景观要素的转译；并引入梯度理论，对水文化景观进行相应的梯级分类，分析各梯级要素点的特性及保护的原则，构建水文化景观梯级保护理论的模型，为后续运河文化带建设下的扬州段的"活态"保护、利用、传承提供基础支撑，同时，对其他河段研究具有借鉴价值。

关键词：大运河文化带；水文化景观；梯度保护

大运河贯通海河、黄河、淮河、长江和钱塘江五大水系，融合京津、燕赵、齐鲁、中原、淮扬、吴越等地域文化。大运河是基于运河水利、水运工程形成的伟大的文明带，是中华民族历史进程中形成的综合发展带，是人类史上独特的现象和景观。大运河文化带是保证大运河通畅的工程技术带；从古代漕运发展为现代航运的内河运输带；由大运河贯通的城乡经济带；中国东部最重要的财富聚集带；传统农业社会的新业态生长带；由大运河发育的生态、环境、景观带；沿大运河形成的社会文化交流带；大一统国家的经济保障带；深植于沿运河群众中的感情心理纽带。①

中国大运河被列入《国际运河古迹名录》与《世界遗产名录》，是中国社会兴衰的历史见证，是至今仍在发挥效益的活态文化遗产，更是在新的历史背景下有着巨大发展潜力的文化空间。大运河是世界文化遗产，大运河文

① 张廷皓，2018 年 4 月在南京运河文化带建设研究院成立暨学术研讨会上的讲话。

化带是以运河为主体的水文化景观带，其具有时间性和空间性的特征。大运河文化带是由大运河自然资源、历史遗存、人文景观、城镇分布、产业发展等组成的空间大系统。其中，文化遗产保护是大运河保护和利用的红线，水文化景观是大运河文化带的生命线，因此，在大运河文化带空间系统构建过程中，首先对大运河水文化景观现状进行梳理与评价，研究大运河遗产自身以及大运河水文化景观在时间、空间和功能上的关系，对大运河文化带空间系统研究具有重要的价值。

1 水文化景观与大运河

1.1 从文化遗产到水文化景观

在1992年的第十六届世界遗产委员会会议上，“文化景观”的概念首次被提出，进而纳入世界遗产的大框架下，成为世界遗产的一种遗产类型。根据文化景观的“自然与人类的共同作品”，其又涉及文化遗产与自然遗产交集的混合遗产①。我国的文化景观研究相比国外起步晚，是对国外相关理念的引入和研究，在此基础上相关学者对文化景观的内涵、历史及未来趋势进行了研究，将文化景观与景观生态学进行了有机结合，探讨文化景观的辨识原则和研究方法，并对我国的文化景观类型和内容进行了分析和介绍。[1]

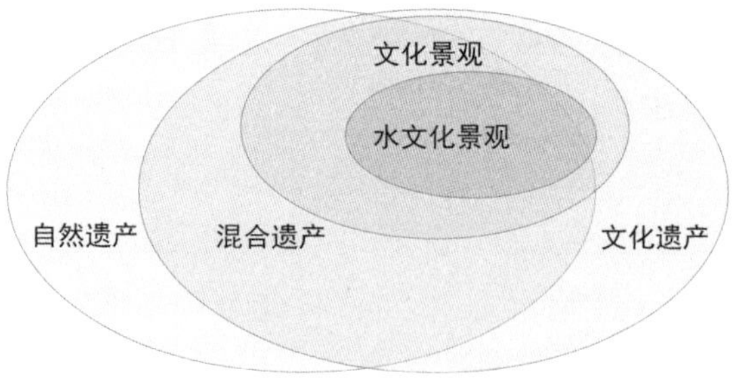

图1 水文化景观与文化遗产关系图

文化景观的概念及内容不断扩展，并从不同角度进行分类、研究和阐

① http://www.sach.gov.cn/col/col1037/index.html 见国家文物局网站《实施保护世界文化与自然遗产公约操作指南》。

释。环境与文化密不可分,不同的环境形成各异的地域文化。水环境是指自然界中水的形成、分布和转化所处空间的环境,是指围绕人群空间及可直接或间接影响人类生活和发展的水体,其正常功能的各种自然因素和有关的社会因素的总体。[2]不同的水环境催生不同的水文化特征,而这些特征正是该区域的水文化景观构成的核心。水文化景观作为文化景观的一个子项,是人类活动的产物,既反映文化体系的特征,又体现一个地区的地理特征,是人类与自然在长期相互影响、相互发展的过程中,与社会、经济与文化相融合而形成的一种独特景观(图 1)。水文化景观既有空间上的变化,也有时间上的变化。

国内水文化景观的相关研究可以分为三个阶段:2011 年以前,研究主要指向是以水利工程为主体的文化遗存,可以称为"水利遗产"。2011 年至 2017 年,随着水利资源调研的逐步深入,人们越来越关注古代水利工程及其相关文化遗存之外的背景环境因素,可以定名为"水文化遗产",即水文化遗产是历史时期人类对水的利用、认知所留下的文化遗存。水文化遗产以工程、文物、知识技术体系及文化活动等形态而存在。[3] 2017 年提出大运河文化带建设的要求,对大运河文化带概念、内涵、价值的研究以及大运河文化带建设目标、路径的落实,是否可以从其文化遗产的脉络源头与水文化价值入手,构建"水文化景观"的空间网络体系。这里强调三个文化维度:一是遗产空间维度,由大运河遗产本体、相关要素和背景环境共同构成;二是文化实践维度,包括物质文化、制度文化和心理文化三个方面;三是文化生产维度,包括运河文化产业和文化事业,例如运河旅游业、文化博览业、文化创意业、文化出版业及各类服务设施或活动等。

1.2 大运河水文化景观

大运河世界文化遗产是大运河沿线人民在生活和发展的不同历史时期,对运河水环境的认知和利用的产物,包括了水工遗存、相关遗存、附属遗产及综合遗存,由 31 个遗产区、27 段河道、58 个遗产点组成,总长度 1 011 千米。大运河文化带是以大运河文化遗产保护为核心,以大运河文化传承为基础,合理利用大运河资源的带状功能区域。[4]水是该区域最为核心的载体,也最能体现这片地域的文化特征,我们亦可将其转译成水文化是大运河文化的主体文化。在以水文化为主体的背景下,水文化景观是大运河自然与人文结合的重要体现,也是大运河文化带历史文化资源的构成要素之一，反映大运河文化带的文化体系特征和该地区地理特征的景观意象。

以大运河文化遗产为核心，对大运河遗产沿线的，与遗产密切相关的，并以多种方式影响大运河遗产保存和延续的文化景观要素进行梳理，构成运河水文化景观的遗产空间维度，包括与大运河遗产相连通的河湖水系、水利和航运工程设施，及沿线的道路、城镇、村落、山体等。按照这些要素的特征进行分类分级，构建运河水文化景观要素框架，提出水文化景观保护方法及原则，为构建大运河“水文化景观”的空间网络体系、为大运河文化带建设提供基础支撑。[5]

2 扬州大运河水文化景观梯度构建

扬州与大运河同生共长，大运河扬州段北起里排河与大运河连接处，南至瓜洲镇，全长 151.3 千米，西与白马湖、宝应湖、高邮湖、邵伯湖等四个湖泊毗邻，北接淮安淮安区，南至扬州邗江区瓜洲镇入江口，连接了白马湖、宝应湖、高邮湖、邵伯湖和宝射河、大潼河、北澄子河、通扬运河、新通扬运河、仪扬运河等主要河流。遗产区共有 6 条河段、10 个遗产点，基本覆盖了水工遗存、各类伴生历史遗存、历史街区村镇、相关联的环境景观等主要遗产类型。大运河正是充分利用了天然湖泊水域，通过人工挖掘，将这些天然湖泊连缀成一条畅通的水路。曾为国家漕粮运输的重要水上通道，现呈现河湖并行的独特水文化景观。

2.1 文化遗产到水文化景观的逻辑转译

大运河扬州段文化遗产点价值高、潜力大，遗产类型也最为丰富，在水文化景观方面拥有极为丰富且珍贵的内容与要素。相关学者对大运河扬州段的文化景观所具有的自然景观属性和人文景观特征进行了分析，对运河遗产资源进行了分析与价值评价、分级与评估。[6-7]依据梯度理论，我们对大运河扬州段与遗产密切相关的，并以多种方式影响大运河遗产保存和延续的文化景观要素进行收集、梳理，尝试按照这些要素的特征进行分类分级，构建扬州运河水文化景观要素框架。为此，我们将水文化景观分为三个级梯：世界遗产类、保护规划类、空间体系类(图 2)。

大运河文化遗产包括水工遗存、附属遗存、相关遗产与综合遗存。此种

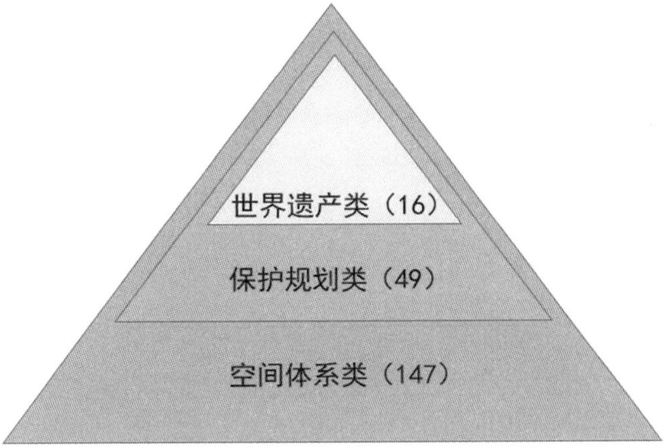

图 2　水文化景观分级构建示意图

划分方法基于世界遗产体系，反映其突出的普遍价值，但是无法直观准确地描述出各个要素的空间特征。依据相关遗产要素的价值及与大运河扬州段的密切关系，将大运河水文化景观分为河道与湖泊景观、水工景观、聚落与街区景观、附属景观等。因此，如何构建水文化景观并以精准地描述各个水文化景观要素的特征成为本研究的一个核心问题，而文化遗产属性与水文化景观的逻辑转译成为关键技术问题（图 3）。

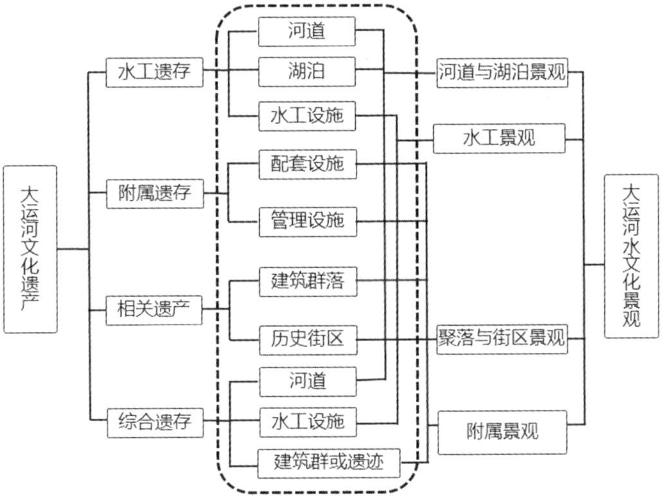

图 3　大运河文化遗产与水文化景观逻辑转译示意图

2.2 文化遗产及水文化景观的类型

本文以相关文献提出的各类各级法定保护对象及文物普查资料为大运河(扬州段)遗产候选范围,以大运河扬州段遗产河道向外扩 2 千米,以遗产价值的综合认识为参照,以对各候选对象的价值与现状的研究与评估为基础,收录了相应的文化遗产,并将其逻辑转译为水文化景观。

2.2.1 世界遗产类

大运河扬州段入选世界遗产的点段为 6 个河段和 10 个遗产点,总计 16 个遗产点段。包括:淮扬运河主线扬州段(京杭运河扬州段、扬州古运河、瓜洲运河)、古邗沟故道、邵伯明清大运河故道、高邮明清大运河故道等 6 个河段,这 6 个河段构成淮扬运河扬州段遗产河道。而 10 个遗产点包括:刘堡减水闸、盂城驿、邵伯古堤、邵伯码头、瘦西湖、天宁寺行宫(含重宁寺)、个园、汪鲁门宅、盐宗庙、卢绍绪盐商住宅。包含水工遗存 10 处,约占 63%;附属遗存 1 处,约占 6%;相关遗产 5 处,约占 31%。我们将其转译为水文化景观类型分类,包含河道与湖泊景观 7 处,约占 44%;水工景观 3 处,约占 19%;聚落与街区景观 0 处;附属景观 6 处,约占 38%(附图 1)。

2.2.2 保护规划类

根据《大运河(扬州段)遗产保护规划(2010—2030)》中的相关内容,①在世界遗产类构成的基础上,列入保护规划类 49 处,约占 47%;附属遗存 2 处,约占 4%;相关遗产 24 处,约占 49%。我们把这 49 项所形成的水文化景观称为保护规划类水文化景观。这 49 项水文化景观紧密围绕大运河扬州段,能够充分表达大运河扬州段水文化景观特色。保护与规划涵盖世界遗产点段,并且包括形成以遗产点段为核心的背景环境。我们将其转译为水文化景观类型分类,包含河道与湖泊景观 12 处,约占 25%;水工景观 11 处,约占 22%;聚落与街区景观 4 处,约占 8%;附属景观 22 处(此处选入 7 处非物质文化遗产),约占 45%。

2.2.3 空间体系类

在中国文化遗产研究院提供的地理信息系统数据的基础上,以大运河扬州段遗产河道向外扩 2 千米,我们共提取到水环境相关文化景观要素共

---

① 《大运河(扬州段)遗产保护规划(2010—2030)》,东南大学建筑设计研究院;《大运河遗产保护与管理总体规划(2012—2030)》,中国文化遗产研究院。

9 255 处(截至 2015 年)。这些数据再经过进一步评估遴选,包括水工遗存 59 处,占比 40%;附属遗存 2 处,占 1%;相关遗产 86 处,占 59%,包括保护规划类的 147 处(此处选入 24 处非物质文化遗产)。这些要素点形成大运河水文化景观的空间体系。该空间体系是在大运河遗产构成研究基础上,研究大运河本体、相关要素和背景环境之间在时间、空间和功能上的关系,可为进一步深化对大运河文化带时空概念的认知提供基础研究。我们将这 147 处要素点转译为水文化景观,则包含河道与湖泊景观 33 处,约占 22%;水工景观 26 处,约占 18%;聚落与街区景观 23 处,约占 16%;附属景观 65 处(此处选入 24 处非物质文化遗产),占 44%。(如今后在研究、考古、建设或其他活动中发现新的大运河水文化景观,本数据将做进一步调整与扩充。)

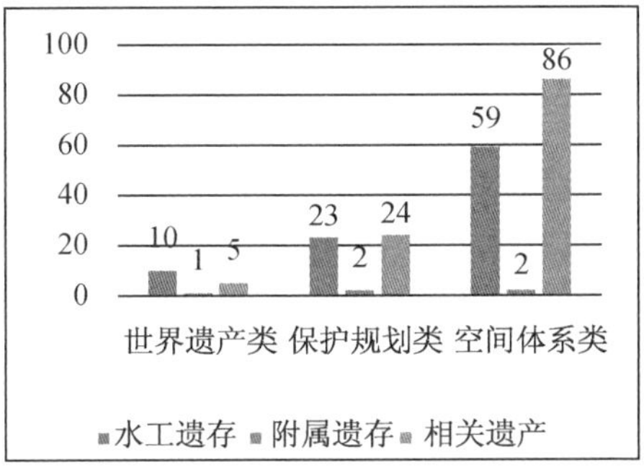

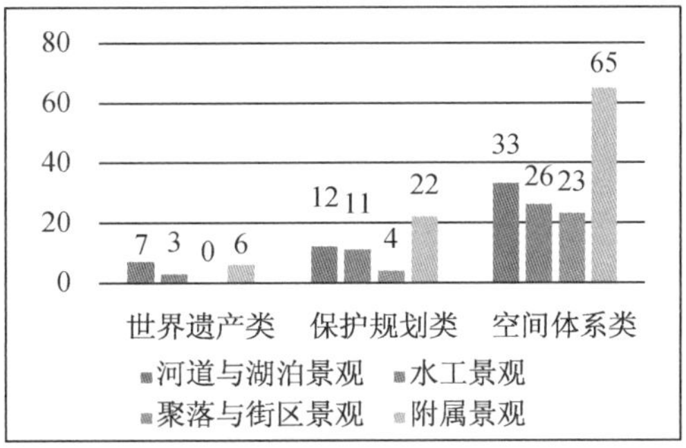

图 4　大运河扬州段文化遗产与水文化景观分类对比图

如图 4 所示,文化遗产的水工遗存、附属遗存、相关遗产进行了世界遗产类、保护规划类、空间体系类梯度层级的数理统计,并逻辑转译形成水文化景观的类型,即水文化景观体系下河道与湖泊景观、水工景观、聚落与街区景观、附属景观。在相关数据的对比上,我们可以发现转译形成水文化景观类型后,各类型所占要素变得更加均衡且有利于要素特征归纳、特征分析研究。

3　水文化景观类型与特征——以保护规划类为例

3.1　水文化景观类型

以保护规划类水文化景观为研究单元进行分析,首先进行总结该单元内的大运河扬州段水文化景观类型的分类,透过相关数据模型可以看出,大运河水文化景观类型涉及面很广，拥有极为丰富且珍贵的内容与要素。包含河道与湖泊景观12处，水工景观11处，聚落与街区景观4处，附属景观22处，共49处。对水文化景观进行阐释，并结合相关实地考察与文献资料分析其特征。[8-9]

1. 河道和湖泊景观

河道和湖泊自古以来是地域文化主要的景观网络空间，河道和湖泊所在地区是扬州发展最早的地区。处于河道边际的景观信息量最为丰富，显示扬州地域景观特色最重要，影响地域的整体风貌。河道和湖泊景观是大运河水文化景观的重要组成部分。如邗沟是我国有文献记载的最早的运河之一，也是世界上最早开凿的运河之一，见证了中国大运河悠久的历史。从汉代至唐代这段河道都是大运河的主航道，是历代漕运的主要通道。河道虽然历经整治，但都是在原始河道的基础上拓宽和修缮，因此保留了河道走向的真实性。

现对河道与湖泊景观总结与梳理出以下特征：

Ⅰ. 体现运河水利工程技术的高超水平。

Ⅱ. 水环境与人工结合的杰出例证。

Ⅲ. 体现景观与大运河历史文化密切关系。

Ⅳ. 河道湖泊景观廊道畅通，能够发挥观赏、游览等功能。

Ⅴ. 景观绿化以原生态为主，相关古树名木、稀有植被未遭破坏。

Ⅵ. 景观空间形态连续完整（合理处理河道、湖、岛的三者关系）。

Ⅶ. 景观生态系统多样均衡（水体洁净、绿植覆盖、物种多样性）。

Ⅷ. 展现运河动态变迁。

Ⅸ. 是扬州段运河“湖漕”特色的直接体现。

2. 水工景观

水利工程设施是以除害兴利为建设目的，许多水利工程除了能够满足防洪及人们对水资源的合理利用等需求，且反映了某一时期的构筑物建造技术与艺术风格，并与生态、景观融为一体。如邵伯古堤、码头是大运河扬州段最具代表性的水工景观之一，古堤最初的修筑目的是为了防止邵伯湖湖水外泄，从而保持运河水位，是抵御淮河洪水、保障邵伯镇安全的重要屏障。此外，码头是往来运河南北的客商在邵伯镇的主要停靠之处，也是邵伯镇及运河以东地区进行对外货物贸易的主要场所，构成了重要的水文化景观。

现对水工景观总结与梳理出以下特征：

Ⅰ. 体现水工技术与艺术的完美结合。

Ⅱ. 水环境与人工结合的杰出例证。

Ⅲ. 展现运河发展不同时期水工设施特色，体现运河水利工程技术的高超水平。

Ⅳ. 在当今发挥水利功能。

Ⅴ. 是扬州段运河“湖漕”特色的直接体现。

Ⅵ. 承载有具有影响力的历史事件和人物。

Ⅶ. 具有优秀艺术风格的传统类型建筑、构筑物。

3. 聚落与街区景观

聚落与街区是在特定的自然与社会环境中，人类与自然相互作用的结果。聚落与街区景观能够真实地反映依托运河而发展兴盛的传统城镇空间、街巷体系以及聚落形态，具有历史、文化与艺术价值。如东关历史街区是目前大运河扬州段保存完整、规模大的历史街区。现存街巷体系肌理清晰，业态丰富的老字号，汇聚了运河城市典型的街巷空间要素，从而构成了囊括丰富水文化要素的水文化景观体系。

现对聚落与街区景观总结与梳理出以下特征：

Ⅰ. 具有因运河而生真实、完整的传统风貌历史核心区域。

Ⅱ. 空间肌理及格局真实、完整，轴线连续。

Ⅲ. 具有代表性的、优秀艺术风格的传统类型建筑、构筑物（包括河道管理机构、盐业管理机构、宗教文化遗产、南巡文化遗产、盐商会馆与住宅、运河祭祀文化遗产、产业遗产、其他运河景观）。

Ⅳ. 承载有具有影响力的历史文化、事件和人物（包括盐文化、宗教文化、祭祀文化、南巡文化等及其衍生事件和人物）。

Ⅴ. 具备传统生产生活场所的空间尺度和地域特征。

Ⅵ. 延续大运河与聚落街区的互动形态。

4. 附属景观等

不同历史时期、不同运河地域及民族特色自然会影响到附属景观的构成，使得附属景观中呈现出风格各异的表征。如高邮盂城驿，是目前大运河扬州段沿线保存较好、规模较大的古代驿站（附属建筑景观），保持典型的扬州传统建筑风貌。

现对附属景观总结与梳理出以下特征：

Ⅰ. 保持和延续景观的风貌真实性。

Ⅱ. 保持和延续景观的空间格局、体量、高度。

Ⅲ. 建筑艺术风格及类型体现地域运河文化特色、民族特色、工艺特色。

Ⅳ. 建筑的历史轴线及特色功能区具有好的完备性、连续性及标志性。

Ⅴ. 承载有与建筑有关的历史事件或历史人物。

Ⅵ. 景观廊道环境质量高(具有建筑物艺术性、水体清洁度、植被多样性)。

3.2 水文化景观的特征分析

1. 河道与湖泊景观

扬州段大运河保护与规划类的河道与湖泊景观主要包括淮扬运河主线扬州段、宝应宋泾河、宝应明清运河故道、高邮明清运河故道、邵伯明清运河故道、古邗沟故道、仪扬运河、子婴减河、洪泽湖、瘦西湖等 12 处。《左传》记载“吴城邗，沟通江淮”，由此可见大运河与扬城同龄，至今已经有 2 500 多年历史。在上文中，我们梳理和总结了水文化景观中的河道与湖泊景观的特征，将京杭运河扬州段、扬州城明清运河故道、伊娄河故道合为一条河道，故对其中 10 处河道与湖泊景观，我们逐一对照特征进行各自情况的分析与研究，并将满足上述特征的一项或多项，汇总为如表 1 所示。

表 1　河道与湖泊景观规模与特征

序号	名称	规模	特征
1	淮扬运河主线扬州段	长 151 km	Ⅰ Ⅱ Ⅲ Ⅳ Ⅴ Ⅵ Ⅶ Ⅷ Ⅸ
2	宝应宋泾河	长 0.8 km	Ⅱ Ⅳ Ⅴ Ⅷ
3	宝应明清运河故道	长 1.5 km	Ⅰ Ⅱ Ⅲ Ⅴ Ⅵ Ⅶ Ⅷ
4	高邮明清运河故道	长 23 km	Ⅱ Ⅲ Ⅴ Ⅶ Ⅷ Ⅸ
5	邵伯明清运河故道	长 1 km	Ⅰ Ⅱ Ⅲ Ⅳ Ⅴ Ⅵ Ⅶ Ⅷ
6	古邗沟故道	长 3 km	Ⅰ Ⅱ Ⅲ Ⅳ Ⅴ Ⅷ
7	仪扬运河	长 23 km	Ⅱ Ⅷ Ⅸ
8	子婴减河	长 1 km	Ⅷ
9	洪泽湖	占地 158 189 hm^2	Ⅶ Ⅸ
10	瘦西湖	占地 54 hm^2	Ⅱ Ⅲ Ⅳ Ⅴ Ⅵ Ⅶ Ⅷ Ⅸ

注：淮扬运河主线扬州段(现京杭运河扬州段—扬州城明清运河故道—伊娄河故道)可分三段。

综上所述，大运河水文化景观可能同时满足多种特征类型，但是其中重要特征类型仅占少数。通过对这 10 处河道与湖泊景观所包含的特征采取统计以得出其特征出现次数，将这些特征进行梯度分级，这样可以得出重要特征，如表2所示。

表2 河道与湖泊景观特征汇总

类型	数量	Ⅰ	Ⅱ	Ⅲ	Ⅳ	Ⅴ	Ⅵ	Ⅶ	Ⅷ	Ⅸ
河道与湖泊	10	4	8	6	5	7	4	6	9	5

通过统计，我们发现在这一类型的水文化景观中，对于特征类型Ⅱ、Ⅷ的应用较多，在河道与湖泊景观中均出现。这表明相关类型的水文化景观要体现人工环境在不同时期的历史底蕴以及水自然环境特征的生态绿化重要性。特征类型Ⅴ所表述的生态绿化出现了7次，而Ⅳ、Ⅵ所述的景观廊道与空间也出现得较为频繁（该类景观一般呈线性廊道、带状空间分布）。

由此，总结出河道与湖泊景观的主要特征为：人工环境的历史底蕴、自然环境的生态绿化、景观的空间与廊道。

2. 水工景观

扬州段大运河保护与规划类的水工景观主要包括高邮段里运河东堤、茱萸湾古闸、宝应跃龙关遗址、高邮段里运河西堤、高邮御码头、刘堡减水闸、平津堰遗址、邵伯古堤、邵伯码头、邵伯老船闸、子婴减河闸等11处。古代淮扬地区湖河连绵，曾有"三十六陂帆落尽，只留一片好湖光"的绝美诗句来形容当时的优美景色。后黄河夺淮，水灾不断，于是便有了"千舟半渡，一风而尽"的景象。许多宝贵的水工设施在经历了千百年后保留了下来，成为反映人们除害兴利、防洪抗灾的文化遗产，成为扬州段大运河水文化景观的重要组成部分。在上文中，我们梳理和总结了水工景观的特征，针对这11处水工景观，在查阅资料以及现场调研的基础上，我们分别对这些水工景观逐一对照特征进行各自情况的分析与研究，并将满足上述特征的一项或多项，汇总为如表3所示。

表3 水工景观规模与特征

序号	名称	规模	特征
1	高邮段里运河东堤	占地 64.5 hm^2	Ⅰ Ⅱ Ⅲ Ⅳ
2	茱萸湾古闸	占地 1 hm^2	Ⅰ Ⅱ Ⅳ Ⅶ
3	宝应跃龙关遗址	占地 0.07 hm^2	Ⅱ Ⅲ Ⅶ
4	高邮段里运河西堤	占地 64.5 hm^2	Ⅰ Ⅱ Ⅲ Ⅳ

（续表）

序号	名称	规模	特征
5	高邮御码头	占地 0.3 hm^2	Ⅱ Ⅴ Ⅵ Ⅶ
6	刘堡减水闸	占地 0.1 hm^2	Ⅱ Ⅶ
7	平津堰遗址	占地 0.6 hm^2	Ⅰ Ⅱ Ⅲ Ⅳ
8	邵伯古堤	占地 27 hm^2	Ⅰ Ⅱ Ⅲ Ⅳ
9	邵伯码头	占地 0.4 hm^2	Ⅰ Ⅱ Ⅲ Ⅳ
10	邵伯老船闸	占地 1.5 hm^2	Ⅱ Ⅴ Ⅵ
11	子婴减河闸	占地 0.03 hm^2	Ⅱ Ⅴ Ⅵ

在此，依旧采取统计特征出现次数，将特征进行梯度分级，以得出重要特征的方法，对这 11 处水工景观进行特征分析，如表 4 所示。

表 4　水工景观特征汇总

类型	数量	Ⅰ	Ⅱ	Ⅲ	Ⅳ	Ⅴ	Ⅵ	Ⅶ
水工景观	11	6	11	6	6	3	3	4

通过统计，我们发现在这一类型的水文化景观中，对于特征类型Ⅱ的应用最多，在河道与湖泊景观中均出现。特征Ⅴ也间接体现水环境与人工结合，出现了 3 次。这表明相关类型的水文化景观要突出体现水工设施与生态环境及格局空间的紧密联系。特征Ⅰ、Ⅲ也出现了多达 6 次，即展现水工景观水工设施在不同时期的工程技术与构造特色；Ⅵ特征类型所表述的历史事件和人物出现了 3 次。

由此，总结出水工景观的重要特征为：水工设施与生态环境及格局空间、水工设施工程技术与构造特色、水工设施与运河历史文化。

3. 聚落与街区景观

扬州段大运河保护与规划类的聚落与街区景观主要包括扬州城遗址、东关街历史文化街区、南河下历史文化街区、高邮南门大街历史地段等 4 处。古代受交通工具限制，水运发达，陆运则其次。作为水陆交通要道的扬州迅速发展，富饶一方，聚集人气，形成以上述 4 个为代表的颇具规模的聚落与街区，成为商业、手工业、宗教文化的中心，经过千年的积淀，留下丰富的历史遗存、人文古迹，进而成为水文化景观的一个重要组成部分。

通过梳理和总结上述聚落与街区景观的特征，针对这4处聚落与街区景观，在查阅资料以及现场调研的基础上，我们分别对上述聚落与街区景观逐一对照特征进行各自情况的分析与研究，并将满足上述特征的一项或多项，汇总为如表5所示。

表5 聚落与街区景观规模与特征

序号	名称	规模	特征
1	扬州城遗址	占地 1 825 hm^2	Ⅰ Ⅱ Ⅲ Ⅳ Ⅴ Ⅵ
2	东关街历史文化街区	占地 27 hm^2	Ⅰ Ⅱ Ⅲ Ⅳ Ⅴ Ⅵ
3	南河下历史文化街区	占地 26 hm^2	Ⅰ Ⅱ Ⅲ Ⅳ Ⅴ Ⅵ
4	高邮南门大街历史地段	占地 0.2 hm^2	Ⅰ Ⅱ Ⅲ Ⅳ Ⅴ Ⅵ

在此采取统计特征出现次数，将特征进行梯度分级，以得出重要特征的方法对这4处聚落与街区景观进行特征分析：

表6 聚落与街区景观特征汇总

类型	数量	Ⅰ	Ⅱ	Ⅲ	Ⅳ	Ⅴ	Ⅵ
聚落与街区景观	4	4	4	4	4	4	4

通过统计，我们发现在这一类型的水文化景观中，所有的特征类型均出现在这4处聚落与街区景观中。其中的Ⅰ、Ⅱ反映了聚落与街区空间结构、肌理；Ⅲ反映了建筑物外观与艺术风格；Ⅳ反映了聚落与街区承载的非物质文化；Ⅴ除了反映聚落与街区空间结构、肌理外，更重要的是反映了聚落与街区的公众职能与属性；Ⅵ则代表聚落、街区与运河环境关系紧密程度对于该景观也非常重要。

由此，总结出聚落与湖泊景观的重要特征为：聚落与街区空间结构、肌理，建筑物外观与艺术风格，聚落、街区与运河环境关系，聚落与街区承载的非物质文化，聚落与街区的公众职能与属性。

4. 附属景观

扬州段大运河保护与规划类的附属景观主要包括15处物质文化景观（两淮都转盐运使司衙署、马棚湾铁牛、镇国寺塔、邵伯铁牛、江北运河复堤碑记碑、盂城驿等）和7处非物质文化景观（瘦西湖传说、扬州古街巷传说、邗沟大王庙传说、露筋娘娘传说等）。扬州城诞生因运河而起，得水之利，附属景观得到迅猛发展，特别表现在建筑物、园林独具鲜明水文化的特征。李绅曾写诗赞道："舟依浅岸参差合，桥映晴虹上下连。"明清年间，扬州盐业繁荣，盐商们富可敌国，争相修宅建园，促进了扬州建筑与园林的空前发展。

非物质文化遗产在此未做分析，我们主要针对附属景观中的15处物质文化遗产，逐一对照特征进行各自情况的分析与研究，并将满足上述特征的一项或多项，汇总为如表7所示。

表7 附属景观物质文化遗产规模与特征

序号	名称	规模	特征
1	两淮都转盐运使司衙署	占地 0.1 hm^2	Ⅰ Ⅱ Ⅲ Ⅳ Ⅴ
2	天宁寺行宫(含重宁寺)	占地 1.1 hm^2	Ⅰ Ⅱ Ⅲ Ⅳ Ⅴ
3	个园	占地 2.3 hm^2	Ⅰ Ⅱ Ⅲ Ⅳ Ⅴ Ⅵ
4	汪氏小苑	占地 0.4 hm^2	Ⅰ Ⅱ Ⅲ Ⅳ Ⅴ
5	普哈丁墓	占地 0.5 hm^2	Ⅰ Ⅱ Ⅲ Ⅳ Ⅴ
6	仙鹤寺	占地 0.2 hm^2	Ⅰ Ⅱ Ⅲ Ⅳ Ⅴ
7	汪鲁门宅	占地 0.3 hm^2	Ⅰ Ⅱ Ⅲ Ⅳ Ⅴ
8	何园	占地 1.5 hm^2	Ⅰ Ⅱ Ⅲ Ⅳ Ⅴ Ⅵ
9	卢绍绪宅	占地 0.5 hm^2	Ⅰ Ⅱ Ⅲ Ⅳ Ⅴ
10	盐宗庙	占地 0.03 hm^2	Ⅰ Ⅱ Ⅲ Ⅳ Ⅴ
11	马棚湾铁牛	占地 0.3 hm^2	Ⅲ Ⅴ
12	镇国寺塔	占地 0.4 hm^2	Ⅰ Ⅱ
13	邵伯铁牛	占地 0.4 hm^2	Ⅲ Ⅴ
14	江北运河复堤碑记碑	占地 0.02 hm^2	Ⅲ Ⅴ
15	盂城驿	占地 0.4 hm^2	Ⅰ Ⅱ Ⅲ Ⅳ Ⅴ

现采用对附属景观中的15处物质文化遗产特征进行梯度分级，以得出重要特征的方法进行特征分析，如表8下所示。

表8 附属景观物质文化遗产特征汇总

类型	数量	Ⅰ	Ⅱ	Ⅲ	Ⅳ	Ⅴ	Ⅵ
附属景观(物质文化遗产)	15	12	12	14	11	14	2

通过统计，我们发现在这一类型的水文化景观中，特征类型Ⅰ、Ⅲ分别

出现了12次和14次之多，这表明相关类型的水文化景观的外观与艺术风格的重要性；Ⅱ、Ⅳ出现了多达12次和11次，这体现了附属景观中的建筑与园林的空间格局、体量、高度，也反映了和运河环境的关系；Ⅴ出现了14次，反映了附属景观中承载的非物质文化；Ⅵ虽然只出现了2次，但附属景观中均有出现，反映了附属景观的生态绿化。

由此，总结出附属景观物质文化遗产的重要特征为：景观的外观与艺术风格，景观构成的空间格局、体量、高度，与运河环境的关系，承载的非物质文化，生态绿化等等。

4 水文化景观的保护原则

综上，随着大运河文化遗产保护体系的不断发展，以文化遗产衍生的水文化景观体系成为文化遗产多样性和空间特性的基础，对于大运河遗产本体、保护区划和遗产周边整体保护也显得愈发重要。水文化景观的保护基本原则是对景观真实性与完整性的阐释，展现了水文化景观历史时空演进格局，保存历史与自然原因而形成的河道、水工、聚落与街区、附属建筑与园林等水文化景观具有真实的位置、环境和材质，并反映功能和技术要求，符合整体性、无缺憾性原则。我们对四类大运河扬州段水文化景观采取统计特征出现频次，将特征进行梯度分级，得出相应的重要特征，进而提出分类保护原则。[10-11]

表9 大运河扬州段水文化景观要点及梯度保护原则

类型	要点	保护原则
河道与湖泊景观	人工环境与水自然环境的历史底蕴	控制水系的自然与完整，水体两侧的人工驳岸与相关构筑物、建筑物应经过规划，与历史上不同时期使用的材料协调，运用传统的施工工艺，充分体现河道与湖泊的历史底蕴
	景观的空间与廊道	遵循历史形成的因运河形成景观的基本架构，营造以传承运河文化为核心的功能丰富多样的廊道效应。在空间形态上要连续完整，空间体系内的河道、湖泊、绿岛要相互联系，避免区隔，保持景观廊道的畅通与协调
	景观的生态绿化	在生态绿化上改善水体，维护物种的多样性，加强对古树名木和传统植物的保护，根据植物季候属性对沿岸绿化进行增配，形成丰富、美观的景观绿化

（续表）

类型	要点	保护原则
水工景观	水工设施工程技术与构造特色	对于水工设施的规划要与历史上使用的材料相协调，在营造上运用传统的施工工艺，体现水工设施的历史底蕴
	水工设施与运河历史文化	挖掘水工设施相关的历史文化事件与人物事物，强化文化遗产与非物质文化遗产的联动效益
	水工设施与生态环境及格局空间	加强水工设施的空间延续性，整理码头与运河河道以及与其联系的街道，强化码头、河道、街道、街区、建筑之间的组织关系。加强运河河堤的建设控制，拆除影响水工设施与运河关联的建筑与构筑物
聚落和街区景观	聚落与街区空间结构、肌理	保护聚落与街区的有机性，包括街道、建筑、水体的组织关系、边界的连续性以及历史演变的痕迹。保护构成历史街区肌理的各种组织要素，保护街巷的传统布局与原始尺度，控制街巷与街巷内部划分地块的尺度与形状
	建筑物外观与艺术风格	新建与改建建筑材料用料、施工工艺、艺术风格（形态、色彩、装饰）应与历史风貌协调
	聚落、街区与运河环境关系	加强聚落、街区空间与运河的联系性，整理运河河道与其联系的聚落与街区，整理街区、聚落与河道之间的组织关系
	聚落与街区承载的非物质文化	挖掘与聚落及街区相关的历史文化事件与人物事物，强化文化遗产与非物文化质遗产的联动效益
	聚落与街区的公众职能与属性	聚落与街区的保护应保持大运河传统人居环境所应具备的相应职能与属性
附属景观	景观的空间格局、体量、高度	建筑与园林应在高度、体量和空间布局等方面与历史风貌协调，建筑物的建筑退让、建筑间距等要素应符合相关保护规划的要求
	外观与艺术风格	建筑及园林的艺术风格（形态、色彩、装饰）应与原始的风貌特色相协调
	与运河环境的关系	加强聚落、街区空间与运河的联系性，整理运河河道与其联系的建筑、园林，理清建筑与园林和河道之间的组织关系
	生态绿化	在生态绿化上改善水体，维护物种多样性，加强对古树名木和传统植物的保护，根据植物季候属性对园林绿化进行增配，形成丰富、美观的景观绿化

5 结语

大运河文化遗产具有丰富的水文化内涵，通过以大运河扬州段文化遗产为核心，对运河遗产沿线的、与遗产密切相关的，并以多种方式影响大运河遗产的保存和延续的文化景观要素进行梳理，探索遗产空间维度的运河水文化景观特征。并引入梯度理论进行类型的划分，按照这些要素的特征进行分级，构建运河水文化景观要素框架，提出水文化景观保护方法及原则，为进一步构建大运河“水文化景观”的空间网络体系，为保护好文化遗产、传承好运河文化、利用好运河资源，为大运河文化带建设提供基础支撑。

目前，水文化景观的概念仍显得模糊不清，研究还需不断深入，运河水文化景观案例仍显薄弱，其内部元素需要有次序、有分类地构建，对于它的保护与利用原则需进一步实践验证。水文化景观的保护与协调是一个可持续性的过程，需不断更新以适应其动态发展的过程。以大运河文化遗产为基础，深入挖掘大运河历史，形成大运河文化研究体系；同时，以运河文化遗产为核心“点”，以运河河道景观串联成“线”，以运河文化资源集聚区域形成“面”，以运河水文化景观构成空间“体”，形成点、线、面、体相结合的大运河文化带建设系统。

作者简介

宋桂杰（1968—），扬州大学苏中发展研究院副教授，主要从事建筑历史及其理论、建筑遗产、大运河文化遗产保护等方面研究。

陈思昊（1992—），扬州大学美术与设计学院硕士研究生，主要从事景观设计、大运河文化景观等方面研究。

资料来源：中国文化遗产研究院研究合作项目《中国大运河遗产现存体系研究——淮扬运河段专项研究》，图及表格均为自绘。

基金项目：江苏省文化科研课题：大运河水文化景观保护及评估体系研究——以扬州段为例（17YB19）；扬州市重点研发计划——社会发展项目：大运河扬州段现存体系遗产保护与利用研究（YZ2016066）。

参考文献

[1] 李和平，肖竞. 我国文化景观的类型及其构成要素分析[J]. 中国园林，2009，25(2)：90-94.

[2] 窦明. 水环境学[M]. 北京：中国水利水电出版社，2014.

[3] 谭徐明. 水文化遗产的定义、特点、类型与价值阐释[J]. 中国水利，2012(21)：1-4.

[4] 吴欣. 中国大运河蓝皮书[M]. 北京：社会科学文献出版社，2018.

[5] 张志荣，李亮. 简析京杭大运河(杭州段)水文化遗产的保护与开发[J]. 河海大学学报(哲学社会科学版)，2012，14(2)：58-61，92.

[6] 杨冬冬. 京杭大运河廊道景观遗产的考证和研究[D]. 天津：天津大学，2009.

[7] 吴娟. 扬州古运河遗产廊道构建研究[D]. 武汉：华中农业大学，2011.

[8] 王志芳，孙鹏. 遗产廊道——一种较新的遗产保护方法[J]. 中国园林，2001(5)：86-89.

[9] 李伟，俞孔坚. 世界文化遗产保护的新动向——文化线路[J]. 城市问题，2005(4)：7-12.

[10] 俞孔坚，奚雪松，李迪华，等. 中国国家线性文化遗产网络构建[J]. 人文地理，2009，24(3)：11-16，116.

[11] 张志荣，李亮. 简析京杭大运河(杭州段)水文化遗产的保护与开发[J]. 河海大学学报(哲学社会科学版)，2012，14(2)：58-61，92.

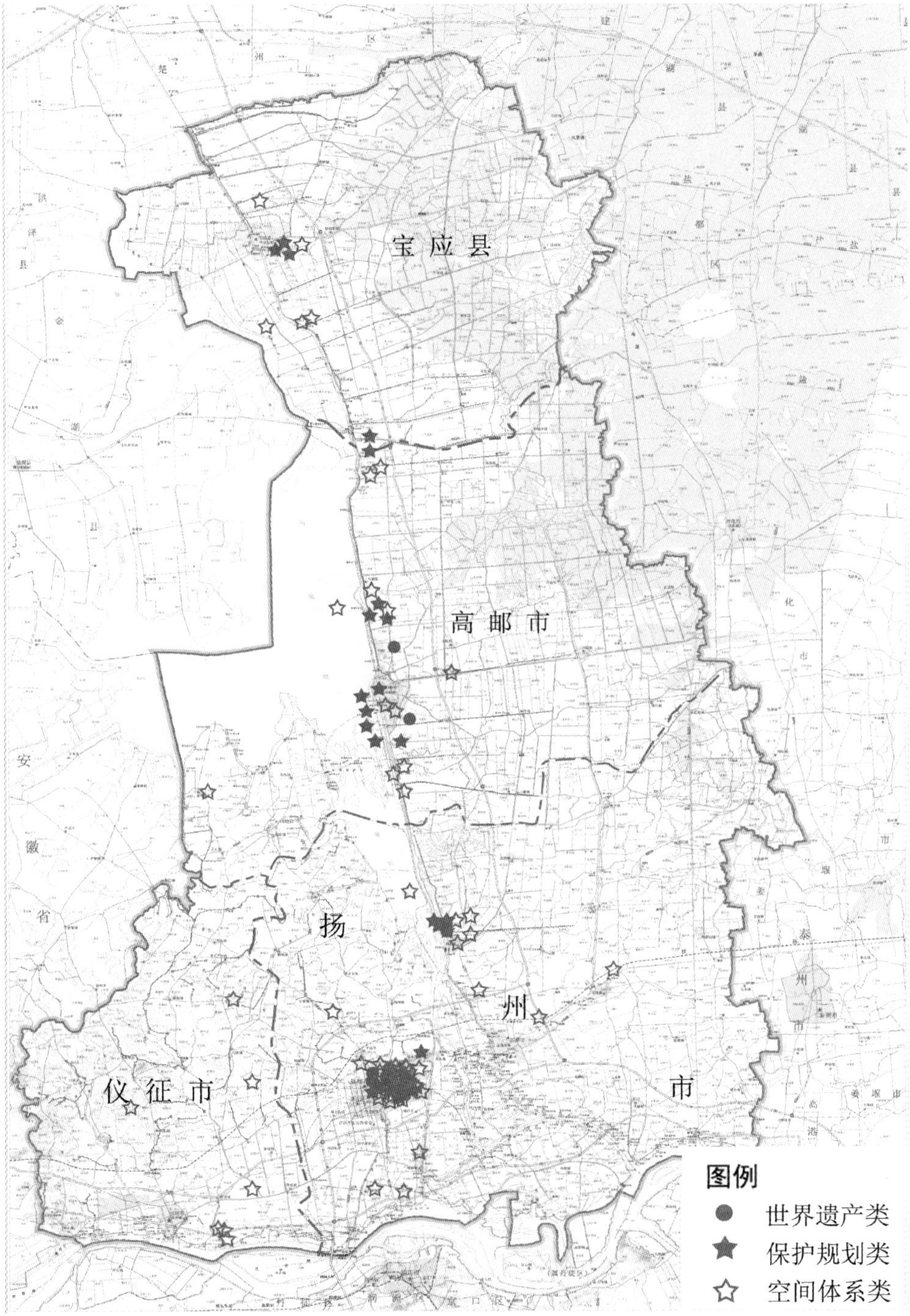

附图1 大运河扬州段水文化景观分布图

扬州城与运河和海上丝绸之路

汪 勃

摘 要:丝绸之路的东端在洛阳,隋唐大运河将其延伸到了扬州。本文首先概述了扬州蜀冈①古代城址、蜀冈下唐至明清时期城址的城池与历代相关运河的关系,认为扬州城的出现、发展及不同时期的城池与邗沟的开凿、长江北岸线南移带来的历代开凿运河所选择的河线位置关系密切;然后介绍了扬州唐城遗址出土陶瓷器的状况以及鉴真、圆仁与扬州城相关的记载,指出大量来自多地的陶瓷器在扬州唐城遗址的出土充分反映出了唐代水运交通的繁荣发展,其中属于唐代中晚期的唐青花瓷器和西亚釉陶器是反映当时中外文化交流和海上丝绸之路的文物,鉴真东渡和圆仁西来说明了此时中日之间海上交通往来的兴盛。隋唐时期的扬州城不仅是隋唐大运河乃至国内水运的一个关键节点,也是一个丝绸之路和海上丝绸之路联结处的国际贸易中转站,还是中日文化深入交流的一个港口平台。自8世纪以降的海上贸易中,扬州城因其地理位置的特殊性而成为一个国际大都会。

关键词:扬州城;蜀冈古代城址;运河;海上丝绸之路;中日文化交流

邗城、广陵城、江都城、扬州城等四个时期,分别对应着扬州城的始建、扩建、发展、形成等历史阶段。广陵城又可分为战国楚广陵城、汉广陵城、东晋广陵城、南朝广陵城等,汉广陵城与吴王濞城相关,而刘宋广陵城在战乱之后又曾一度被称作"芜城"。扬州城是唐至明清时期广陵之地治所之所在的统称,该名称在隋时已有,其范围、形制在杨吴、两宋、明清等不同历史时期有所不同。扬州城的出现、发展及其不同时期的城池,与邗沟的开凿、长江北岸线南移所带来的历代开凿运河所选择的河线位置有着非常密切的关系。

一、扬州城与运河

扬州城建,与区域内运河关系颇深。春秋时期吴之邗城,是位于夫差所

① 本文出现的"蜀冈",当为"蜀岗",历史地名、遗址名;由于现代行政区划名称调整,近年才统一改为"蜀冈"。

开凿邗沟之节点处的重要堡垒;战国楚广陵城可能是在邗城的基础上向西扩建而成,亦因邗沟之重要性而为当时的南北战略要冲;汉广陵城或在楚广陵城东北隅加筑了附郭东城,因运盐河的开凿带来了巨大的经济收益,奠定了扬州作为盐铁转运枢纽的基础;东晋时期“引江入埭,六十里至广陵城”①,并于其后又修筑了广陵城;刘宋广陵城或开设了南门,其原因当与长江北岸线南移而带来的需要加强城墙南侧的防御有关;萧梁广陵城修城甃砖的记载以及汉晋广陵城较多城砖的发现,结合唐宋时期扬州城城砖的研究结果来看,大量用砖包筑城墙的原因除了江淮之间多雨的原因之外,或也与水运交通的便利相关;隋在此地先设总管府后置江都郡,随着隋邗沟的开通和使用,扬州经济迅速再次发达,并因江都宫和东城等的营建一度具有行都的地位;扬州在唐初始为广陵地区之专称,扬州城逐渐发展为由子城和罗城两部分构成,亦即后来的杨吴都城及南唐东都,此际的扬州城或被运河南北贯穿,扬州唐罗城(本文不涉及他地的罗城,故以下略去扬州二字)的范围或为运盐河、欧阳埭、隋邗沟、唐代官(市)河一线②(扬州城南门遗址至今玉带河段已被填埋,玉带河与其北的“邗沟”南北向段似在南北一线上)、宝带河一线(原蒿草河,与其北的瘦西湖至大明寺东南段或在南北一线上)③、伊娄河、七里港河、曲江等运河的河线所框定;后周时期就唐罗城④东南隅改筑而成的周小城即后来的宋大城,南宋晚期的扬州城由宝祐城、夹城、大城构成,宋三城的城壕与壕田河⑤、堡城河⑥、魏家冲⑦、潮(漕)河、二道河一线(原保障河,与其北的瘦西湖至长春桥段、再北的夹城西城壕即今之夹城河在南北一

① (北魏)郦道元:《水经注》第235页,卷三十淮水,时代文艺出版社,2001年11月。《水经注·淮水》就“又东过淮阴县北,中渎水出白马湖,东北注之”,注解道:“县有中渎水,首受江于广陵郡之江都县,县城临江。应劭《地理风俗记》曰:县为一都之会,故曰江都也。县有江水祠,俗谓之伍相庙也。子胥但配食耳,岁三祭,与五岳同。旧江水道也。昔吴将伐齐,北霸中国,城下掘深沟,谓之韩江,亦曰邗溟沟,自江东北通射阳湖。《地理志》所谓渠水也。西北至沫口入淮。自永和中,江都水断,其水上承欧阳埭,引江入埭,六十里至广陵城。”

② 唐代的官(市)河,或即今之汶河(玉带河)。

③ 宝带河,现代地图上的名称。

④ 唐代城址有罗城者甚多,本文中的唐罗城均指扬州唐罗城,以下基本略做罗城;同理,本文中的“子城”,为扬州唐子城之略。

⑤ 壕田河,唐子城西城壕、北城壕西段及向北通向淮泗河的部分。

⑥ 堡城河,唐子城北城壕东段,东城壕北段的河道。

⑦ 魏家冲,堡城村和综合村之间的南北向河道,即南宋宝祐城遗址东侧的河道。

线上）、保障湖①和邗沟②等河道的关系较为明晰；明代扬州城进而向东南隅收缩，先后修筑了明旧城和明新城，清代则沿用明城无甚变化，明清扬州城与古运河、北护城河、小秦淮河等河道的关系一目了然。

（一）扬州城建史与运河发展史

唐宋扬州城遗址分为南、北两大部分，蜀冈之上的城址（蜀冈城址）可能始于春秋而废弃于宋元之际；蜀冈之下的部分或始筑于唐，范围逐渐缩小，沿用至明清。

从文献记载和考古发掘的结果来看，扬州蜀冈古代城址可能始于春秋时期吴之邗城，战国楚、汉、东晋、南朝时期为广陵城，隋代营建了江都宫和东城。从商周直至明清，由于长江北岸线的不断南移，蜀冈和长江之间自北向南开凿了较多的运河。从长江岸线、运河、五塘等方面梳理扬州历史水系的变迁，可以看出扬州城与春秋时期邗沟、隋代山阳渎与邗沟、唐代七里港河等运河、宋代大运河、江岸与湖泊水系等不同时期水道的关系。

1. 运河城市的诞生——邗沟与春秋吴之邗城

春秋时期的长江口还是一个喇叭形河口，喇叭湾的顶点在今仪征附近，扬州以下还是开阔的海湾，扬州以上才具江型。当时的长江北岸就在蜀冈南缘，大致在今仪征市西北的胥浦、扬州市东北的湾头和江都市东北的宜陵一线。由于水面宽阔，今扬州与镇江一带长江不能径渡，过江要到今扬州的上游，因此春秋末年吴王夫差渡江北上，也要在江南沿江西行，至“江乘”附近渡江，然后沿江北东行至今扬州一带北上。而在长江北岸，由于漫滩发育，吴王夫差即在蜀冈之下开凿人工运河邗沟③以便通行。由于蜀冈以南冲积平原还未完全形成，邗沟与江岸线距离不太远，可以依据邗沟运河开凿的路线和位置确定长江北岸的走势。④

换言之，基于长江北岸线的南移变化状况，可以认为后世开凿运河所选

---

① 保障湖，现代地图上的名称，位于宋夹城北侧，在“宋三城图”中位于宋宝祐城东南外拐角外的“德胜湖”以西。

② 邗沟，现代地图上的名称，位于宋夹城北侧保障湖以东。现代地图上的“邗沟”可分为三段：西段为东西向，从保障湖东端向东至动物之窗西南；中段为南北向，在动物之窗西南折向南至友谊新村；东段为东西向，在友谊新村转向东，注入古运河。

③ “邗沟，一名渠水，一名中渎水，一名合渎水，一名山阳浊”，参见刘文淇《扬州水道记》第2页，广陵书社，2011年3月。

④ 武廷海、王学荣：《扬州水道与城市规划建设新探》，《“扬州城考古学术研讨会”论文集》第414—432页，科学出版社，2016年10月。

河线极有可能是之前的长江故道北侧线，由此似可反证夫差于公元前 486 年所开邗沟极有可能亦是利用了之前沿着蜀冈南缘的长江故道北侧线。笔者从文献和考古发掘的角度，推测古邗沟当是沿着蜀冈东南缘的河道，在蜀冈南缘呈东西向、在动物之窗东南（即扬州蜀冈古代城址东南外拐角外）改为南北向的河道，即古邗沟或即蜀冈城址的东城壕。现代地图上的"邗沟"西段应与古邗沟相关，而中段、东段或与古邗沟无关，此河道流经唐罗城的西水门和东水门，应该是唐罗城内重要的东西向河道。

夫差所开之运河被称作"邗沟"，那么其在扼守邗沟河线的节点上所筑之城，既在邗地，又与邗沟关系密切，当然亦可称作"邗城"。至于吴之邗城的地望[①]，从目前推测的邗沟河线与周围地形的关系来看，虽然尚不能完全肯定就在蜀冈古城的范围之内，然而夫差"城邗"无疑标志着扬州这座运河城市的诞生，也奠定了扬州此后作为沟通江淮的城市的重要战略地位。

2. 盐铁经济的奠基——运盐河与汉广陵城

由于邗城与邗沟以及蜀冈下长江的位置关系，楚广陵城只能向西发展，汉代也只是向北扩建，六朝广陵城基本沿用了汉广陵城。考古发掘的成果已经证明了楚、汉广陵城的位置关系，并且明确了扬州广陵城[②]时期城墙保存最好的是汉广陵城时期的，汉广陵城的基础始筑于汉初。

汉代广陵城经历了荆、吴、江都、广陵等时期，其中吴王刘濞改筑扩建广陵城，"即山铸钱，煮海水为盐"[③]，于汉文帝元年（前 179 年）前后开始开凿茱萸湾（今湾头[④]）向东经海陵仓（今泰州市海陵区）到如皋蟠溪（东陈家湾）的运盐河，大力发展盐、铁两大专营业，使得"江淮以南，无冻饿之人"[⑤]"国用富

---

① 关于邗城地望之所在意见有分歧，各种认识及愚见，参见汪勃：《扬州蜀冈最早城址——春秋吴邗城之探寻》，扬州市文物考古研究所编《扬州考古发现与研究》，文物出版社，待刊。

② 历史上有两个广陵城，汉晋时期只有位于今扬州的广陵城，另一座广陵城位于新息的北魏东豫州广陵城。参见汪勃：《汉广陵城的研究与探寻》，《"汉代陵墓考古与汉文化"国际学术研讨会论文集》第 258—268 页，2016 年 6 月。

③ （汉）司马迁撰、（刘宋）裴骃集解、（唐）司马贞索隐、（唐）张守节正义：《史记 · 吴王濞列传》第 2830 页，中华书局，1982 年。《汉书》中作"即山铸钱，煮海为盐"。

④ 现在的湾头和扬州蜀冈古代城址东城墙南段豁口之间的直线距离约 5 为千米，按照汉代一里约合 414 或 415.8 米换算，约合汉代十二里。

⑤ （汉）司马迁撰、（刘宋）裴骃集解、（唐）司马贞索隐、（唐）张守节正义：《史记 · 货殖列传》第 3270 页，中华书局，1982 年。

饶”[①]，汉广陵发达的经济也成了反叛中央政权的经济支撑。这是广陵地区在历史上的第一次繁荣，奠定了其后扬州因盐运、漕运业兴盛的基础。随着运盐河的开通，扬州经济迅速发展，在汉广陵城与运盐河之间或许逐渐出现了聚居区，为扬州提供了向东发展的动力。

汉献帝建安二年（197 年）陈登任广陵太守期间在广陵之西所开的陈公塘，后来成为运河补水的水柜；陈登还对邗沟进行了改道（邗沟西道），从高邮直北经白马湖折向东北，由射阳湖入淮，消减了邗沟的弯度，改善了广陵港由江入淮的航行条件。[②] 邗沟西道的开通，扬州得以向北发展。

《扬州水道记》中认为《汉书·地理志》中的“江都有江水祠，渠水首受江，北至射阳入湖”之河道，乃“春秋时吴国及后建安以前邗沟通淮之故道也”；《水经注·淮水》中的“又东过淮阴县北，中渎水出白马湖东北注之”的河道，是“汉建安后邗沟达淮之故道也”[③]。

另外需要提及的是，晋穆帝永和年间（345—356 年），“江都水断，其水上承欧阳埭，引江入埭，六十里至广陵城”[④]。欧阳埭至广陵城的水道，使得扬州有了向西发展的可能。

运盐河、邗沟西道的开通使得盐运业与邗沟关联，扬州的运河网亦初现端倪，使得广陵城的经济得以迅速发展，奠定了扬州盐铁转运经济基础，也为后来隋江都宫的营造、唐淮南大都督府和盐铁转运使的设置、杨吴在此定都奠定了物质基础。运盐河的开通，是扬州城走向兴盛的重要标志。

3. 政治地位的跃升——隋邗沟与隋江都宫

隋代以前，受地理、人口等多种因素的制约，扬州城的范围基本局限在蜀冈东南缘。到了隋代，由于伐陈的需要和隋炀帝对扬州的挚爱，特别是隋邗沟（淮南运河）的开通，扬州才开始迅速发展。据《隋书》记载，开皇七年（587 年）夏四月，文帝为征伐南陈，“于扬州开山阳渎，以通运漕”[⑤]，北起山

---

① （汉）司马迁撰、（刘宋）裴骃集解、（唐）司马贞索隐、（唐）张守节正义：《史记·吴王濞列传》第 2822 页，中华书局，1982 年。

② 参见吴家兴主编：《扬州古港史》（中国水运史丛书）绪论第 7 页、第一章第 8 页，人民交通出版社，1988 年 7 月。

③ （清）刘文淇：《扬州水道记》（扬州地方文献丛书）第 4—5 页，广陵书社，2011 年 3 月。

④ （北魏）郦道元：《水经注》第 235 页，卷三十《淮水》，时代文艺出版社，2001 年 11 月。刘文淇认为“此邗沟引欧阳埭江水入运之始”（《扬州水道记》第 6 页，广陵书社，2011 年 3 月）。

⑤ （唐）魏征撰：《隋书·帝纪第一》第 25 页，中华书局，1973 年。

阳(今淮安),东南经射阳湖接邗沟,再次沟通了山阳、江都之间的运道。隋炀帝继位之后,先后迅速完成了营建东京、巡历淮海、开凿邗沟、修江都宫、建造船只等一系列“大业”。《通鉴》中有:隋炀帝大业元年(605年)“发淮南民十余万,开邗沟,自山阳至扬子入江。渠广四十步,渠旁皆筑御道,树以柳”。此邗沟由江都茱萸湾入高邮樊汊,以达于淮之始。① 扬州自此作为水运枢纽尽显优势,隋邗沟的开通,为扬州城跃升为隋炀帝之行都——江都宫打好了伏笔。

隋炀帝挚爱扬州,其《泛龙舟》诗中有:“舳舻千里泛归舟,言旋旧镇下扬州。借问扬州在何处,淮南江北海西头。”明确说明了扬州的地理位置在淮南、江北、海西;诗中用“扬州”而非“江都”,反映出在隋炀帝的内心深处,扬州就是总管府时期炀帝率军南征灭陈的“扬州”。《资治通鉴》卷一八一《隋纪五》记载:大业四年(608年)“帝无日不治宫室,两京及江都,苑囿亭殿虽多,久而益厌,每游幸,左右顾瞩,无可意者,不知所适。乃备责天下山川之图,躬自历览,以求胜地可置宫苑者”。《隋书》《大业杂记》等文献中,关于东京与江都的记载有很强的关联性。如“大业元年春,迁都未成,敕内史舍人封德彝于此置宫(指东京西苑)。又敕扬州总官府长史王弘大修江都宫,又于扬子造临江宫,内有凝晖殿及诸堂陛十余所”;(大业)五年春正月丙子“改东京为东都”;大业六年“制江都太守秩同京尹”,明确江都太守的品秩俸禄与东、西二都的长官尹相同。

隋邗沟的开凿,使得扬州位居长江与江南、江北大运河的交汇点,成为全中国南北经济交通的枢纽,也是南方钱粮输往北方的重要中转站。然而,隋代邗沟(淮南运河)过扬州城段的位置尚未确定,宝带河一线、二道河一线、唐代官河一线、古运河等现在与扬州城遗址相关的南北向河道的前身或均有与唐代官河相关的可能性。从相关文献记载和考古发掘的综合比较结果来看,笔者倾向于认为汶河一线可能就是隋邗沟过扬州城段。

以隋大运河的开通为转折点,随着南北经济的发展沟通与平衡,魏晋南北朝以来的中国经济重心南移,扬州城亦因长江北岸线的南移而得以继续向南迅速发展,扬州港作为位于长江、大运河交汇口并且靠近大海的城市,其内河航运的重要性也更加突出,扬州这座运河城市在海上交通路线和国

---

① (清)刘文淇:《扬州水道记》(扬州地方文献丛书)第8页,广陵书社,2011年3月。

际贸易上的地位也随之日益彰显。在水运交通迅速发展、国际贸易日渐扩大的同时，与之相对的汉代以来的传统丝绸之路却因阿拉伯帝国的兴起而被阻扰，加之陆路贸易运输的不便等原因，丝绸之路日渐衰落，反而促使了海上贸易的进一步繁盛。

隋大运河的开通，确立了扬州在水路交通转运中的地位，揭开了唐扬州城鼎盛的序幕。随着唐帝国的建立与兴盛，中国经济进一步发展，扬州城因其地利以及唐在扬州设立管理漕运的江淮转运使等原因而一跃成为仅次于两京的经济城市及国际都会。长江北岸线的南移给扬州城的发展带来了必要的空间，安史之乱造成的北人南迁则为扬州带来了经济发展所必需的大量人口。中国汉晋直至隋唐的历史发展，奠定了扬州城兴盛所需要的天时、地利、人和等必备条件，促成了唐罗城的出现。

4. 鼎盛时代的来临——唐罗城的出现与其周边的运河

据《旧唐书・齐澣传》，“开元二十五年(737 年)，迁润州刺史，充江南东道采访处置使。润州北界隔吴，江至瓜步沙尾，纡汇六十里，船绕瓜步，多为风涛之所漂损。澣乃移其漕路于京口塘下，直渡江二十里，又开伊娄河二十五里，即达扬子县。自是免漂损之灾，岁减脚钱数十万，又立伊娄埭，官收其课，迄今利济焉”。此邗沟运道由瓜洲入运之始。[①]

唐代文献中对唐代官河、漕河、市河的概念不十分清楚，如杜亚所述的官河亦称漕河，王播所开的官河又称市河，但总的都称漕河，这些河道都和运河相通，应是运河的一部分。唐代运河主航道的流向，据《广陵通典》所记，大体上在开伊娄河后，由瓜洲进入，自南而北过扬子桥，到大明寺蜀冈之下(即子城南濠)沿邗沟故道，折向东，贯唐罗城，到禅智寺南桥接湾头通扬运河，再折向北上，因此它的北端向东一段是和《通鉴・隋纪》“邗沟，贯今扬州城中”，《方舆胜览》引《元和郡县志》“漕河贯城中，即邗沟也”，《旧唐书・杜亚传》“濬渠蜀冈，起堤贯城”等所言是符合的。唐代运河是贯城而过，并非绕城而过，现存城南向东绕城的运河应是宋以后才另开的。[②] 尽管今之古运河与隋唐时期的运河没有关系，然而需要注意的是，唐罗城东城墙外应当也有唐代城壕。在盐阜路和泰州路(明清东城墙，其东侧即古运河)交汇口

---

① (清)刘文淇:《扬州水道记》(扬州地方文献丛书)第 12 页，广陵书社，2011 年 3 月。

② 罗宗真:《唐代扬州古河道等的发现和有关问题的探讨》，《文物》1980 年第 3 期第 21-27 页。

西侧的考古发掘中，在泰州路西侧找到了一条不晚于元代的河道；扬州唐宋城东门遗址的东台地（其东即为泰州路）的西侧也有城壕。①

唐罗城的形成，是先市后城、因市而城，子城东城壕向南延伸的河道（即唐代官河一线）成为唐罗城的中轴线，蜀冈下淤积出的大片土地、安史之乱带来的大量南迁人口，使得扬州经济继续繁荣发展，继而在蜀冈之下出现了城址——唐罗城。唐罗城的平面形状、各段城墙的位置与包含运河在内的河道关系甚为密切，而其中轴线或以隋江都宫城以南的淮南运河段规划，故呈西南—东北方向。

唐罗城在子城的南、东南方向形成，而未在子城的北、东西两侧发展，究其原因，除了传统的城市选址“相地”理论之外，还受到了蜀冈和长江之间实际地形的影响，尤其还受到了航运和漕运经济以及与之相关的运河位置的强烈影响。唐罗城的规划空间被包含运河在内的多条河道所制约，它的出现与当时经济的迅速发展密不可分，其位置、平面形状的构成（即城池范围）与其前后开凿的运河河线关系密切，唐罗城除了因地制宜规划之外，更是一个因运河而生的城市。

唐代官河沿线或有较多与漕运相关的卸货码头，故而才在唐罗城内的官河沿岸形成了“十里长街”。王建［生卒年不详，唐大历十年（775 年）进士］《夜看扬州市》云：“夜市千灯照碧云，高楼红袖客纷纷。如今不是平时日，犹自笙歌彻晓闻。”张祜（约 785—849 年）《纵游淮南》诗曰：“十里长街市井连，月明桥上看神仙。人生只合扬州死，禅智山光好墓田。”圆仁（793—864 年）在《入唐求法巡礼行记》中描绘唐文宗开成三年（838 年）除夕之夜的扬州为：“道俗共烧纸钱，俗家后夜烧竹与爆，声道万岁。街店之内，百种饭食，异常弥满……”9 世纪初开始的扬州城沿运河商业街之繁华程度，通过这些诗歌文献可见一斑。

唐代扬州在雄厚的经济条件下，扩大城市建设，城市覆盖蜀冈上下，成为控制东南的一个重镇，经济活动十分繁盛，达到了鼎盛时期，其规模仅次于长安、洛阳而为全国第三大城市。唐扬州城既受京城规划的影响，又具地方城市特色，有以运河为中心围筑城池、城内桥梁众多、交通水陆并行等诸

① 盐阜路和泰州路交汇口处的发掘资料尚未发表；扬州唐宋城东门遗址城壕参见中国社会科学院考古研究所、南京博物院、扬州市文物考古研究所编著：《扬州城遗址考古发掘报告 1999—2013 年》第 174-175 页、图版七四 2，科学出版社，2015 年 9 月。

多南方城市特色。经济社会的发展带来了城市形制的转变，扬州城在唐代中、晚期迅速发展，唐罗城具有从中古封建封闭型里坊制城市，向以经济生活为主的开放式城市格局过渡的特征。

五代后梁到南唐时期敦煌僧人范海印和尚瞻礼各地佛寺和名山胜迹的记录《诸山圣迹志》中说，扬州“都城周围六十余里，四面十八门。南北一连，十字江水穿过。东西十桥，南北六桥。凡一桥上，并是市井。林园地宅连翼甍，战桡楼船窥翳渚”①，可见扬州的城、水、桥、市井等南方城市的特征，给他们留下了非常深刻的印象。

5. 运河城市的延续——南宋三城与潮（漕）河

后周、北宋时期的扬州城只是一个地方小城，宋大城（即周小城）筑于唐罗城东南隅。宋大城北为潮（漕）河，西城壕利用了二道河，东、南则沿用了唐城。宋大城东侧的城壕，或与唐罗城东城壕、明清古运河都有关联。

据《宋史·河渠志》记载：宋真宗天禧二年（1018 年），“江淮发运史贾宗言‘诸路岁漕，自真、扬入淮、汴，历堰者五，粮载烦于剥卸，民力罢于牵挽，官私船舰由此速坏。今议开扬州古河，绕城南，接运渠，毁龙舟、新兴、茱萸三堰，凿近堰漕路，以均水势，岁省官费十数万，功役甚厚。’明年，役既成，而水注新河，与二堰平，漕路无阻，公私大便”。又，《宋史·真宗纪》：天禧三年（1019 年）六月，浚淮南漕渠，废三堰。四年（1020 年）春正月丙寅，开扬州运河。此扬州运河废三堰，开新河，即今城南有运河之始。② 说明北宋时期的真扬运河开在城南，不再贯穿城市。换言之，从唐七里港河开通开始，漕运开始少走城内；从北宋真扬运河开始，加之宋大城城池的缩小，漕运已经基本不过城内了；而到了南宋时期，由于政治中心移至江南，江淮之间兵燹频仍，漕运衰微，使得隋唐大运河扬州段缺少疏浚整治。

南宋时期的扬州城有多次修建，并于南宋晚期形成了大城、夹城、宝祐城的三城格局。然而，与其前各代修城开河不同的是，南宋修建扬州城的目的基本上是为了防御金、元的进攻，而并非城市向外发展的扩张。因此，扬州的宋城与唐城相比显得城圈小而城墙相对较厚，城壕更宽。夹城为南宋晚期新筑，其东、西两侧的城壕均当为修城而新开挖的城壕；宝祐城则是在

---

① 中国社会科学院历史研究所、中国敦煌吐鲁番学会敦煌文献编辑委员会、英国国家图书馆等：《英藏敦煌文献（汉文佛经以外部分）第 2 卷》，四川人民出版社，1990 年。

② （清）刘文淇：《扬州水道记》（扬州地方文献丛书）第 25 页，广陵书社，2011 年 3 月。

南宋宝祐年间收缩至堡城西半，其东侧城壕为新开挖城壕。

宋金、宋元战争，使得江淮之间的河道成为水战的战场。扬州南宋时期城砖上的模印文字中，除了地名、人名之外，还有包含"水军"名在内的大量扬州及其周边地区的军名，如扬州的武锋军、精锐军、宁淮军、武定军、义士左军、水军，六合的忠勇军，仪征的"真州第一将"，高邮的忠胜军、中军、炮弩手，宝应的右军，镇江的武锋军、都统司左军和后军、游奕军、精锐军、敢勇军、水军，泰州的前军、后军，泗州的招信军，建康都统司的中军、后军，宣州的采石水军，池州的池司左军，其他还有殿司戍军、马司中军、禁军、御前后军、御前水军等侍卫军名类以及淮东水军、雄边军、雄胜军、强勇军、敢勇军、忠勇军、忠信军、炮弩手、精锐军、涟水军等地方军名。①

6. 再度迎来的繁华——明清新旧城与古运河

明代扬州城进而收缩至宋大城的东南隅，先后修筑了明旧城和明新城，清代沿用明城。明清扬州城的北城壕（现在的北护城河）、小秦淮河贯通的时代可能较晚②；而明新城的东城墙东移至泰州路一线，南城墙则沿用了宋城，因此明新城的东、南城壕明确为今之古运河。"开自二里桥河口起入，西折而东，从姚家沟以入旧河"的"宝带新河"，或即扬州城南运河之新河湾也③。

明清时期的扬州城虽然再度繁华，然而已今非昔比，与汉广陵城、隋唐扬州城那样的都邑甚至国际大都会是不可同日而语的。随着海运业的迅速发展，扬州漕运、盐业的发达可谓只是由于中央政府所赋予的特权而带来了经济的繁荣和财富的聚集，自创辉煌的成分甚少，特别是清代扬州盐商的繁荣之下浸透了奢靡与无奈，因此明清时期扬州城的繁华可谓只是迎来的繁华。

综观扬州城与运河的发展历史可知，扬州城的始建、发展、繁荣、收缩、

---

① 汪勃：《扬州城遗址出土唐宋城砖铭文内容之研究》，扬州博物馆编《江淮文化论丛》第 156-176 页，文物出版社，2011 年 12 月。

② 小秦淮河过扬州城南城墙处有明清时期修建的水关设施遗存（扬州市文物考古队 2003 年 8 月发掘资料。参见汪勃：《扬州城遗址考古发掘与研究 1999—2015 年》，《"扬州城考古学术研讨会"论文集》第 49 页，科学出版社，2016 年 10 月），结合扬州明城墙修建文献，推测该水关为明代修建，清代有修缮。然而，此水关的时代并不能确定小秦淮河出现的时间。

③ （清）刘文淇：《扬州水道记》（扬州地方文献丛书）第 49 页，广陵书社，2011 年 3 月。至于宝带河、新河是两条河还是一条河，因与本文宗旨无关，不做探讨。

衰落与运河的发展息息相关，有着极为密切的关系，扬州城是个因运河而生、因运河发展、因运河繁荣、因漕运衰微而走向衰落的城市；扬州城建史与运河发展史有着极为密切的关系，运河是造就扬州城的母亲河。

（二）扬州城的城市文化与运河

扬州城的城建历史，实际上也是一部政治经济发展史的缩影。扬州的城市文化也因此在不同的历史时期有所不同甚至迥异，与国家王朝的兴衰更替有着密切的关系。扬州城的出现、发展、兴盛，与运河的开凿、南方经济的发展、人口的南迁等诸多因素紧密关联。在中国历史上的大一统时期，几乎都曾达到过兴盛乃至鼎盛；而在分裂或割据的时期，则多次出现城市功能的转型。扬州城市文化多元性，与运河有着密不可分的关系。

春秋时期吴之邗城，是一座因战争的需要、邗沟的开凿而出现的堡垒型城池。

战国时期的广陵城先后成为吴、楚、越争夺的战略要地；汉之吴王刘濞开漕运、运盐铁，经济的发展给统治者无限膨大的统治欲望提供了物质基础，引发了七国之乱，然而却奠定了扬州开始兴盛的基础；东晋时期的五胡之乱使得北人南迁，而南方城市人口的增多却促进了城市的发展；刘宋至萧梁时期，不管其称谓如何，泱泱中华处于南北分裂时期，然而扬州却得以继续稳步发展。广陵，这一令人感伤情怀的称谓，奠定了扬州城文人墨客风花雪月的基调。

隋江都作为一个运河交通的枢纽城市，是将东南财物调度至北方的重要中转站，具有极其重要的战略地位，因其规模远非一般地方城市所能比拟而被归类为都城级的城市。[①] 隋炀帝时期的江都下辖16县，既有江都宫城且宫城门均有名称，又有东城、诸多的宫苑建筑，再加上隋炀帝墓，可谓是初具都城规制的“行都”。隋炀帝对扬州的笃爱、隋邗沟（淮南运河）的开通，使得扬州迅速发展，奠定了唐代第三大城市的基础，成就了唐扬州城在历史上的鼎盛和辉煌。尽管隋炀帝征伐高丽、开凿运河、急于求大成，超越时代的思维和做法最终导致众叛亲离，史籍中的隋炀帝急功近利且甚为暴戾，然而对于扬州而言，没有隋炀帝和淮南运河也就没有唐代扬州的兴起。

---

① 宿白：《隋唐城址类型初探（提纲）》，《纪念北京大学考古专业三十周年论文集》第279-285页，文物出版社，1990年6月。

唐代的扬州城因其经济、文化的繁盛，作为中国古代文明巅峰期的地方城市成为东亚地区中古时期的一个国际大都会。思想文化的传播、技术与人（工匠）的交流，是物质文化得以迅速发展的关键因素。安史之乱造成的北人南迁，给扬州带来了发展所必需的劳动力、技术和人口以及文化思想等多种必备条件。从唐武德到天宝，扬州人口急剧增加了近5倍，其原因当与扬州的交通便利不可分离，而长江北岸线的南移不但给人口增加所带来的资源需求提供了必需的土地和空间，而且还促成了伊娄河、七里港河等多条运河的开凿。历史发展中的数个偶然，促成了唐扬州城走入鼎盛的必然。

后周、北宋初年的扬州城，与东晋南北朝时期的广陵城同样，虽然只是一个地方城市，却因其地理位置而成为南北方政权争夺的要地，也是北宋至东京的漕运线路上的关键节点。尽管南宋时期漕运衰微，然而扬州作为宋金、宋元战争的军事桥头堡，其战略位置凸显。南宋时期的扬州受战争形势所迫曾多次修造城池，最终形成了河道纵横、以防御为主的“宋三城”格局，构成一个整体防御工事，达到了易守难攻的军事防御目的。

扬州各个时期的城池显现出了运河与城的紧密联系和相互作用，城防体系依从自然合理巧用反映出古代先民在城市规划建设上因地制宜科学建城的水平和成就。扬州城遗址的沿革发展，反映出作为“城”“市”“河”的文化脉络。唐罗城是因“市”而“城”，而汉广陵城、明清扬州城则充分体现出了因“河”有“市”的特点。

二、扬州城与海上丝绸之路——唐代中日文化交流事例

丝绸之路的东端在洛阳，隋唐大运河将其延伸到了扬州。隋唐时期的扬州城位处隋唐大运河和扬子江交汇口的西北部，其地在汉时接近海口，在唐代也较现在更靠近海口。随着隋邗沟的开通、唐代水路运输的迅速发展以及古代造船技术的提高，扬州发展成为一个重要的物资集散转运港口。

（一）海纳百川——唐扬州城遗址出土中外文化交流相关文物

《新唐书·地理志五》中记载扬州土贡有“金银”，然而扬州没有金银矿，赵璘《因话录》卷三中记载有从洛阳“持金鬻于扬州”的故事，圆仁《入唐求法巡礼行记》中也有唐开成三年（838年）十月十四日在扬州卖“砂金”的记载，扬州所贡金银当是从外地运采而来，在扬州手工业作坊中熔铸成一定的式

样进贡。[①] 扬州三元路(今文昌中路)西首曾出土了栉、戒指、耳坠、挂饰、串饰等一批精美的唐代金首饰。[②] 成书于13世纪日本镰仓时代的《平家物语》(记叙了1156—1185年间源氏与平氏的政权争夺)中也有"扬州之金",从一个侧面反映出了日宋贸易给平氏带来了巨万财富[③],这里的"扬州之金"指的也应当是熔铸于扬州的黄金。[④]

唐代扬州城没有瓷窑,不出产瓷器,然而城址中出土的瓷器或瓷片几乎涵盖了当时所有的瓷器窑口,而且还有远销中东的唐青花瓷、从西亚输入中国并传至日本的孔雀蓝釉陶器(见表1)。特别是文化宫遗址出土的唐代遗物极为丰富,除了各种窑口的陶瓷器之外,还有唐青花瓷片、西亚釉陶器、玻璃器等。[⑤] 唐宋时期流入扬州的陶瓷器的窑口,既有距离较近的宜兴窑、寿州窑、繁昌窑,也有稍远的越窑、洪州窑、景德镇窑(系)、龙泉窑,还有较远的黄堡镇窑/耀州窑、巩县窑、磁州窑、定/邢窑、临汝窑、长沙/铜官窑、均窑、建窑、吉州窑等,这些窑址大多位处长江或运河沿线。扬州城遗址中出土瓷片的窑口,不仅充分说明了唐宋时期的扬州是一个陶瓷器贸易的集散地,同时也展现出了扬州城与黄河流域、长江流域、隋唐大运河等水上物流运输的密切关系以及8世纪以后水运的迅猛发展,唐青花瓷和西亚釉陶器的出土,反映出了唐代扬州国际贸易的兴盛。

唐青花瓷片是研究唐青花起源的珍贵资料,迄今为止扬州城依然是唯一出土该类瓷片的城址。目前所知扬州城遗址出土唐青花瓷的地点,有江

---

① 卞孝萱:《唐代扬州手工业与出土文物》,《文物》1977年第9期第125-132页。

② 徐良玉、李久海、张荣生:《扬州发现一批唐代金首饰》,《文物》1986年第5期第68-69、77页;徐良玉主编:《扬州馆藏文物精华》第81-82页图96-97、"文物说明"第17页,江苏古籍出版社,2001年。

③ 河添房江:《唐物の文化史——舶来品からみた日本》(岩波新书1477)第101-103页,2014年3月,岩波书店。

④ 《尚书·禹贡》中的"扬州",为禹划九州之一,虽也包括广陵地区(今扬州),但其地望大约包括今江苏、安徽、江西、浙江、福建和广东的一部分;西汉、魏、吴、两晋和南朝时期的扬州也都是较大的行政区,治所在寿春或金陵,均不在广陵,故《尚书·禹贡》中的"扬州"不能与隋唐之后的扬州混为一谈。

⑤ 中国社会科学院考古研究所、南京博物院、扬州市文物考古研究所:《扬州城1987—1998年考古发掘报告》第134-203页、图版七四——四八,文物出版社,2010年7月。

表 1　扬州城遗址唐—明地层中出土唐宋元时期陶瓷器窑口/产地概览表

		窑口/产地遗址 名称/位置	宜兴窑	景德镇窑系	长沙/铜官窑	越窑	龙泉窑	寿州窑	吉州窑	磁州窑	巩县窑	定/邢窑	洪州窑	黄堡镇/耀州窑	均窑	建窑	临汝窑	繁昌窑	唐青花	三彩器	西亚釉陶器
蜀冈古代城址	1	1975 年考古工作简报	○	○	○	○		○					○							○	
	2	手工业作坊窑		○																○	
	3	宝祐城东城墙								○											
	4	唐代水井(YZJ1)	○	○																	
	5	北城墙中段西段连结处		○									○								
	6	北城墙东端西侧豁口	○										○								
	7	西城门外北侧主城壕		○																	
	8	西城门北侧主城墙											○								
	9	西城门外挡水坝		○			○		○	○											
	10	城墙东南外拐角	○	○			○	○	○				○								
	11	十字街西北隅	○	○	○	○	○	○	○		○					○					
蜀冈下城址	12	扬师第二次发掘																			
	13	七八·二工程	○		○	○		○													
	14	三元路工地		○			○		○	○	○	○									
	15	毛纺织厂古漕河		○			○	○	○	○				○		○					
	16	北城墙 YLG4	○			○		○					○								
	17	西城墙 YLG3	○		○		○														
	18	南城墙中段 YLG1	○	○	○	○	○			○		○		○	○					○	

续表

		窑口/产地遗址 名称/位置	宜兴窑	景德镇窑系	长沙/铜官窑	越窑	龙泉窑	寿州窑	吉州窑	磁州窑	巩县窑	定/邢窑	洪州窑	黄堡镇/耀州窑	均窑	建窑	临汝窑	繁昌窑	唐青花	三彩器	西亚釉陶器
蜀冈下城址	19	南城墙东段 YLG5	○																		
	20	唐罗城 8 号西门	○		○	○					○										
	21	唐罗城水涵洞	○		○	○		○			○	○									
	22	宋大城西城墙与明旧城西北角	○	○	○	○	○	○	○	○		○			○						
	23	宋大城西门		○	○	○	○	○	○	○		○		○	○		○				
	24	文化宫	○	○	○	○	○	○	○	○	○	○	○	○			○	○	○	○	○
	25	新华中学	○	○	○	○	○	○	○	○	○	○	○	○	○	○	○				
	26	开明桥	○	○			○		○	○				○	○	○	○				
	27	大东门街	○		○	○		○			○	○									
	28	石塔西路	○		○	○		○			○	○								○	
	29	唐宋城东门	○	○	○	○	○		○	○	○					○		○	○	○	○
	30	宋大城北门和北水门	○	○	○	○	○	○	○	○	○				○			○			
	31	太子冈	○	○	○		○		○	○		○	○								
	32	唐罗城西南角	○	○	○																

注：1987 年以前的资料据《扬州唐城考古与研究资料选编》，1987—2013 年的资料分别据《扬州城：1987—1998 年考古发掘报告》《扬州城遗址考古发掘报告 1999—2013 年》，2014 年迄今的资料据扬州唐城考古工作队 2015 年以后发表的相关考古发掘简报。

苏农学院工地、三元路、文化宫、唐宋城东门遗址①，集中在唐罗城中心的繁华区（亦为现在的繁华区，文昌中路一线）。扬州出土唐青花瓷片的窑口推定为巩县窑，黄冶窑址中发现的唐青花瓷片②确认了唐青花瓷器的产地是黄冶窑。黄冶窑与扬州出土青花瓷片的关系或与淮南运河极为密切，大运河的开通对于当时社会经济文化的发展具有重要的推动作用。印尼海域"黑石号"沉船中的 3 件唐青花瓷盘③以及中东地区唐三彩、唐青花彩釉仿制品（白釉单彩釉陶器上蓝色、绿色的纹饰）④的出现，说明唐青花瓷可能为外销瓷，因此在国内很少发现。

西亚伊斯兰孔雀蓝釉陶器在唐罗城遗址的唐代中、晚期地层中也有较多的出土，如文昌阁东侧三元路一带⑤、文化宫遗址⑥、唐宋城东门遗址⑦等唐代中、晚期地层中都有出土，在扬州城南汽车修配厂还出土了完整的"翠绿釉大陶壶"⑧。这种孔雀蓝釉陶器在桂林、容县、广州、日本太宰府鸿胪馆

---

① 扬州出土唐青花瓷的遗址较多，出土地点、器形等参见李久海、王小迎：《唐青花在扬州的发现与对外友好贸易关系》（中国古陶瓷学会编：《中国古陶瓷研究》第十一辑第 403-407 页，紫禁城出版社 2005 年 11 月）、《论扬州出土的巩县窑白瓷和彩瓷》（中国古陶瓷学会编：《中国古陶瓷研究》第十五辑第 295-314 页，紫禁城出版社，2009 年 10 月）；廖永民《唐青花的造型、装饰、影响与成就》，曹建文、徐华烽《唐青花与白釉蓝彩的装饰研究》（分别见中国古陶瓷学会编：《中国古陶瓷研究》第十五辑第 329-348、365-377 页，紫禁城出版社，2009 年 10 月）；唐宋城东门遗址出土品参见中国社会科学院考古研究所、南京博物院、扬州市文物考古研究所编著：《扬州城遗址考古发掘报告 1999—2013 年》第 198-199 页、图版九六 3，科学出版社，2015 年 9 月。另外还有一些相关文章也涉及了扬州出土的唐青花瓷片（如文化部文物局扬州培训中心（张浦生、朱戢执笔）：《扬州新发现的唐代青花瓷片概述》，《文物》1985 年第 10 期第 67-71 页；顾风、徐良玉：《扬州新出土两件唐代青花瓷碗残片》，《文物》1985 年第 10 期第 77-80 页；顾风、艾明：《关于唐代青花的再研究》，《东南文化》1990 年第 2 期第 97-99 页），在此不再一一列述。

② 河南省文物考古研究院、中国文化遗产研究院、日本奈良文化财研究所编著：《巩义黄冶窑》（上册）第 271、316 页，（下册）图版二三二，5（下部青花瓷片即图版二六九，6），科学出版社，2016 年 5 月。

③ 林亦秋：《唐代宝藏——"黑石号"沉船》（《05 古陶瓷科学技术国际讨论会论文集》B—4 第 140 页，上海科学技术文献出版社，2005 年 9 月）、《从印尼黑石号沉船的唐青花说起》（中国古陶瓷学会编：《中国古陶瓷研究》第十三辑第 409-416 页，紫禁城出版社，2007 年 1 月）。

④ 程庸：《伊斯兰白地彩饰釉陶与唐三彩、唐青花》，中国古陶瓷学会编：《中国古陶瓷研究》第十五辑第 315-327 页，紫禁城出版社，2009 年 10 月。

⑤ 周长源：《扬州出土古代波斯釉陶器》，《考古》1985 年第 2 期第 152-154 页。

⑥ 中国社会科学院考古研究所、南京博物院、扬州市文物考古研究所：《扬州城 1987—1998 年考古发掘报告》第 176 页、图版一二四 1，文物出版社，2010 年 7 月。

⑦ 中国社会科学院考古研究所、南京博物院、扬州市文物考古研究所编著：《扬州城遗址考古发掘报告 1999—2013 年》第 198 页、图一二五 4、图版九六 3，科学出版社，2015 年 9 月。

⑧ 以上参见周长源：《扬州出土古代波斯釉陶器》，《考古》1985 年第 2 期第 152-154 页。徐良玉主编：《扬州馆藏文物精华》第 73 页图 88、"文物说明"第 15 页，江苏古籍出版社，2001 年。

和西大寺遗址亦有出土，或与西亚商人有关。[①] 当时，由中国东南沿海的港口北上内陆地区的外国人及其商品，多要经过扬州。[②] 另外，唐扬州城遗址出土的伊斯兰玻璃器[③]也是反映唐与西亚交流的重要文物，从侧面反映出当时的扬州抑或也是一个国际贸易的中转站。

日本鸿胪馆曾出土数量较多属于9世纪之后的孔雀蓝釉陶器小陶片[④]，太宰府遗址出土的唐代绿釉陶器及其附近出土的唐三彩、绞胎陶枕和二彩水注等器物都和近年扬州的出土物近似[⑤]，平城京内奈良时代所建西大寺内中亦出土有孔雀蓝釉陶碎片[⑥]。据《续日本纪》记载，天平八年（736年）八月庚午"入唐副使从五位上中臣朝臣名代等，率唐人三人、波斯一人拜朝"[⑦]。这里的"波斯人"或是对来自大食境内古波斯地域之人的称谓。推测日本出土的这种釉陶壶或是从海路经由中国后再随遣唐使船或因民间贸易传到了日本，可能与扬州有关，是研究海上交通贸易的重要文物。

可见，唐宋时期的国际贸易，不再是以中国单向输出为主，而是双向甚至多向的。此时用作贸易的商品除了陶瓷器、金银器之外，还有传统的丝绸、茶叶、香料等。另外，传统的丝绸之路与政治和战争的关系甚为密切，而8世纪末开始盛行的海上丝绸之路伊始之际几乎是纯贸易性质的。

（二）东渡西来——唐扬州城与鉴真和圆仁

天平十四年（742年），荣叡、普照作为天平遣唐僧渡唐，招聘能正式授戒的僧侣随道璿等乘遣唐使船赴日，然而授戒必需的高僧数目不足，二人滞留于唐并在同年与鉴真在扬州大明寺相见。鉴真接受东渡的邀请，第六次东

---

① 汪勃：《再谈中国出土的唐代中晚期至五代之西亚伊斯兰孔雀蓝釉陶器》，《考古》2012年第3期第85-96页。

② 顾敦信：《扬州在唐代国际交往中的地位》，《海交史研究》1982年第4期第5-11页。

③ 中国社会科学院考古研究所、南京博物院、扬州市文物考古研究所：《扬州城1987—1998年考古发掘报告》第178-179页、图四一九、图版一二五，文物出版社，2010年7月；中国社会科学院考古研究所、南京博物院、扬州市文物考古研究所编著：《扬州城遗址考古发掘报告1999—2013年》第206-208页、图一二一7、图版九八5，科学出版社，2015年9月。

④ （日）田中克子著、黄建秋译：《鸿胪馆遗址出土的初期贸易陶瓷初论》，《福建文博》1998年第1期第31-39页；福冈市教育委员会：《史迹　鸿胪馆迹》，2004年1月。

⑤ 蒋华：《扬州和唐津》，《海交史研究》1982年第4期第12-14页。

⑥ 奈良市埋葬文化财调查中心发布，《イスラム陶器：うれしい誤算、大発見　西大寺旧境内から8世紀の陶器》，《每日新闻》（地方版/奈良）2009年7月4日第23页；《イスラム陶器：日本最古　平城京跡で発見》，《大阪朝刊》2009年7月4日第1页。

⑦ 青木和夫等：《续日本纪》第302页，岩波书店，1990年9月。

渡成功搭乘遣唐使的第二船于天平胜宝五年(753 年)到日本,鉴真东渡详细经过可见于《唐大和上东征传》。该书中还留下了第二次(743 年)和第六次计划带到日本的物品记录,第二次准备的物品中有经卷、佛像、佛具、日用品、香料和药材等,其中香料有“麝香、沉香、甲香、甘松香、龙脑香、胆唐香、安息香、栈香、零陵香、青木香、熏陆香”等,而法隆寺的《伽蓝缘起并流记资财帐》(747 年)中出现的“白檀、沉水香、浅香、丁子香、安息香、熏陆香、甘松香、枫香、苏合香、青木香”等,与鉴真第二次出国时准备的香料重合的较多。①

日本清河天皇贞观十六年(874 年)多治比安江到中国求“香药”,唐乾符四年(877 年)六月经由南线航路,在台州乘中国崔铎的海船返日,带回去很多的香药和货物。② 唐代诗僧皎然《买药送杨山人》诗作:“华阴少年何所希,欲饵丹砂化骨飞。江南药少淮南有,暂别胥门上京口。京口斜通江水流,斐回应上青山头。夜惊潮没鸬鹚堰,朝看日出芙蓉楼。摇荡春风乱帆影,片云无数是扬州。扬州喧喧卖药市,浮俗无由识仙子。河间姹女直千金,紫阳夫人服不死。吾于此道复何如,昨朝新得蓬莱书。”这个“喧喧卖药市”中的“阿魏”“安息香”“龙脑”与“苏方木”等,大都来自“番舶”中的“波斯邸”。③ 由此可见,当时的扬州是一个兴隆的香药市场。在唐罗城中心的文化宫遗址、宋大城西门外出土的石或陶瓷质地的碾轮和碾槽,或与制药炼香有关。④

唐和日本之间交通的中线和南线都要经过扬州⑤,日本文武天皇大宝元年(701 年)开始的遣唐使多由海路入长江口抵达扬州,然后经运河北上长安。如第十次遣唐使在唐天宝十二年(753 年)、第十二次遣唐使准判官羽栗翼于唐大历十二年(777 年)就到过扬州。特别是于唐开成三年(838 年)由海路到扬州,先到扬州大都督府投递文书,大都督府长史驿报朝廷,得到朝廷的回报后,才能沿着运河北上京师,九月底淮南节度使李德裕在“水馆”⑥

---

① 参见河添房江:《唐物の文化史——舶来品からみた日本》(岩波新书 1477)第 21-24 页,2014 年 3 月,岩波书店。

② 朱江:《海上丝绸之路的著名港口——扬州》第 70 页,海洋出版社,1986 年 9 月。此处的“贞观”年号并非唐之年号。

③ 蒋华:《鉴真和尚和唐代扬州》,《扬州师范学院院报》1979 年 1 月第 168-170 页。

④ 中国社会科学院考古研究所、南京博物院、扬州市文物考古研究所:《扬州城 1987—1998 年考古发掘报告》第 180 页、图一五〇 3、图版一二六 2,文物出版社,2010 年 7 月;南京博物院、扬州博物馆、扬州师范学院发掘工作组:《扬州唐城遗址 1975 年考古工作简报》,《文物》1977 年第 9 期第 21 页。

⑤ 参见王仲荦:《隋唐五代史》第 764-765 页,上海人民出版社,1988 年 6 月。

⑥ 李绅有诗名《宿扬州水馆》,《全唐诗》卷 482-22,第 5488 页。

为其饯行。

最后的遣唐使、承和遣唐使于唐开成三年(838 年)第三次渡海才成功入唐,圆仁(793—864 年)作为留学僧同行,其《入唐求法巡礼行记》[①]卷一中就记载有在扬州的旅程、见闻等,试举 3 例与唐扬州城相关的记录如下:

1. 就扬州城的规模有:“扬州节度使领七州:扬州、楚州、庐州、寿州、滁州、和州、(舒州)也。扬州有七县:江阳县、天长县、六合县、高邮县、海陵县、扬子县、(江都县)也。今此开元寺,江阳县管内也。扬府南北十一里,东西十里。”

关于唐扬州城的规模,除了圆仁的记载之外,还有如下几种:《诸山圣迹志》中说扬州“都城周围六十余里”;北宋沈括(1031—1095 年)《梦溪笔谈·补笔谈》中记为“南北十五里一百一十步,东西七里三十步”;南宋末年扬州人盛如梓著《庶斋老学丛谈》中说“其城即今宝祐城,周三十六里”。

目前,扬州唐城的范围较为明确,唐子城城墙的实测长度,约为东 1600 米、南 1900 米、西 1400 米、北 2020 米,周长 6920 米;唐罗城墙城墙的长度,约为东 4200 米、南 3100 米、西 4100 米、北 1470 米(不含子城南墙长度),周长 12870 米(表 2);子城、罗城外围周长约为 18069 米。若用唐代一里=450 米换算,圆仁所记“南北十一里,东西七里,周四十里”,则为南北 4950 米、东西 3150 米、周长 18000 米。可见,圆仁所记东西(罗城南城墙长度)、周长与实际较为接近,而南北相差 400 余米。

2. 就唐罗城东水门有:“自桥西行三里,有扬州府。大使为通国政,差押官等遣府迟来,申时发去。江中充满大舫船、积芦舡、小船等不可胜计。申毕,行东郭水门。酉时,到城北江停留。”

沈括《补笔谈》中亦有“河流东出,有参佐桥(今开元寺前),次东水门……”该“东水门”当即唐罗城最北东城门北侧的水门,门址已荡然无存,唯河迹尚在。该条记录中对江中船只的描述,反映出了扬州水运的繁忙。

3. 唐扬州城有僧尼寺院四十余所,圆仁在扬州时居开元寺等,对于寺院遗址的考古发掘工作有一定意义。至于其在开元寺从薰廿一郎听说“从开元寺正北,有扬府……”,“开元寺”与“扬府”的位置关系当属于道听途说,不足为信。

---

① (日)圆仁:《入唐求法巡礼行记》,广西师范大学出版社,2007 年 12 月。

从扬州蜀冈古代城址、蜀冈下唐至明清时期城址的城池与历代相关运河的关系来看，扬州城的出现、发展及其不同时期的城池与邗沟的开凿、长江北岸线南移所带来的历代开凿运河所选择的河线位置有着非常密切的关系。

扬州城是一座因运河而生并因运河几度兴盛的城市，出自扬州的黄金、陶瓷器等与中外文化交流及海上贸易或水运相关的文物，与扬州城相关的能够展现中日文化交流的鉴真、圆仁等人物及其与扬州城相关的记载，从侧面说明了汉唐时期扬州城在东亚所占据的地位，反映出了当时海上贸易的兴盛和水运的发达。

隋唐时期的扬州城作为当时的一个国际性大都会，不仅是隋唐大运河乃至国内水运关键节点和商业中心城市，也是一个丝绸之路和海上丝绸之路联结点上的国际贸易中转站式的重要港口，还是中日文化交流得以深入展开的港口平台之一。

作者简介

汪勃(1970—)，男，中国社会科学院考古研究所研究员，学术研究以中国汉唐考古学研究为中心，兼及中日文化比较研究，主要就池苑、水门和水关、铜镜、瓦当、扬州城遗址、古代日本与汉唐文化的关系等进行研究。

古代中国海上贸易瓷的宗教文化交流

王怡苹

摘　要：贸易瓷是古代海上丝路重要的经济商品之一，由目前发现的古代沉船以及各国公布的中国古代陶瓷标本考古材料来看，以贸易瓷为载体的宗教因素题材丰富，包含了东方的佛教、道教，西方的伊斯兰教、基督教等，见证了古代中西海上交通、经济市场的逐步发展成熟和中西宗教文化交流、文化传播的见证。

关键词：古代中国；贸易瓷；宗教文化交流

前　言

自20世纪30年代起，国内的陶瓷研究学者已开始关注古陶瓷对外销售、传播的问题，如陈万里先生以古文献、国外论文专书和考古材料互为考证所撰述的《青瓷的对外输出》《再谈明清两代我国瓷器的输出》①；早年旅居新加坡的韩槐准先生则以传播至海外的中国古陶瓷为研究对象，根据其调研在20世纪50年代的《南洋学报》第二、六、十、十一卷陆续发表了《琉璃珠及瓷珠之研究(我国古代市易南洋物品之一)》《中国古陶瓷在婆罗洲》等一系列专文；叶文程、冯先铭、王文强等专家学者则在20世纪后期，在古陶瓷对外传播上积累了一定的研究成果。古陶瓷在海外传播研究起步虽早，然在中国古陶瓷研究上，关于外销瓷、外贸瓷的研究议题，在21世纪前与古窑址的考察、古文献、古代制瓷工艺等研究工作相比，实为古陶瓷史研究中较为薄弱的一环。

21世纪前后，中国古陶瓷对外传播研究上有了一定的突破，以历史时期的分期、个别地区或窑口生产、陆上丝路传播、个别帝王或朝代等研究成果

① 陈万里：《陈万里陶瓷考古文集》，紫禁城出版社，1997年9月。

多见，目前又结合了文化遗产、海上丝路、海洋文化等课题进入了多元性、崭新的研究范畴。而古代借由海洋传播于海外的古代瓷器上所呈现的宗教文化传播和交流问题，尚未见有全面性的专论探讨，本篇则借鉴前人学者个别专论研究以试述之。

一、外销瓷、贸易瓷与海洋性瓷业

中国古代手工业制瓷产品的使用和流通十分普遍，据目前考古出土的相关材料、古文献资料、专著考证，中国最早形成对外传播的商品经济瓷器应是在唐代。[①] 对于早期学者惯用的“外销瓷”看法，近年的研究中有学者在关于东南海洋性陶瓷贸易体系研究上认为：“外销瓷”其核心是“外销”，强调古代瓷器输出国外，且外销还有陆路外销和海路外销的差别；“贸易陶瓷”强调陶瓷的商品“交易性质”。他认为两者实际上都无法真实反映海洋性陶瓷以海洋为媒介、以输出海外为目的的海洋性瓷业格局。[②] 关于“外销”和“贸易”一词的使用，是当代研究者借用了商业专门用语使用于古陶瓷研究上的，两者有着本质上的不同。商业上“外销”为一国或一地区生产的商品在外国或外地区市场上销售。“贸易”最原始的形式则是以物易物，即直接交换货品或服务，再进一步为平等互愿的前提下于交易市场里进行的货品或服务交易，其中一个国家（或地区）以海运为主的对外贸易又称为海外贸易。唐代时面对海外传播所生产的瓷器，以古窑址调查研究其生产模式和对海外销售方式，上述分析是较为贴近“贸易”商品的经济行为模式，所以笔者认为古代对海外传播生产的商品性瓷器应称为“贸易瓷”，较符合当时的交易模式。另一点值得关注的是，古代海上贸易瓷已是商品经济（Commodity Economy）形态，其具备了商品经济的特色：（1）直接以商品生产和商品交换为目的的经济形式；（2）手工业从农业中分离并进一步扩大；（3）有商品经济的重要媒介“商人”出现。[③] 古代海外传播的瓷器在不断的发展下，明清时期形成了中国瓷器商品与海外商品之间交换由市场进行资源调配形成的市场

---

① 霍华：《携来世界曾游——外销瓷漫谈》，《东南文化》，2003年12期，82页；李知宴：《从唐代陶瓷的发展看中国和亚非国家的关系》，《中国历史博物馆馆刊》，1985年第7期，53页。

② 吴春明：《中国东南海洋性陶瓷贸易体系发展与变化》，《中国社会经济史研究》，2003年第3期。

③ 刘立平：《国际贸易：理论与政策》，中国科学技术大学出版社，2010年。

经济，而市场经济是商品经济发展的高级阶段，而此一发展应是未来研究海外瓷器应关注的商业经济文化问题。

在“安史之乱”爆发前，中国古代东西之间的贸易与文化交流多依赖汉朝开通的“陆上丝绸之路”。① 唐天宝十四年（755 年）“安史之乱”后，边疆邻国的大食则借机占据了中、西亚，吐蕃人则乘机控制了陇右和河西，因此中原到西域之间的陆路贸易因战祸连绵而“道路梗绝，往来不通”；同时期，国内的经济重心因北方受到战事严峻的波及而开始南移，出现如广州、扬州、明州等新兴的商业贸易城市，东南沿海地区受到重视而重新开展。在敦煌323 石窟的南壁绘制了唐初的合浦城、交州城所反映的唐代高僧利用海上交通渡海求法的盛况，《大唐西域求法高僧传》中记录在公元 641—689 年共有60 位高僧西行求法，其中从海路到印度者有 38 位。《通典》卷一八八《边防四》载：“大唐贞观以后，声教远被，自古未通者，崇译而至，又多于梁、隋焉。”②随着唐朝兴起的海上贸易航道，延续到了宋代以后，由朱彧撰写的《萍洲可谈》记载了关于宋代海外贸易、市舶司管理情况，卷二载：“船舶深阔各数十丈，商人分占贮货，人得数尺许，下以贮物，夜卧其上。货多陶器，大小相套，无少隙地。”“富者乘时畜缯帛陶货，加其直，与求债者计息，何啻倍蓰”。③ 内文说明了北宋陶瓷的海外贸易更胜于唐代，销售数额业已不少是一项可图厚利的商业交易，因此商人不惜以陶瓷囤积居奇。《宋史·食货志》载：“开宝四年（971 年）置市舶司于广州，后又于杭州、明州置司，凡大食、古逻、阇婆、占城、渤泥、麻逸、三佛齐诸蕃，并通贸易，以金、银、缗钱……精粗瓷器、市易香药、犀……等物。”到了南宋时期，赵汝适《诸蕃志》中载录了56 个与南宋有海外交通贸易的国家和地区，然繁盛的海上贸易也带来了国内的另一项隐忧，《宋史·食货志》载：“宁宗嘉定十二年（1219 年），臣僚言，以金银博买，泄之远夷为可惜。乃命有司止以绢帛、锦绮、瓷器之属博易，听其来之多寡，若不至则任之，不必以为重也。”因与海外贸易而造成当时国内铸币的严重外流，导致紧张的钱荒，为了防止国币流入海外，政府规定凡外

---

① 1887 年德国地理学家李希霍芬将丝绸之路的开通定于张骞出使西域的公元前 114 年为开端，在《中国》中首次提出“丝绸之路”一词。

② （唐）杜佑：《通典》，中华书局，1998 年。

③ （宋）朱彧《萍洲可谈》。内载有关于宋代海外贸易及市舶管理情况，如船舶到港后“编栏”（即派兵监视）、“抽解”（即征税）、“呈样”（即给港口官员送礼）、“禁榷及博买”（即政府收购专卖货物及确定商人自由出卖者）情况等。

货的采办，不直接用金属钱币购买，而改以绢帛、瓷器为代价。这项措施的实行，却使得陶瓷器在南宋时更大量地因“以物易物”的贸易方式经由海上传输到海外去，中国古代贸易瓷无形中成为另一种广被国外接受的对价货币；直到清代，贸易瓷成为古代中国重要的商品经济及代名词。

而提出“海洋性瓷业格局”发展观点的学者，认为是从东汉六朝雏形形成、唐宋时期扩张、元明清海洋经济与贸易格局产生了变化，成为“古代中国东南沿海为中心的环中国海海洋社会、经济与文化圈构成的内在”，并“将陆、港、海三者紧密联系在一起的海洋性社会经济体系”。[①] 然而，维系海、陆社会经济纽带与体系形成的海洋性瓷业，在社会经济大文化圈宏观背景下是以贸易瓷这一载体商品为基础，古代借以海洋传播的中西文化交流则因此体现，古代海洋文化圈的范围才得以考证。

二、古代海上贸易瓷的宗教文化交流

唐代是中国与西方交通方式、贸易重心从陆路转向海路的重要历史时期，而以陶瓷为主的商品经济也因此更进一步由海上传输到国外。公元714年广州首设市舶使，管理当时与中国贸易进出口的商船，许多阿拉伯和波斯商人活跃在南方的各个港口，如沿海城市杭州、宁波、泉州和广州等，多驻有主要来自印度、马来半岛、西亚和占城的外国商团。当时大规模地在海上航行尽管危险重重，然成功后带来的可观财富深深吸引了当时的冒险家和商贸投资者。在目前留存的中外书籍内容中，我们可以得知当时的海上活动促进了中西文化，经济上的交流也是频繁的，如国外书籍记载着在公元717年，一名波斯商人的船队从斯里兰卡（Sri Lanka）出发到巨港（Palembang），途中35名船员大多数葬身海中，仅有数人安全返回，却获得巨额回报[②]；在*kitab'Aja'ib al—Hind* 一书里，一位斯拉夫的波斯船主 Buzurg Ibn Shahriyar，则记载了航海者在印度与中国贸易中发生的丰富奇幻、内容夸张

---

① 吴春明：《中国东南海洋性陶瓷贸易体系发展与变化》，《中国社会经济史研究》，2003年第3期，34-40页。

② Hurani，*Arab Seafaring in the Indian Ocean in Ancient and Early Medieval Times*，Princeton，New Jersey，1995。

的故事[①]。而唐宝应至大历年间(762—779年),窦叔蒙著述的《海涛志》则是目前中国现存最早的一本潮汐学方面的专著,记录了唐人累积前人的智慧与经验克服自然气候问题和航海技术上的优良展现,除增加了海上交通航线的开拓外,也为宋元明清奠定了海上贸易繁盛的基础。宋元时期随着航海业的发展,中国陶瓷的对外贸易呈现出空前繁荣的局面,特别是在广州、明州(今宁波)、杭州、泉州等地设立"市舶司"管理对外贸易后,大批贸易瓷从这些港口启运,沿着唐、五代时期开辟的航道,源源不断地运往亚、非洲各国。考古学者对9世纪前的城镇遗址的发掘中,在日本、韩国、印度、伊朗、伊拉克和埃及等地,都曾发现相当数量的唐代瓷器碎片;明代永乐三年至宣德八年(1405—1433年)的29年间,当权者派遣由郑和率领的27 000多人组成的200艘宝船船队七次下西洋,推动了明代造船、航海技术的飞跃,郑和也成为促进世界地理大发现的先驱,其航行期间扫荡了海寇,确保了中国与西洋之间的海上交通安全,明皇室由此声威远播并加强了与海外各国之间的睦邻关系,增进了东南亚、阿拉伯半岛南端、南亚和非洲东海岸地区对明朝的了解。当时的中国成为新航路开辟以前世界上最大的海上贸易强国,瓷器贸易大幅增长,输出范围更广,为此后明朝与西洋之间海上陶瓷之路的繁荣奠定了坚实基础,初步形成了一个世界性的中国瓷器市场[②]。现在从巴基斯坦、菲律宾、印度尼西亚、马来西亚、阿拉伯、非洲甚至欧美国家出土的数量可观的中国古代瓷器标本与收藏品,便可见一斑。

中国古代贸易瓷通过海上的传播,始于汉晋六朝,在隋唐时开始发展,宋元兴盛,明清时期鼎盛,在17世纪20年代随着欧洲与日本各地对中国贸易瓷的需求,其出口量掀起了高潮。随着贸易瓷的足迹发现,古代中国的海洋交通范围逐步从大陆外缘东亚岛弧的太平洋扩展至印度洋两岸,延伸到大西洋两岸,中西间的文化传播和交流也由此开展了重要的中外关系史。古代在海上传播的贸易瓷除了各时代、各窑口的传统器类外,制瓷手工业的匠师善于根据客户的需求,专为当时番商、番客订制要求特别的商品,模仿设计出外国的造型和风格亦是促使中国海上贸易瓷繁盛的重要因素,最初

---

① Shahriyar,Buzurg Ibn,*The Book of Wonders of India*,G. S. P. Freeman—Grenville(ed.),London,1981,P62.这些记述有部分成为辛巴达(Sinbad)传说的来源。

② 彭明瀚:《郑和下西洋·新航路开辟明清景德镇瓷器外销欧美》,《南方文物》,2011年第3期。

是印度、波斯和东南亚，16 世纪起则有葡萄牙造型，而广州的十三行立足以后[①]，就接受英国（1715 年）、法国、荷兰（1720 年）、丹麦、瑞典（1730 年）和美国（1784 年）等具有异国风情的装饰纹样和绘图，其中包含了以中国传统元素为主加入西方特别订制的元素装饰，或就使用订制者要求的西方纹样为造型和装饰等；古代中国制瓷手工业者的创作巧思从唐代长沙窑以来到清代的海上贸易瓷，皆如实显露出每个时期中西之间交往频繁、文化交流的讯息。而其中贸易瓷上所包含具有宗教因素的装饰工艺或图饰，体现了当时中国传统与外来宗教文化因素在古代社会生活上的融合，或中西交流后却各自独立发展，或交融后再对外传播等，皆具有其突出的时代特征。下文兹按古代中国的宗教和传入先后及目前贸易瓷上现有资料，简述较具特点者。

（一）道教

道教是中国的传统宗教，目前学术界多认为其形成于公元 2 世纪的东汉时期（而宗教界则认为道教起源于黄帝，《竹书纪年》中载“黄帝崩，其臣左彻取衣冠几杖而庙祀之”），奉老子为教祖尊称为“太上老君”。于南北朝时盛行，又称“黄老道”或“玄门”等；从南宋偏安后与金、元南北对峙的形势下，新起的道教宗派，大多主张道、儒、释三教结合；明代中叶以后道教逐渐转衰，到了清代皇室则重佛抑道。道教是典型的多神教，神系纷繁复杂，神祇数量极多。在道教中，“神”指先天自然化生之圣，“仙”指后天修炼得道之人，人们通常将“神”“仙”二词合用或混用。由东汉开始，历史上有几位皇帝极其崇信道教如唐高祖（618—626 年）、唐高宗（649—683 年）、唐玄宗（712—756 年）宋真宗（997—1022 年）、宋徽宗（1100—1126 年）、明世宗（1522—1566 年）等，属于中国传统的宗教造型与装饰元素，因皇室的崇信而大量显现于日常生活用器之中，如明朝由于嘉靖好道，在嘉靖年间的陶瓷装饰中因鹿与“禄”谐同音，因此以鹿为主的装饰增多，而明嘉靖到崇祯年间民窑则盛行以一只鹿伴一官人图的“天官赐鹿”装饰纹样在陶瓷上。[②] 而到天启、崇祯年间，因皇室对道教信仰的式微，官、民窑的道教图案装饰则开始大量减少。

---

① 冷东：《在中国走向世界的过程中考察广州十三行的历史地位》，《广州大学学报（社会科学版）》第 9 卷第 8 期，2010 年 8 月；王怡苹：《“南澳Ⅰ号”沉船中景德镇外销青花瓷器的制作时代探究》，《国家航海》第六辑，上海古籍出版社，2014 年 2 月；“万历年间（1573—1620 年）明代朝廷授意让广东三十六行代替原来设置的市舶司主持对外的商贸事务，广东由正德四年开始独霸中国对外贸易，到了万历年间更一跃成为垄断海上商贸的地区”。

② 熊寥、熊寰：《中国历代瓷器装饰大典》，上海文化出版社，2005 年，43-45 页。

海上贸易瓷的道教造型装饰多承袭中国古代阴阳五行说的思想：谓天地万物皆由木、火、土、金、水五元素构成（五彩釉色青、红、黄、白、黑），万物由五行循环而相生相克使世界平衡，鲜明地反映道教追求吉祥如意、长生久视、羽化登仙等思想。如描绘扇、鱼、水仙、蝙蝠、鹿、桃等乃分别为善、裕、仙、福、禄、寿之象征；山、水、江、海、岩石、日、月、星、云等，寓意坚固永生、光明普照、山海长驻；而松柏、莺、竹、灵芝、龟、鹤、狮、麒麟、龙、凤等，又分别象征友情、君子、长生、不老、辟邪、祥瑞等，有时以“福、禄、寿、吉、天、喜、丰、乐”等字化作种种吉祥意喻作为装饰，如将“寿”写成百种不同之字形，名为“百寿图”；此外，八仙庆寿、八仙过海的神话故事或仅以八仙手持法器为代表的“暗八仙”亦常为道教的装饰题材。[①] 其中，莲花纹、如意纹、璎珞、狮子等吉祥纹饰为道、佛教共享。造型有鼎、炉、葫芦、荷叶等。

1. 沉船中的道教纹饰与造型

（1）唐代古沉船“黑石号”，从目前打捞公布的贸易瓷来看，器型有熏炉和肖生瓷塑的龟、长沙窑碗内的莲纹（五瓣或双层八瓣、十瓣）和云纹（卷云、云气纹）、青瓷注子上的狮子纹饰、凤首三彩、狮座青瓷枕等。（2）南宋古沉船“南海一号”，有葫芦形青白瓷、划花莲纹青瓷碗、御狮衔环铺首青白瓷执壶等。（3）1976 年在朝鲜半岛以南发现的元代新安沉船，其中有“使司帅府公用”铭文龙泉窑莲花六瓣纹碗、香炉等。（4）明代古沉船“南澳一号”根据报告第 10 页的记载，出水器物中有：青花花卉纹盘、青花麒麟纹盘、青花花鸟纹“福”款杯、青花鹿纹碗、青花五彩花卉纹碗、五彩盖盒、酱釉堆塑龙纹罐，青花瓷盘、碟、碗等器物上的题字有“大、天、火、善、龙、福、禄、寿、凤”等，款识有“福、万福攸同、富贵佳器、长命富贵、大明嘉靖年制”等。（5）2005 年发现的“碗礁一号”，出水贸易瓷有青花麒麟图罐、五彩杂宝图盘、青花“寿”字纹盏以及缠枝莲、团凤、团狮、八卦、火龙戏珠、飞鹤、鹤鹿等装饰纹样。

2. 海外遗址中的道教元素

海外多处遗址发现了唐到清代的贸易瓷标本，如唐代的越窑青瓷的座狮、云鹤纹三彩盘（日本）、青瓷镂空熏炉（西沙北礁）、越窑莲瓣刻划纹青瓷钵（苏门答腊巨港）、刻画单或双层莲瓣青瓷壶或碗及装饰双飞凤纹（北非福

---

① 周丽丽：《略论元代龙泉瓷器上的几种特殊纹样》，中国陶瓷全集编辑委员会编：《中国陶瓷全集》元（上），锦绣出版社，1999 年。“八仙图最早出现在元代的瓷器上，目前所见，龙泉是烧造这一图案的唯一元代窑场”。

斯塔特)等;宋元的刻画莲纹罐、浮雕莲纹(菲律宾),龙泉窑浅浮雕莲瓣纹碗、青瓷狮子头、香炉(斯里兰卡),莲瓣纹碗、贴花双鱼洗(坦桑尼亚)等;明代的八卦盘(阿拉伯),祥云灵芝罐、鸾凤和鸣五彩碗(砂拉越),鸾凤穿花纹碗(马达加斯加),清康熙的青花缠枝纹盖杯(越南)等。

(二)佛教

公元前6世纪佛教创始之初为无偶像崇拜,至公元1世纪中叶佛陀造像首先出现在贵霜王朝迦腻色迦王时期(78—120年)的犍陀罗地区,大乘佛教供奉佛、菩萨、诸贤圣僧等众,认为"万物清净自性任运成,本于十方吉祥世界中"(吉祥积聚诵),属于佛教的艺术风格便由此逐步形成。两汉之际佛教传入中国后,南北朝时佛教寺宇已遍布全国,佛教开始进入兴盛发展阶段;隋唐时期皇室崇信佛教,是佛教鼎盛之时。随着佛教信仰的流行,佛教的造像及供养方式融入中国的元素,成为外来宗教中国化后又融入传统道教元素的"中国佛教"的信仰形态,在海上贸易瓷的纹饰装饰和造型上可以发现不同于犍陀罗地区的图案。

从古代流传至今属于中国佛教象征意涵较被广为认同的纹饰有莲花、"卍"字纹、八吉祥、法器、八思巴文、宝相花等,造型如佛像、菩萨像、佛塔、军持、狮以及佛教专用供器等。在日本多处收藏了具有中国佛教元素的古代海上贸易瓷,如东京国立博物馆藏的唐三彩宝相花龙耳瓶、东京永青文库藏的唐三彩宝相花纹三足盘,"黑石号"古沉船中的摩羯鱼纹碗①,长沙窑贴塑佛塔执壶,越窑雕花镂空青瓷熏炉,盘、碗、碟、盖、盒刻画带佛教与道教象征意涵的莲花纹等;在宋元时期香炉类烧造数量很大同时供应佛教和道教的宗教信仰使用,在巴基斯坦的巴博地区发现了北宋潮州窑青白釉莲瓣炉,而"南青北白"的时代特色反映在海上贸易瓷上则多有莲花、缠枝莲纹为饰的供盘、香炉、熏炉、净水碗及净瓶和钵等专用的供奉器具,其中的净瓶是佛教僧侣生活与修行随身必备的"十八物"(《梵网经》卷下载)之一,是用来饮水、洗手的用器,后也为伊斯兰教徒所用,由梵文译音 kundika 而来有"军迟""君(军)持""捃稚迦"等译名②,在东南亚多处如马来西亚、菲律宾等发现部分青

① 岑蕊:《摩羯纹考略》,《文物》,1983年10期。"摩羯鱼"为梵文 makara 的音译,原是指印度神话中一种长鼻利齿、鱼身鱼尾的动物,汉译作"摩羯"或"摩伽罗",被认为是"河水之精,生命之本"。

② 刘渤:《刍议外销瓷中的军持和净瓶》,冯小琦主编:《古代外销瓷器研究》,故宫出版社,2013年11月。

白瓷或以青花绘图装饰的军持，多是元明时期的贸易瓷；在其他各国，如美国华盛顿弗立尔美术馆藏有明代八思巴文款的青花龙纹盘瓷器（一说为元），东南亚出现明代青花梵文汤勺，日本发现明代德化窑白瓷佛、菩萨像，在美国博物馆则藏有清代素三彩罗汉、素三彩降龙罗汉，大英博物馆则收藏八思巴文瓶、法华八卦三足炉等。

（三）基督教

据学者研究，基督教传入中国始于唐朝，当时名为“景教”，起源于今日叙利亚，是东方亚述教会，为基督教聂斯脱里派。唐朝时曾在长安兴盛一时，并在全国建有“十字寺”，但多由非汉族民众所信奉，到了元代再度繁盛，名为“也里可温”。[①] 明朝天启五年（1625 年），西安掘出以 1 780 个汉字撰写的“大秦景教流行中国碑并颂”石碑，旁另附数十字叙利亚文，此发现引起当时传教士的轰动，目前景教的研究在中国的早期历史大多以此作为引证。之后到中国活动的以耶稣会士意大利的罗明坚（Michael Ruggieri，1543—1607 年）与利玛窦（Matteo Ricci，1552—1610 年）1582 年入华为肇始。最初他们是以科学为手段、传教为实际活动目的，然在基督教传入的过程中为了宣扬宗教内容和教义，明末时大量的西方绘画随着基督教东传而涌入中国，葡萄牙商人最早订制将西洋图案以纹饰方式装饰于贸易瓷上[②]。清《景德镇陶录》载：“洋器，专售外洋者，有滑洋器、泥洋器之分。商多粤东人，贩去与鬼子互市，式样奇巧，岁无定样。”[③]在清三代贸易瓷上绘制的西洋人物多样，装饰手法极其丰富，有青花、粉彩、墨彩描金、广彩等，这些绚烂多姿的彩瓷，深受欧洲贵族的喜爱。

16 世纪开始，应外国客商要求，在贸易瓷上仿绘西洋名画、神话、宗教、航海等西方题材为装饰的情形更为普遍。16 世纪中叶欧洲传教士向景德镇民窑订购宗教用瓷，主要画在成组的茶具上，用于宗教场合。[④] 瓷上绘有宗教故事图案如《圣经》故事，以耶稣、圣母、天使等人物内容展开画面，器沿或颈、足则饰以中国纹样如卷草花叶、如意纹等，形成明清时期具有基督教特

① 王治心：《中国基督教史纲》，上海古籍出版社，2007 年。传入中国的基督教广义上应包含当时的天主教、新教、东正教等。

② 陈丽莲：《外销瓷纹饰与西方典故》，《东南文化》，2001 年第 4 期。

③ 蓝浦：《景德镇陶录 · 国朝御窑厂恭记》，载《中国陶瓷古籍集成》，熊寥、熊微编著，上海文化出版社，2006 年，486 页。

④ 崔彤：《清代外销瓷器图案特征分析》，《数位时尚. 新视觉艺术》，2013 年第 5 期。

色的“耶稣瓷”。以清雍正矾红描金盘上绘有耶稣受洗图为例，盘心所绘画面是约翰为耶稣施洗的场景，盘沿边饰为四个有翅膀的小天使缠绕于花枝之间，耶稣站在约旦河中，天开了圣灵从天上飞了下来。初期耶稣瓷所绘人物较不具备西方人物高鼻深目的五官特点，较像当时典型中国市民形象，到了清三代以后越具有西方人形象。景德镇于18世纪初期成功地烧制了墨彩珐琅瓷器，特点是以纤细的灰黑线条勾勒图像造型再敷彩，而西洋人物图像的画稿多是来自欧洲的蚀刻画或铜版画，墨彩成功地描绘了欧洲铜版画和蚀刻画西洋人物图像的视觉效果，很大程度上取代了青花瓷的地位。以宗教宣传为目的烧造的“耶稣瓷”则多选择墨彩加金的形式来烧制，因能达到耶稣瓷主题“耶稣诞生”“耶稣受难”“耶稣复活”“圣母圣婴图”“耶稣会徽章”等模仿《圣经》铜版画插图的视觉效果。目前在澳门博物馆、巴黎吉美博物馆、布鲁塞尔皇家艺术历史博物馆、马来西亚国家博物馆等，都可以发现耶稣瓷。

(四) 伊斯兰教

公元7世纪以来，地处欧、亚、非三洲交界的阿拉伯帝国为中心的伊斯兰国家，拥有便利的海陆交通与重要的地理位置，控制着当时的商贸枢纽。唐太和八年(834年)文宗诏谕：“南海番船，本以慕化而来。固在结以仁恩，使其感悦……其岭南、福建及扬州蕃客，宜委节度观察使常加存问。除舶脚、收市、进奉外，任其来往通流，自为交易，不得重加率税。”《旧唐书》载李勉在广州任官时，每年到中国的外商达十几万人以上，其中主要是波斯、大食等地信奉伊斯兰教的商人；唐代皇室对穆斯林商人采取了优待政策，允许他们与汉族通婚、开商店、占田、长住、参加科举、升官等。唐代“黑石号”古沉船中长沙窑釉下多彩的产品，有饰以连珠纹、椰枣纹、用褐绿彩和红彩书写的阿拉伯文字“真主最伟大”“我是安拉的仆人”等伊斯兰教的装饰图案与纹样，阿拉伯文和阿拉伯纹饰造型方面则模仿中、西亚伊斯兰教使用的金银器的特点。

《宋书·蛮夷传》卷97(约成书于公元500年)载“中国与大秦、天竺之间‘舟舶继往，商使交属’”，说明阿拉伯地区是中西交往的枢纽。元代时海外贸易制定和颁布了“市舶法则”，在泉州、广州、庆元等地设立“市舶提举司”，对丝织品的出口严加控管，因此元代的丝织品出口大大少于唐、宋两代，瓷器则成为对外贸易的商品经济出口大宗。据元人汪大渊所著《岛夷志略》记载，贸易地区包括了亚洲及东非等广大区域。元代的贸易瓷窑有景德镇窑、耀州窑系、磁州窑系、建窑系及福建、广东沿海等专烧贸易瓷的瓷窑产品，其中景德镇窑为适应伊斯兰国家需要而生产了一些专供贸易的青花瓷，目前有许多收藏在中国以外的地区，又以西亚的伊朗、土耳其等伊斯兰国家的传世品为主，特别是具有典型伊斯兰风格的元青花大盘(盘径可达57厘米)，多收藏在伊斯兰国家的博物馆中，如印度、土耳其托普卡比宫殿、伊朗阿尔德比勒灵庙、德黑兰的伊朗考古博物馆等。由于元代时伊斯兰教的盛行，"军持"也成为穆斯林用作祈祷前"小净"、朝觐麦加圣地等的器物，大量销往东南亚①，元代时"军持"成为佛教、伊斯兰教共享的贸易瓷。

明代马欢撰写的《瀛涯胜览》中谈到伊朗、土耳其等使用中国瓷器时载："国人用盘盛满其饭，浇酥油汤汁，以手撮入口中而食，宴会时皆以大盘盛姜黄色而富有香味的饭肴，置于敷在地上之席中……"②据冯先铭先生统计，在埃及、伊朗等地收藏的一些青花大器以大盘居多，有菱口、圆口两种；这种元青花大盘国内仅北京故宫和上海博物馆有几件，绝大部分在中东地区。这可能是为了适应穆斯林举行宗教性宴会时席地围坐，中间置大盘盛饭，用手撮食的习惯③。除了民间，宫廷对于中国的贸易瓷也视为具有神圣性的宗教器物，在奥斯曼帝国的宫中档案有记载：穆罕默德四世生病时，伊斯兰教的教长曾献上中国的黄釉瓶，瓶内盛有祝祷过的玫瑰水④。另外，在托普卡帕宫藏有一套开光内书写阿拉伯文字、深蓝底上饰有描金新月与星星图案、专供伊斯兰教信徒使用的餐具。

三、结语

陶瓷是古代文化载体中的特殊材质，不同于其他不易保存下来的器物，出现于国内外大量的海上贸易瓷，成为中国古代与他国各时期海上贸易关系的再现，是包含其中的政治、经济、文化交流中不可或缺的实物资料。在古代沉船遗址、世界各地的古文化遗址、古城废墟发掘出来的中国瓷器整件和碎片，典藏于国内外博物馆和私人收藏的中国古陶瓷等，都证实自古以来

---

① 陈克伦：《多元文化因素对元瓷造型影响简论》，中国陶瓷全集编辑委员会编：《中国陶瓷全集》元(上)，锦绣出版社，1999年。

② (明)马欢著、冯承钧校注：《瀛涯胜览》，中华书局，1955年。

③ 冯先铭主编：《中国陶瓷》，上海古籍出版社，1994年11月版。

④ *The Topkapl Palace*, Aksit Culture and Tourism Publication , Istanbul.

借由海上传播的贸易瓷形成了中西文化交流的载体和重要的海上文化商品经济。古代借由海上交通的贸易瓷传播的宗教文化有：

(1) 汉代以来中国传统道教的元素，多呈现于传统青、白瓷系统，唐代的长沙窑是兼容并蓄接受外来订制，同时保有传统与创新的贸易瓷专烧窑口，将中国道教炼丹、追求长生不老、羽化登仙的思想传递到东北亚、东南亚等地区，影响了日本、韩国等的宗教信仰。

(2) 佛教是外来宗教中国化最彻底的，在逐步糅合了中国元素后成了"中国佛教"，在贸易瓷装饰、造型上有属于印度的佛塔、佛像、法器、八吉祥等元素，中西交流的宝相花、缠枝莲纹、八宝、佛像、菩萨像、罗汉像等元素，中国传统的莲、番莲、龙、凤等纹饰；其中有的菩萨也成为道教的神尊，而鼎、炉器型，装饰纹饰如莲、龙、凤、麒麟、杂宝等则为佛道教共有；净瓶或军持则是元代以后佛教影响伊斯兰教的宗教使用器物。

(3) 基督教对贸易瓷的影响在 18 世纪中西方艺术与文化交流中，以西洋人物作为瓷器装饰的主题而成为显著的中西融合的典范。基督教的"耶稣瓷"提供了制瓷手工业者创新的绘图装饰，表达特定文化背景下，中西融合所体现出来的多样化艺术形态。另一方面发现西方人因信仰基督教以"耶稣瓷"为摆设装饰和圣餐具使用的生活习惯。当时的中国人又是如何看待"耶稣"造像？对于早期贸易瓷上所绘"耶稣"形象似的中国人物，西方信仰者是否接受？这些是未来可再研究的问题。

(4) 伊斯兰教与古代中国的交流除了特殊的纹饰、造型之外，还包含了蓝、绿两种颜色成为釉色大量地呈现于贸易瓷上，刺激了唐代出现又消失于市场的青花瓷器于元代大放异彩的生产与发展，中国贸易瓷虽无宗教装饰却能使用于宗教中的神圣性。

古代海上贸易瓷所载有的宗教纹饰、造型或宗教神圣性，其所传达出的历史、考古、美学、经济、中西文化交流等价值，真实地还原了古代中西方社会生活场景、宗教信仰活动，贸易瓷的海上传播不再仅仅是一种经济意义上的外贸活动，其为学者提供了多面向性可资参照研究的实物资料。

作者简介

王怡苹(1970—)，女，华侨大学国际关系研究院副教授，主要研究方向为考古学、陶瓷考古、文化遗产、世界史。

扬州伊斯兰教文化遗产价值研究

王志稳　薛　鹏

摘　要:伊斯兰教传入中国并渐而传播是“海上丝绸之路”东西方文化交流的重要事件。扬州是“海上丝绸之路”的重要节点城市,在“海上丝绸之路”历史发展中有过重要作用。系统梳理和研究扬州伊斯兰教传播史,并与国内其他丝绸之路节点城市做对比,可以得出如下结论:扬州是伊斯兰教传入中国的最早地区之一,是中国东部伊斯兰教传播的主要基地之一,是伊斯兰教中国化的发生地之一;而伊斯兰教在扬州的传播是中国古代海上丝绸之路发展史的重要组成部分,并影响了古代扬州城市的社会历史进程,体现了伊斯兰文化与中国传统文化的融合。扬州伊斯兰教在海上丝绸之路文化交流中的重要地位,是扬州参与“海上丝绸之路”世界文化遗产申报的价值体现。

关键词:伊斯兰教;遗产价值;扬州;海上丝绸之路

2016年,中国会同哈萨克斯坦、吉尔吉斯斯坦联合申报“丝绸之路”世界文化获得成功,同时引发了人们对“海上丝绸之路”的研究和遗产申报工作的更大关注。同年,中国国家文物局正式启动了“海上丝绸之路”联合申遗工作。2018年,江苏南京、扬州、苏州、连云港、南通等城市,与泉州、广州、北海等国内其他城市一起被列为“海上丝路”中国世界文化遗产预备名单。这意味着扬州成为海上丝绸之路重要节点的遗产价值业已得到了社会共识。

一、研究背景

“海上丝绸之路”的说法最早见于法国学者沙畹[①]。20世纪80年代,我国学者陈炎第一次明确论述了“海上丝绸之路”的贸易路线[②]。目前普遍认

---

① (法)沙畹.西突厥史料[M].冯承钧,译.北京:中华书局,2004.

② 陈炎.略论海上“丝绸之路”[J].历史研究,1982(3):161-177.

可"海上丝绸之路"是和"沙漠丝绸之路""草原丝绸之路"并列的"丝绸之路"的三大分支之一。长期以来的学界研究表明,"海上丝绸之路"不仅是中国古代与国外贸易经济交流的产物,同时也是东西方文化交流联系的纽带①②③④。

燕海鸣等人研究认为:海上丝绸之路是一个以海洋为纽带的世界性体系。空间上是由东亚、东南亚、南亚、西亚、埃及—地中海、东非等不同文明板块构成。而时间上则可以分为四个时期,从公元7世纪到地理大发现之前是海上丝绸之路发展的第二、三个时期,其历史的最重要的特征之一,是伊斯兰宗教与文化的传播交流⑤。

可见,海上丝绸之路也是伊斯兰教传入中国并产生文化交流影响的主要通道。目前,扬州列入的"海上丝绸之路"遗产点储备名单中,以普哈丁墓园和仙鹤寺为代表的伊斯兰教遗产最具跨文化意义。因此,本文试图全面分析阐述扬州伊斯兰教文化遗产的内涵与特征,并由此构筑作为其成为世界遗产可能性的价值认识体系。

二、扬州伊斯兰教历史沿革

伊斯兰教东传扬州的直接史迹,目前尚无确凿的证据(明代何乔远《闽书·方域志》中所谓"二贤传教之说",可信度不足),但由后来的《旧唐书》卷一一〇《邓景山传》、卷一二四《田神功传》有关扬州大食、波斯商胡被杀被掠的内容,《全唐文》卷七五《病后德音》及《册府元龟》卷一七〇唐文宗大和八年(834年)有岭南、福建及扬州蕃客内容的上谕,以及《太平广记》卷十七及卷四百二、四百三中记录的胡人与宝珠的诸多故事,都可从侧面证实彼时扬州已有一定规模的穆斯林商贾在扬州营商贸易。因而,李兴华先生认为"则以上证据足以在史料上证实唐时或至迟唐中叶前就传入扬州的

---

① 陈高华.海上丝绸之路[M].北京:海洋出版社,1991.

② 李庆新.海上丝绸之路[M].北京:五洲传播出版社,2006.

③ 国家文物局编.海上丝绸之路[M].北京:文物出版社,2014.

④ 徐杰.海上丝绸之路[M].长春:吉林出版集团有限责任公司,2012.

⑤ 燕海鸣,朱伟,聂政,等.古代世界的海上交流——全球视野下的海上丝绸之路[J].中国文物科学研究,2016(6):18-22.

结论”。①

宋代以后，扬州的海港优势虽没有唐时突出，但由于海上贸易繁盛，前来扬州的阿拉伯、波斯穆斯林商人仍然不在少数，不少人甚至定居下来，称为“蕃客”。与此同时，扬州还迎来真正意义上的伊斯兰教传教者——普哈丁。普哈丁于南宋咸淳年间（1265—1274 年）前来扬州传教，创建了仙鹤寺，于南宋德祐元年（1275 年）去世，葬在扬州古运河东的高冈上，即今天之普哈丁墓。南宋时到扬的传教者还有古都白丁、撒敢达，他们归真后也葬在普哈丁墓附近。②

元朝时期，海上交通发达，陆地交通畅行无阻，加之对色目人的重视，伊斯兰教迎来大发展时期。很多阿拉伯人和波斯人通过做官、参军、经商等形式迁居中国。扬州是元代的东南重镇，迁居而来的不少穆斯林与当地居民相互通婚，人口增长迅速。1924—1925 年在扬州城南挡军楼城基出土的 4 块元代阿拉伯人石刻墓碑便是唐明证。③

明朝建立后，对待穆斯林十分宽容，伊斯兰教也得以平稳发展，表现为传教活动十分活跃。如永乐五年（1407 年），阿拉伯传教士米里哈只从海外来扬州，得到政府的保护，并由朱棣亲自颁发了一卷敕谕，盖上“永乐之宝”的玉玺。之后，到扬州来传教的阿拉伯传教士中，有成化元年（1465 年）的马哈漠德，成化五年（1469 年）的马展陆丁，弘治十一年（1498 年）的法纳等人，死后均葬在普哈丁墓附近。④

清代聚居在扬州的回民与穆斯林有一定规模。从地方志书与穆斯林遗迹来看，乾隆以后，扬州伊斯兰教文化活动颇为活跃，除已有清真寺的修缮，南门外街、钞关河南、卸甲桥、马监巷、东关城外东等处都有清真寺。⑤ 而扬州所属各县也有伊斯兰教的传播。

民国期间，扬州有穆斯林五六百户，约三四千人。城内外共有清真寺 6 座，另有女寺一座。⑥

---

① 李兴华. 扬州伊斯兰教研究[J]. 回族研究，2005(1)：75-86.

② 朱江. 伊斯兰教文化东渐扬州始末[J]. 海交史研究，1978(12)：27-29.

③ 万叶. 我国与阿拉伯友好往来的历史见证在扬州[J]. 阿拉伯世界，1983(3)：78.

④ 朱江. 伊斯兰教文化东渐扬州始末(下)[J]. 海交史研究，1980(6)：43-48.

⑤ 王虎华. 伊斯兰教在扬州的传布概述[A]//普哈丁园与运河伊斯兰文化研讨会论文集(供内部交流)，2014，9：27.

⑥ 郑阳. 伊斯兰文化：扬州文化中的一朵奇葩[J]. 中国宗教，2014(11)：46-47.

海上丝绸之路形成于汉代，繁荣于唐宋，元明时期达到顶峰，并最终替代了陆上丝绸之路。在这样一个经济通道上，扬州以其独特的地理位置和历史上的繁华，留下显著而重要的发展轨迹。伊斯兰教在扬州的传播发展，则是对扬州与海上丝绸之路其他国家、城市之间的经济、文化和社会交往的重要史证。

三、扬州伊斯兰教文化遗产价值分析

扬州自唐以来，在伊斯兰教文化的传播过程中，就一直承担着重要角色。分析其遗产的宗教、文化、艺术价值具体内涵和特征，有助于我们更好地认识扬州历史上对外交流发展状况以及其在中国对外交流史上的地位与意义。下面对扬州伊斯兰教遗产价值逐一分析。

（一）宗教价值

1. 确证扬州是伊斯兰教传入中国的最早地区之一

伊斯兰教传入扬州时间的确定是所有关于扬州海上丝绸之路价值的判定中首要一环，由此才可确立扬州在伊斯兰教史以及海上丝绸之路的实际地位。

公元7世纪初，伊斯兰教出现在阿拉伯半岛，经由创教者穆罕默德的多年努力，到公元632年，伊斯兰教已成为阿拉伯半岛占统治地位的宗教。661年起，伊斯兰教进入阿拉伯帝国时期，随着地跨亚、非、欧三大洲的帝国建立，伊斯兰教发展进入鼎盛时期。可以说，伊斯兰教早期向世界的传播，与阿拉伯帝国的向外征服有着密切的联系。

但很显然，伊斯兰教传入中国地区，并没有发生像它在其他地区的武力传教情况，因而也就缺乏可供明确判断的标志性事件。这也就导致对伊斯兰教传入中国的具体时间考证的多个版本。① 更多的研究认为，伊斯兰教进入中国是一个伴随阿拉伯人定居中国的时间过程。②③ 或如金云峰先生提出的“人们早已习惯于用‘传播’一词来表述外来宗教在中国的流行与发展，

---

① 李松茂.从穆罕默德的创教活动考察伊斯兰教传入中国的时间[J].阿拉伯世界，1982(5)：2-10.

② 杨怀中.回族史论稿[M].银川：宁夏人民出版社，1991：73.

③ 李林.伊斯兰教在唐代活动述略——兼议伊斯兰教在中国早期文化传播的性质[J].回族研究，2001(4)：63-66.

然而，确切地说，用该词来表述伊斯兰教进入中国的过程却不尽恰当。伊斯兰教不是通过‘传教’这一途径在中国内地立足的，而是从唐宋时代、元明时代以来，大量的阿拉伯人、波斯人以及中亚等地各族穆斯林移居中国而‘移居’的结果，这是与其他外来宗教‘传入’中国的方式明显不同的”①。

公元7世纪始，阿拉伯帝国慢慢结束大规模对外扩张，政治、经济、文化对外交流日益繁盛。而此时的唐朝仍处于强大时代，同西亚地区往来的发展，“最引人注目的就是同阿拉伯的交往”②。在中阿交往的过程中，“对伊斯兰教发生、发展等起某种关键作用的，既不是传教士（虽然有先贤传教的传说），也不是教职人士（虽然有教职人士维持着宗教），而主要是各种身份的穆斯林商人，包括亦使（朝贡使）亦商、亦官亦商、亦农亦商、亦教职亦商的穆斯林商人”③。

伊斯兰教重视经商是有传统的。《古兰经》明文规定：“真主准许买卖，而禁止重利。”穆罕默德也说：“让人们自由买卖吧！真主将使人们彼此获得生活给养。”“安拉的恩典百分之九十在交易中。”当时旅居长安的波斯人、阿拉伯人非常多，他们有开设“胡店”“胡邸”，有的“留居长安者或四十余年，皆有妻子、买田宅，举质取利，安居不欲归”④。

安史之乱后，吐蕃兴起，攻占安西、陇右，导致“陆上丝绸之路”阻断，“海上丝绸之路”开始受到重视。“唐太宗贞观十五年，波斯萨珊王朝为阿拉伯人灭，海运事业遂亦为阿拉伯人掌握”⑤。阿拉伯人此时在海上已经握有绝对的主动权。桑原隲藏认为“自八世纪初至十五世纪末欧人来东洋之前，凡八百年，执世界通商之牛耳者，厥为阿剌伯人。其最盛之时，则在八世纪后半阿巴斯王朝奠都缚达以后。阿剌伯人由海上与中国通商，彼时盖经营不遗余力之秋也”⑥。

经商的传统和海上贸易的掌控权，为阿拉伯商人涌入中国沿海的港口

① 金云峰．怎样看待伊斯兰教入华的“标志”和“时间”[J]．甘肃民族研究，1999(1)：60.

② 张俊彦．古代中国与西亚非洲的海上往来[M]．北京：海洋出版社，1986：38.

③ 李兴华．试论穆斯林商人在回族伊斯兰教发生、发展中的某种关键作用[J]．西北民族研究，1994(1)：131-135.

④ 司马光．资治通鉴·唐纪49：卷232[M]．北京：中华书局，2009.

⑤ 方豪．中西交通史[M]．长沙：岳麓出版社，1995：290.

⑥ 桑原隲藏．蒲寿庚考[M]．陈裕菁，译订．北京：中华书局，2009：1.

城市,包括扬州创造了条件,“诸蕃国之富盛多宝货者,莫如大食国”①。而伴随着阿拉伯商人传入的,应该还有伊斯兰教。

如前文所述,伊斯兰教唐时传入扬州目前尚无直接的史料记录,仅能从《旧唐书》等史籍中找到间接的证据。米寿江认为《旧唐书·邓景传》记载的唐朝田神功在扬州劫掠,被杀的大食、波斯等商旅死者数千人,加上受伤、逃避等幸存者,其人数就相当可观了。②《全唐文》卷一七〇唐文宗大和八年(834年)将扬州与岭南、福建并列,认为“南海蕃船,本以慕化而来,固在接以仁恩,使其感悦。……深虑远人未安,率税犹重,思有矜恤,此示绥怀。其岭南、福建及扬州蕃客,宜委节度观察使常加存问。除舶脚、收市、进奉外,任其来往通流,自为交易,不得重加率税”,证实扬州的阿拉伯商人已经达到一定规模,算是较为有力的一个证据。以此来看,唐代来扬州的穆斯林应不在少数。

1980年扬州博物馆考古组发现了一座叠压在汉墓上的唐代残墓,从中清理出土了一件高17厘米的青釉绿彩背水扁瓷壶。壶上的绿色彩绘花纹经鉴定为阿拉伯文,意为“真主最伟大”。③ 2004年新发现的位于普哈丁园南侧的一块唐人墓碑,碑文《唐故李府君墓志并序》仍保存400多个字,其中“府君望郡陇西贯波斯国人,舟航赴此”的记载,墓主归真于唐文宗“大和九年二月十六日”。④ 从实物证据上证明了“唐时或至迟唐中叶前就传入扬州”的定论。这件唐代伊斯兰文化遗物是目前为止发现的唐代回族先民在扬州的唯一遗物。

另外,杨健美在《扬州先贤墓考略》一文中称,先贤墓清真寺重建觉斯楼时,掘地发现一个元代断碣,上有唐德宗时修建崇真寺的文字记录⑤。可惜,此碑至今未寻得。

对比国内著名的“陆上丝绸之路”或“海上丝绸之路”节点城市伊斯兰教传入时间的研究情况(见表1),可以发现很多有趣的情况。

---

① 周去非.岭外代答校注[M].北京:中华书局,2006.

② 米寿江.扬州早期的穆斯林与伊斯兰教东传[J].世界宗教研究,1999(2):12-15.

③ 朱江.扬州出土的唐代阿拉伯文背水瓷壶[J].文物,1983(2):95.

④ 黄义通.扬州伊斯兰教的传入及扬州回族的由来(一)[N].扬州伊协简讯(内部刊物).

⑤ 李兴华.扬州伊斯兰教研究[J].回族研究,2005(1):75-86.

表 1　丝绸之路沿线主要城市伊斯兰教传入的研究对比

城市	传入时间主要论断	史料或史迹	实物证据
西安	唐初［具体又有贞观初年至永徽二年（651 年）或永徽二年（651 年）至天宝九年（750 年）的说法］	①《旧唐书》《新唐书》《册府元龟》等正史中记载的中国与大食的正式通使 ②《太平广记》卷四〇二“水珠”条据唐贞元年间牛肃《纪闻》提出的大食国王在贞观初与唐通好的传说 ③《天方正学》卷七中所列的关于西方旺各师“奉使护送天经而来……留驻长安”的传说清同治十一年（1872 年）俄国驻北京总主教拍雷狄斯所获古代汉文大字布告一张中亦有类似内容 ④《回回原来》叙述的关于唐贞观二年（628 年）“选唐兵三千换回兵三千”的传说	①唐天宝元年（742 年）《创建清真寺碑》 ②唐代贴塑网纹玻璃瓶 1 件，为目前我国发现最早的伊斯兰玻璃 ③唐伊斯兰玻璃瓶盘杯 18 件 ④唐长方形小玻璃瓶 1 件 ⑤唐单面压印库思老二世型阿拉伯—萨珊式银币 1 枚 ⑥阿拉伯—拜占庭式金币 1 枚 ⑦铸有库法体阿拉伯铭文阿拉伯金币 3 枚 ⑧有阿拉伯文的金币 1 枚 ⑨汉文—婆罗钵文合璧墓志一方 ⑩王硔碑
北京	北宋至道二年（996 年）或辽统和十四年（996 年）	史料直接记录暂无，目前仅有《中国伊斯兰百科全书》《伊斯兰教辞典》等现代文献	《古教西来历代建寺源流碑文总序略》（即“白匾”）
开封	唐	①清康熙二十八年（1689 年）《重建清真寺碑记》有“大梁清真寺，起于唐贞观二年”的内容 ②文殊寺街清真寺道光十八年（1838 年）《重修清真寺碑记》中亦有“创自唐朝”记载	暂无
兰州	不迟于元	直接史料无，现多根据兰州属于丝绸古道上的一个重要驿站，来往穆斯林比较多以及周边沙洲、甘州、凉州、河州路等早为伊斯兰教的散布地等事实推论	暂无

（续表）

城市	传入时间 主要论断	史料或史迹	实物证据
西宁	唐	①史料直接记录暂无，仅有民国年间的研究成果 ②有伊斯兰教的外籍兵员退伍留居和外籍商人、使者滞留侨居的史迹	暂无
广州	唐初传入	①《旧唐书》关于外国人留居引发政府禁令的记录 ②《印度中国见闻录》唐宣宗大中五年（851年）阿拉伯商人苏莱曼在其游记中记述了当时广州“蕃坊”的情形 ③《太平广记·纪闻·水珠》所录唐人牛肃的西域胡人来华寻珠笔记传说 ④《广东通志》、明末的《闽书》、乾隆《广州府志》记录的先贤传教 ⑤嘉靖以及宋方信孺《南海百咏》、元至正十年（1350年）《重建怀圣寺记》、明嘉靖《广东通志》、清仇池石辑《羊城古钞》等文献关于怀圣寺唐时创建的记载	①广州怀圣寺碑 ②清康熙三十四年（1695年）《重建怀圣光塔寺匾》 ③清乾隆十六年（1751年）宛葛思墓《土耳其汗志·马罕默德墓碑》 ④怀圣寺 ⑤怀圣寺光塔
泉州	中唐前	①明代何乔远（1558—1631年）《闽书》和明崇祯二年（1629年）的《闽书抄》的记载 ②对圣贤墓墓廊形制的考察，认为圣墓石廊和其他构件应为初唐时期所创建	暂无
杭州	唐中叶前	①凤凰寺内的两块碑文：清顺治五年（1648年）《重修真教寺记》和清康熙九年（1670年）《真教寺碑记》均证明“创自唐代” ②唐杜甫诗“商胡离别下扬州，忆上西陵故驿楼”等侧证	暂无
南京	元之前	元至正三年（1343年）集庆路医学教谕张铉撰有《至正金陵新志》，内有两组材料确切说明集庆路在元时已有一定数量的穆斯林	暂无
扬州	唐中叶前	①明人何乔远所著的《闽书·方域志》二贤传教扬州的传说 ②《旧唐书》“田神功劫掠胡商”的记录 ③《太平广记》记录的胡人与宝珠的故事 ④《全唐文》《册府元龟》中关于扬州蕃客内容的上谕 ⑤唐杜甫诗“商胡离别下扬州，忆上西陵故驿楼”等侧证 ⑥元代断碣记录“唐时修建崇真寺”	唐阿拉伯文青釉绿彩背水扁瓷壶一只

注释：表中传入时间论断及史料、证据主要采自李兴华先生“中国名城名镇伊斯兰教”系列研究成果及文中引用的部分其他学者文献。

一是，无论是从正史的记录、传说的演绎，还是实物的考证上，扬州在国内丝绸之路的主要沿线城市中，伊斯兰教遗存都属于最为丰富的一类，从而坐实扬州是伊斯兰教传入中国最早地区之一。

二是，历史文献及实物证据最为丰富的西安和广州，恰恰是伊斯兰教从陆上丝绸之路和海上丝绸之路两条路线进入中国的最主要节点城市。而扬州正处于西北内陆和东南沿海的中间区域，由两条路线进入中国的伊斯兰教在国内传播，都绕不开扬州这样特殊位置的城市。

三是，从以上事实可以确认，扬州之所以能吸引伊斯兰教较早传入，是因为它的地理位置和唐时的繁华盛况，这和史实完全吻合。

四是，如果进行国内伊斯兰教史的研究，确认伊斯兰教早期传教的状况，仅就丝绸之路节点城市的伊斯兰教传播地位来说，似应该把西安、广州、扬州归入一档城市，开封、泉州、杭州归入二档城市，北京、南京、西宁、兰州归入三档城市。

2. 确定扬州是中国东部伊斯兰教传播的主要基地之一

扬州自隋代开始，逐渐成为中国南北方的交通枢纽，之后逢唐代政治稳定、经济繁荣的大气候，一跃成为当时中国最繁华的商业都市之一。显然，以营商为目的的阿拉伯商人在中国是不可能忽视这样一个大都市。各地货物汇集、交换，再凭借运河运往其他地区，阿拉伯人也随之赶赴扬州，再流往全国各地。陈裕菁在《蒲寿庚考》中注曰“唐代贸易港中，贸易最盛，侨胡最多者，广州外首推扬州”①。《太平广记》中也有唐司徒李勉，遇波斯胡老，言“思归江都，……，商贩于此，已逾二十年，家有三子”，后来李勉“即抵维扬，寓目旗亭，忽与群胡左右相随……”等记录。可见，胡商多且有不少定居扬州。而维系胡商之间生活与感情联系的，伊斯兰教信仰肯定是最重要的纽带。

白寿彝先生说：“大食商人在中国似无传教之事，但他们之间来华对于教义的传布，似也不无关系。第一，因为他们是异邦人，并且举止阔绰，他们行动很易受一般人注意，他们的宗教生活也就可能成为人们注意的一种目标。第二，他们在中国的商业活动，事实上恐怕不能不雇佣中国人来帮忙，这些中国人同他们相处日久，也许有信仰回教的人。”②

---

① 桑原隲藏. 蒲寿庚考[M]. 陈裕菁，译订. 北京：中华书局，2009：27.

② 白寿彝. 中国伊斯兰教史存稿[M]. 银川：宁夏人民出版社，1982，9-10.

虑及唐代扬州的经济地位，伊斯兰教必定随着阿拉伯商人的经商路线慢慢渗入大运河沿岸地区。李兴华在言及南京的伊斯兰教传入，说“在唐及唐之前一段时期，南京与周边的扬州、苏州、镇江等城在行政区划上常有交叉，致使伊斯兰教的传入亦会有交叉”[①]。而沿运河从扬州可至镇江、淮阴、常州、苏州等城市及乡镇，这些地区至今也是江苏回族穆斯林相对集中的地区，彼时以上城市尚不及扬州，如有伊斯兰教的传入，扬州应是主要来源。

宋以后扬州虽不及唐时，但仍然是全国有名的繁华之处。伊斯兰教除了和阿拉伯人的商业行为伴随的间接传播方式之外，又多了直接传播方式——先贤传教(如唐“二贤传教扬州”之说能够确证，则可将扬州伊斯兰教传教史改写)。

先是默罕默德十六世裔孙普哈丁，遵圣训来到扬州，从南宋咸淳年间(1265—1274 年)到南宋德祐元年(1275 年)，在扬州传教十年，并创建了仙鹤寺。普哈丁墓出土的清《先贤历史记略》碑文记载“未几，先贤亦归西域。越三年，复东游至津沽，遂移舟南下……”，证明普哈丁传教足迹已达天津一带。郑自海撰文称济宁东大寺明代天顺三年(1459 年)碑文有“普哈丁过济宁”的记载[②]，确证普哈丁的传教足迹是沿着运河一线进行的。

普哈丁到达扬州并建造仙鹤寺，是中国伊斯兰教史的重大事件。它既符合国内对于伊斯兰教传教以清真寺建立作为认定标志，同时也是史实史料、实物考据上扬州作为中国东部地区伊斯兰教传教基地的开始。此后，撒敢达、古都白丁等相继来到扬州传教。

元明时期，扬州伊斯兰教传教史迹不断。元代的四通阿拉伯人墓碑，明朝的马哈漠德、马展陆丁、法纳等人的墓葬都是明证。值得一提的是，明永乐五年(1407 年)阿拉伯传教士米里哈只携带汉文、波斯文、蒙古文三种文字撰写的永乐皇帝亲赐《敕谕》绢本原件来扬，同样内容的《敕谕》在西安化觉寺、泉州城南清真寺仅有汉文刻石，说明此时扬州作为伊斯兰教传播基地之一的地位尚无撼动。

清代，全国伊斯兰传教环境都受到一定限制。但扬州仍表现出全国伊斯兰教发展的特点，重视经堂教育，著名伊斯兰教学者、经师张时中(1584—

---

① 李兴华. 南京伊斯兰教研究[J]. 回族研究，2005(2)：146-162.

② 郑自海. 补遗扬州运河伊斯兰文化[A]//普哈丁园与运河伊斯兰文化研讨会论文集(供内部交流)，2014，9：100.

1670年)在扬州普哈丁墓园清真寺执掌教务,传授经文十年,并在扬州完成其代表作之一《四篇要道译解》。①

另外,高邮市菱塘回族乡是江苏省唯一一个民族乡,现南京的七家湾、上海的九亩地、江苏六合的竹镇、安徽天长的界牌及秦楠等回族聚居小区中的许多回族穆斯林,其祖籍都是菱塘人。历史上镇江、南京、南通及许多市县清真寺都来此聘请阿訇。直到现在,江苏省许多清真寺的年轻阿訇仍大都来自菱塘。②

3. 确认扬州是伊斯兰教中国化的发生地之一

伊斯兰教的中国化(Sinicization 或 Sinolization)是指伊斯兰教进入中国后,在不同的历史阶段,因当时的政治和文化环境,融入了时代元素。时代不同,中国化的内容和过程不同。③

伊斯兰教的中国化可表现为:回族的形成和回族群体的汉化;对中国传统文化的吸收和附会以及建筑、节日、习俗等的中国化。④

伊斯兰教于唐代进入扬州以后,胡商开设店铺、售卖货物,参与当地的社会经济生活,进而发展到留居、定居。"蕃坊侨商,冬季多归其国,其不归者亦多,谓之住唐。亦有五年十年不归,长居蕃坊者。"⑤王树理经研究认为:"在四十六万人中,经运河进入扬州的波斯人、伊朗人多达七千之众,约占总人口的1.55%。"⑥特别是通过与汉人婚姻的形式,胡商转变身份,从外籍客商变为外裔本地人。前文所述波斯胡老即为此例。宋徽宗政和四年(1114年)颁布蕃商五世遗产法,确定在中国居住达五世的为永居蕃客,在华生子为土生蕃客。这已经从法律上承认胡商的本地户籍身份。

元代回回遍天下,来扬的穆斯林官员和士兵极多,如前面所提到的元代古碑记录的"徽州路达鲁花赤捏古伯通议"。穆斯林地位的提高,对其中国身份的认同明显加强。"以前在中国之回教人均自居于外国人之地位。今

---

① 白友涛.扬州在中国伊斯兰教研究中的地位[A]//普哈丁园与运河伊斯兰文化研讨会论文集(供内部交流),2014,9:52.

② 米寿江.扬州早期的穆斯林与伊斯兰教东传[J].世界宗教研究,1999(2):12-15.

③ 马强.适时本土化:伊斯兰教中国化的人类学解读[J].回族研究,2016(4):17-25.

④ 杨凡.伊斯兰教的中国化演进[J].湖北第二师范学院学报,2013(4):37-39.

⑤ 桑原隲藏.蒲寿庚考[M].陈裕菁,译订.北京:中华书局,2009:38.

⑥ 王树理.扬州——运河两岸伊斯兰文明的先导与载体[A]//普哈丁园与运河伊斯兰文化研讨会论文集(供内部交流),2014,9:28.

则大批外来之回教人均逐渐自认为中国人”。[①] 明代对待穆斯林的婚姻有特别要求,《明律》要求:“凡蒙乡色目人,听与中国人为婚姻,不许本类自相嫁娶。违者杖八十,男女入官为奴。”客观上扩大了穆斯林人口的规模。清以后,扬州大凡回民,几乎全属伊斯兰教徒,约有四百多户,以沙、马、哈、撒、达为五大姓氏。[②] 扬州回族群体完全形成。

在早期伊斯兰教的传教过程中,教义宣讲、阐释都是在蕃客群体内部完成;蕃坊的短暂居留形式,决定早期的伊斯兰教的传播是限定在特定区域内的特定人群;永居蕃客的出现,证明阿拉伯人开始正式进入中国中原地区的土著居民家庭,家庭婚姻形态的改变使得伊斯兰教的传播区域有所扩张;土生蕃客形成后,使得伊斯兰教可以在中国人一出生时就受其影响,并进而推广到社会层面;最后随着回族的形成,伊斯兰教正式进入中国传统社会领域。由此可以看出伊斯兰教早期在中国的基本传播路径(图 1)。

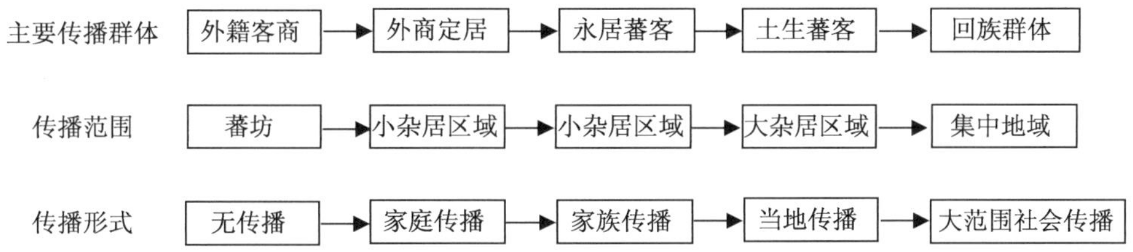

图 1　伊斯兰教早期在中国的传播途径

在不断扩大影响范围的同时,伊斯兰教的中国化不可避免。明末清初,以南京、苏州为中心的伊斯兰教汉文译著活动非常活跃。译者多为“怀西方之学问,习东土之儒书”的“回儒”,他们既饱览儒家经典,又熟悉伊斯兰经文教义,如张时中,翻译的经著往往带有明显的中国古代哲学思想风格。尤值一提的是,民国二十四年(1935 年)扬州穆斯林刘彬如、华汝舟正式出版了《汉译古兰经附阿里提要》第一卷,这是国内古兰经翻译的第五个版本,其印刷和装订采用中国古籍特有的方式——花口,在国内古兰经翻译版本中独树一帜。[③]

建筑是伊斯兰教的重要活动场所和象征。扬州的清真建筑有自己鲜明

---

① 白寿彝. 中国伊斯兰教史存稿[M]. 银川:宁夏人民出版社,1982:215.

② 朱江. 伊斯兰教在扬州[A]//韦培春,编. 伊斯兰教在扬州. 南京:南京大学出版社,1990:9.

③ 王萍,王华北.《古兰经》译本概述[J]. 中国穆斯林,2008(1).

的地方特色。普哈丁墓“建筑外观为一四角亭室结构，小巧玲珑，秀丽可人；走进墓室却是穹隆式拱拜耳结构”，仙鹤寺“从审美外观上看，该寺的亭台楼阁、花木陈设是扬州园林构置，内部建筑结构（指主体建筑礼拜堂）是大框架木式结构，亦是传统式中国建筑结构。所不同的是，礼拜堂的梁架框木都带拱式弧度，大门、过道及寺内各衔接的道口大都是拱券门”①。建筑中，中国传统的匾额、石鼓、草木、雕饰比比皆是。

节日习俗等方面，也能看到明显的中国化印记。如每星期五举行的集体礼拜活动，称之“礼主麻”，时间安排一般不放在下午，而是太阳正中稍偏就进行，这样确保不误上班。男女举行婚礼，宗教仪式为“应大单”，20 世纪 30 年代后仪式终止，婚俗完全混同地方。

（二）历史价值

1. 中国古代海上丝绸之路发展史的重要组成部分

海上丝绸之路是古代人们借助季风与洋流，帆船为运载工具，利用传统航海技术开展东西方交流的海上通道。② 海上丝绸之路包括东海航线和南海航线，本文以伊斯兰教为研究对象，所以主要考虑海上丝绸之路的南海航线。

汉代开始，从徐闻（今广东海浦县）、合浦（今广西北海）始，过谌离国、夫甘都卢国（今马来半岛），到黄支国（今印度南部东岸），海上丝绸之路正式确定。③ 隋唐是海上丝绸之路繁荣时期，时“通海夷道”可往东南亚、印度洋北部诸国、红海沿岸、东北非和波斯湾诸国（据《新唐书·地理志》），是海上丝绸之路历代最广最远路线。宋元时期因造船业和航海业的发展，远航能力大大加强。海外贸易已扩大到亚、非、欧、美各大洲，海上丝绸之路发展进入鼎盛阶段。明代海上丝绸之路航线已扩展至全球，特别是郑和率船队七下西洋，开创了中国远洋航海的新时代，后期由于海禁政策，海上丝绸之路渐渐衰败。

扬州与海外的交通，可以追溯到西汉。汉代的扬州凭借境内的铜铁资源、渔盐之利，逐渐成为东南地区最具影响力的经济文化中心和中外交流的

---

① 韦培春，张郁明. 伊斯兰教和扬州文化[A]. 韦培春. 伊斯兰教在扬州. 南京：南京大学出版社，1990：70-71.

② 姜波，赵云，丁见祥. 海上丝绸之路的内涵与时空框架[J]. 中国文物科学研究，2016(6)：23-28.

③ 曾昭璇，曾新，曾宪珊. 论中国古代以广州为起点的“海上丝绸之路”的发展[J]. 中国历史地理论丛，2003(2)：66-77.

重要窗口。这段历史从一些重要墓葬的出土文物中可以得到印证。如大云山汉墓出土鎏金铜象、鎏金铜犀牛,甘泉山汉墓出土西亚风格金器、玻璃等,都是汉代扬州与日本、西亚之间交往的见证。①

唐代扬州成为江河海交汇的港口城市,是海外客商最为青睐的财物集散地。伊本·胡尔达兹比赫在《道程及郡国志》中记录"……由泉州至扬州,航行雷六日,其地物产亦相同。(而)此等中国贸易港,皆临能航行之大(江)河,俱受潮水满干之影响。在扬州之(扬子江)大河处,颇多鹌鸭及其他鸟类"。所以,波斯、大食商人可以经两条路线:一是广州、福建登陆,然后越大庾岭,经洪州(今南昌)、江州(九江),沿长江南下扬州;二是由广州继续海路抵达扬州。吐蕃控制河西走廊后,扬州一跃成为唐代的贸易重心。《舆地纪胜》卷三十七引沈括言:"自淮南之西,大江之东,南至五岭蜀汉,十一路百州之迁徙、贸易之人,往还皆出扬州之下。舟车日夜,灌输京师者,居天下之七。"《旧唐书》卷三七《五行志》云"天宝十载(751 年),广陵郡大风,架海潮,沦江口大小船数千艘。"唐代扬州有三处出海口与运河连接:运河北端的山阳(即楚州,今淮安)、南端的扬子津(后为瓜洲)和东沿的掘港。其中,波斯、大食等国人主要从扬子津和掘港登陆扬州。

唐时扬州海丝贸易的产品主要为胡商携带的香料、珠宝、药材以及来自全国各地的瓷器、丝绸、茶叶、农产品、手工艺品。鉴真东渡日本带去的产于南洋群岛的胡椒、龙脑,产于印度及红海沿岸的苏方木和熏陆香,产于西域与南洋的毕钵、诃黎勒和阿魏等香料,显然是当时扬州市面上较易寻得之物。陈送生比较了泰国猜耶出土瓷碗和扬州出土背水壶后认为:唐代长沙窑瓷器出土最为丰富的是扬州。对扬州出土的背水壶和泰国出土的瓷碗的鉴定,可以说明在唐末(公元 9 世纪),中国的长沙窑已从事生产专供穆斯林市场的陶瓷器,并通过扬州港销往东南亚和中东地区。② 1990 年 12 月 12 日朱江对阿曼苏哈尔古城堡遗址考察采集到自 9 世纪以来的中国古代釉下彩瓷、青花瓷和白瓷片、红蓝二彩花纹瓷器碎片,均属于 9 世纪中晚唐至五代时期釉下彩瓷片。其中青花瓷造型和工艺与扬州出土的唐代青花瓷器工艺

① 顾风,刘尚杰.申遗视野下的海上丝绸之路和扬州价值[J].扬州文化研究论丛(第 4 辑),2009:12.

② 陈达生.唐代海上陶瓷之路的见证——泰国猜耶出土瓷碗和扬州出土背水壶上阿拉伯文图案的鉴定[J].海交史研究,1992(12):40-55.

相似，苏哈尔遗址出土的玻璃器残片还与波斯绿陶片同存伴出现象，这与扬州旧城区三元路唐代文化遗址相同，几乎是同时代产品，说明早在9世纪前后，苏哈尔和扬州之间通行商船，把波斯绿陶和玻璃器运往扬州销售，同时把中国的瓷器运往苏哈尔。①

安史之乱后，扬州的造船业大发展。《旧唐书》记载唐大历年间(766—779年)刘晏任扬州盐铁转运使，针对扬州海洋大港的地位大力发展造船业，“于扬子置十场造船，堰开争路，上下众船相轧”。考古工作者1960年3月在唐代扬子县江滨(今施家桥船闸)，发觉了一处唐代停船的码头以及一艘唐代大木船和一艘独木舟。大木船原长24米，船身上口中宽4.3米，平底宽2.4米，从船口到船底深度为1.3米。全船以楠木制造，船板厚度13厘米，是中国发现最早的一例水密仓船。独木舟出土的位置，船头紧靠大木船的右舷，也是楠木材质。②

唐代扬州的海外通商贸易管理机构按朱江所研究，应为——所由③。这种称谓一直延续到清代，扬州设在南门东侧的钞关乃是管理过往关税的机构，人们还习惯称之为扬由关。另外，州城所在的江阳县及扬州下属的海陵县设置过接待外国来宾的招贤馆，招待往还官客的宜陵馆、广陵馆、平桥馆、水馆。设在扬州江阳与海陵两县的招贤馆，宋代重新划分乡村行政区划的时候，海陵和江都(江阳并入)两县还设置了招贤乡，沿袭至明清两代。④

宋朝政府对海上贸易十分重视。宋太宗雍熙四年(987年)“遣内侍八人，赍敕金帛，分四纲，各往海南诸蕃国勾招进奉”⑤。南宋朝廷更加倚重海外贸易入，高宗绍兴十六年(1146年)上谕：“市舶之利，颇助国用。宜循旧法，以招徕远人，阜通货贿。”⑥此时，长江海口东移，扬州海港地位渐被泉州、宁波等超越。扬子津北岸西沿真州港取代瓜洲口岸，阿拉伯人沿着海上丝绸之路直接航行至真州港，或沿河北上，或溯江西去襄樊。据扬州伊斯兰教会所传，先知穆罕默德至圣的第十六世裔孙普哈丁，学识渊博，精通古兰、圣训、教法，常常接触往来中阿的知名人士，研读汉学，研究中国，特别对人工

① 朱江.远逝的风帆——海上丝绸之路与扬州[M].南京:东南大学出版社,2014:82-87.
② 朱江.远逝的风帆——海上丝绸之路与扬州[M].南京:东南大学出版社,2014:60-61.
③ 朱江.唐代扬州市舶司的机构及其职能[J].海交史研究,1988(6):81-84.
④ 朱江.远逝的风帆——海上丝绸之路与扬州[M].南京:东南大学出版社,2014:103.
⑤ 朱彧.萍洲可谈:卷2(唐宋史料笔记)[M].北京:中华书局,2007.
⑥ 徐松.宋会要辑稿:卷8[M].北京:中华书局,1957.

开挖的世界奇迹——大运河感到惊奇。他57岁时，遵圣言“知识远在中国，亦当去求知”，在阿拉伯王国的马木鲁克·哈里发的准许，经过四年的精心准备，率领一支17人的团队，携带着充足的食用品、黄金、阿拉伯香料等物资，从东临波斯湾的阿拉伯整装出行，乘航海商船，迢迢万里，风雨兼程，赶往商贾如织、已有数千阿拉伯人和波斯人居住的扬州。虽然普哈丁来扬时的具体情形没有史料，但他到后积极传教、兴建清真寺，费资巨大，背后无阿拉伯商人的支持是不可能的。此后的撒敢达、古都白丁等传教者仍沿着海上丝绸之路到达扬州并留下文化印记。

元代以后，虽然扬州仍然是东南重镇，但海上丝绸之路的影响已经趋微。不过从普哈丁墓园保存的元代四通墓碑来看，每通碑文中都有“异乡之死，即是殉教”的圣训，所以可以断定，这时仍有大量海外穆斯林来扬州侨居或定居。①

明代的海上丝绸之路与扬州的联系，也就是郑和下西洋，多次由南京出发，而扬州应是必经之地。

2. 影响古代扬州城市的社会历史进程

在中国古代历史上，从来没有哪座城市像扬州一样，经历过如此多的起起落落。扬州城始自春秋吴王夫差所筑“邗城”，隋代因开挖运河而逐渐兴盛，“北吞淮泗，西连滁濠，南浮金陵，东汇海壖”②，长江运河交汇，濒临大海，水陆交通，全无滞涩。安史之乱后，北方经济重心南移，扬州成为声名远播的繁华都会，王公贵族争相往之。扬州城最初建于北部蜀冈之上，谓之“子城”，为官衙集中地。杜亚为淮南道节度观察使时期，“扬州官河填淤，漕虓堙塞，又侨寄衣冠及工商等，多侵衢造宅，行旅掩弊，亚乃开拓疏通，公私悦赖”。此时扬州城市的拥堵，应和安史之乱导致的北方人口涌入有一定关系，但也应考虑海上丝绸之路贸易繁盛，胡商大量流动的情况。后在东南部平地增建“罗城”。罗城形状规整，呈长方形，城内有东西五坊，南北十三坊，每坊长450～600米，宽约300米。坊外围绕整齐的街道③，是民居和工商业分布区域。商品贸易的发达引来达官贵人的兴趣，唐朝大历“十四年七月，令王公百官及天下长吏，无得与人争利，先于扬州置邸肆贸易者，罢之。于

---

① 米寿江. 扬州早期的穆斯林与伊斯兰教东传[J]. 世界宗教研究，1999(2)：12-15.

② 雷应元. 扬州府志[M]. 北京：中华书局，1992.

③ 刘捷. 由唐至明运河与扬州城的变迁[J]. 华中建筑，2001(5)：82-85.

是，诸道节度观察使以广陵（扬州）当南北大冲。百货所集，多以军储货贩，列置邸肆，名托军用，实私期利”（《唐会要》）。可见，当时店铺极多。唐诗里写“十里长街市井连”“夜市千灯照碧云”应不是夸张之词。唐朝城市管理严格的坊市制空间上和时间上都被打破了。①

胡商在当时因贸易和自身生活需要，多为聚居，日常管理自行解决，城市因而出现“蕃坊”，这使得城市聚落构成增加一个特别元素。宋以后，扬州开始出现清真寺，不仅再一次改变城市景观形态，而且由于“五功”等宗教活动的需要，清真寺周围成为伊斯兰教徒的聚居之地，形成新的城市空间。

从城市人口规模来看，唐天宝年间扬州城市人口是 7 万多户，是当时东南人口最多的城市②。考虑到唐朝通常不著籍户约为著籍户数的二分之一（《食货志・历代盛衰户口》），则不著籍至少也有近 4 万户。这样庞大规模的流动人口，主要从事的只可能是商业，而胡商所占比例应该不小。及宋，很多阿拉伯人、波斯人定居扬州，不仅带来扬州城市著籍人口总数的增加，而且带来种族和民族的变化。江都大桥镇的波斯庄、高邮菱塘镇回族乡就是例证。

外国通商人口的涌入，也给扬州带来城市经济的异变。《旧唐书》曰：“扬州地当冲要，多富商大贾，珠翠珍怪之产。”胡商的传统经营项目恰是珠宝、香料等行当。天宝十二年（753 年），鉴真最后一次东渡，随行的弟子有扬州优婆塞蕃仙童、胡国人安如宝、昆仑人军法力等人，他们在扬州主要也是从事珠宝业和贵重药品行业。手工艺品中也不同程度地受到西亚文化的影响，如扬州铜镜出现狮子的纹饰造型和打马球的题材，很多工艺品使用阿拉伯文进行镌刻。随着商业经济的发展，娱乐行业也逐渐兴旺起来，唐人于邺《扬州梦记》里真实描绘扬州繁华如梦、令人流连忘返的夜生活场景：“扬州，胜地也。每至城向夕，娼楼之上，常有绛纱灯无数，辉耀罗列空中，九里三十步街中，珠翠填咽，邈若仙境。”扬州已经从工商业城市转向娱乐消费型城市。

（三）社会文化价值：伊斯兰文化与中国传统文化融合的体现

伊斯兰教传入扬州的历史，实际上也就是伊斯兰文化与中国传统文化相互融合、共同发展的历史。自唐以来，伊斯兰教文化经由各种形式源源不

---

① 诸祖煜. 唐代扬州坊市制度及其嬗变[J]. 东南文化，1999(4)：77-80.

② 冻国栋. 唐代人口问题研究[M]. 武汉：武汉大学出版社，1993：151.

断地进入扬州，留下了众多的遗迹，也向我们展示了其如何从一个外来文化，一步步融入并影响中国传统文化的轨迹。

建筑是伊斯兰教影响中国传统文化最直接的体现。扬州历史上伊斯兰教建筑在各个时代都有所修建，但因为战争和时代发展情况，保存下来的仅有普哈丁园、仙鹤寺及菱塘古清真寺。

普哈丁园，又名巴巴窑、回回堂，是中国伊斯兰教史上著名先贤普哈丁的墓园，现位于扬州市解放桥南侧、古运河东岸的土岗。墓园坐东朝西，正门临河，占地 15 600 平方米，分清真寺、墓区和园林区三部分。墓区是墓园主体部分，由北墓区和南墓区组成。北墓区是墓区的核心区域，有普哈丁墓、法纳墓、古墓葬群、阿拉伯人墓碑等多处墓葬、墓亭建筑。普哈丁墓亭位于北墓区的中心，砖石结构，平面呈方形，四出拱门，墓用青石筑成五级矩形层叠式墓塔，南北向放置于亭中央；墓顶为圆拱形。南墓区为明清以来中国伊斯兰教的阿訇和虔诚穆斯林的墓葬群，清代回族爱国将领、民族英雄左宝贵衣冠墓等。清真寺由门厅、礼拜殿、水房组成，其中礼拜殿坐西朝东，面阔三间，殿前庭院东端墙上攀援香水月季，香溢满园，殿内有拱形圣龛及由阿文《古兰经》组成的图案，具有浓厚的伊斯兰宗教氛围。园林区位于墓园东部，围墙上开有月门，与墓区相连。

普哈丁园历史上因战争受损，经清到今，陆续修缮，作为中国伊斯兰教的圣地对外开放，2001 年被公布为国家级文物保护单位。

普哈丁园的建筑设计融合了中国古典建筑和伊斯兰建筑风格。墓园方位的选择是伊斯兰建筑常见做法。墓亭的砖砌圆形穹顶，是典型的阿拉伯风格的建筑“拱拜尔”式，外貌呈中国传统亭式四角攒尖顶，上复青色筒瓦，饰以紫红、黄、蓝色相间的瓷葫芦顶，又是中国传统建筑的风格式样。普哈丁墓的侧门，是伊斯兰教的建筑式样，大门共两层，底层通行人车辆，二层正面的四扇窗子为伊斯兰教风格的莲花瓣式窗子。楼顶部四角如葫芦的上部形状，且有竖形“1”字，表示真主是唯一的。中央为一个大的葫芦形，尖端上饰月亮，与中式大门的形状大不相同。① 墓园中的伊斯兰教文化印记和中国传统建筑装饰比比皆是：墓塔雕刻的牡丹花纹、缠枝草、如意纹和阿拉伯文《古兰经》的章节，砖墙的发拱券和四角的逐层叠涩做法，墓顶悬挂的阿拉伯

---

① 陈云观. 扬州宗教名胜文化[M]. 扬州：广陵书社，2003.

文书写的方匾，石阶甬道两旁石栏的狮子戏球、鲤鱼跳龙门、三羊开泰等浮雕图案，礼拜殿内拱形圣龛及由阿拉伯文《古兰经》组成的图案等等。

陈从周先生评价说："在建筑手法处理上，此墓域利用原有土阜，在巨大的银杏树间参差错落地置以墓亭，配以轩榭，绿化与建筑物组合得非常妥帖有致，既充满着伊斯兰教的宗教气氛，又具有中国地方风格的特色。这种利用庭院式的墓域布置，可说是一种打破传统手法的新处理"。①

仙鹤寺又名礼拜寺，因附近建有清白流芳石牌坊，也有称其为"清白流芳大寺"。坐落在扬州市区南门街111号，南宋德祐元年(1275年)由普哈丁来扬州传教时创建，明洪武二十三年(1390年)重建和嘉靖二年(1523年)两次重建，至今仍保留宋、明、清各代遗迹。它与广州怀圣寺、泉州麒麟寺、杭州凤凰寺并称为中国东南沿海伊斯兰教四大名寺，现为江苏省重点文物保护单位。

仙鹤寺之所以以"仙鹤"为名，是因为它的建筑布局形体似仙鹤。大门对面的照壁为鹤嘴，寺门为鹤头，南北两井为仙鹤的双眼，进寺门向右至大殿的甬道为鹤颈，大殿为鹤身，南北两厅为鹤翅，后院的两棵柏树为鹤腿，大殿后临汶河路的一片竹林为鹤尾。

仙鹤寺大门朝东，门侧有明代抱鼓石一对，刻有牡丹、荷花等植物花卉纹样。院北建有水房，为穆斯林沐浴净身场所。主殿面阔五间，七架梁，进深三间，带卷棚前廊，大殿与后窑间有砖砌圆拱门五个，这种形式系受阿拉伯伊斯兰教建筑的影响。殿顶建筑上采用勾连搭式，前部为单檐硬山顶，后窑殿中部有小楼，为重檐歇山顶，外观玲珑秀丽。楼层四面开窗，光线集中在"米哈拉布"部位，使雕刻精美的凹壁更加华丽光彩。大殿西面正中有圣龛。大殿南山墙外有一座望月亭，系明代所建。院南有一座间七架梁的楠木厅，亦系明代建筑，称为"老厅"，又叫"诚信堂"。

"仙鹤寺采用过银杏树前的鹤颈形弯道再过垂花门，才入大殿院落的做法，这是采用扬州庭园建筑中，空间大小对比，小中见大的手法，以显示大殿空间的开阔雄伟。圣龛全部用木板浮雕阿拉伯文字的《古兰经》经文作图案，分层次地排列，围绕中央凹进的拱形圣龛，木板饰以红漆，阿拉伯文为涂金，使大殿渲染成浓厚的伊斯兰宗教的气氛。"②

---

① 陈从周. 扬州伊斯兰教建筑[J]. 文物，1973(5)：67-72.

② 朱懋伟. 伊斯兰文化与扬州建筑的融合[A]//韦培春编. 伊斯兰教在扬州. 南京：南京大学出版社，1990：131-138.

刘致平评价:“该寺占地面积小,建筑物布置非对称式,用小天井(非四合院式),是该寺的平面特点。将学校亭园布置在一个院内,又将大殿布置在另外一区,大门内又另形成外殿,区划分明,三区各不相扰而又联系,灵活紧密又极为节省占地面积,是此寺建筑上巧妙之处。另大殿左山墙上建明月亭一座以及走廊,使此院颇富于园林风趣”。①

《中国伊斯兰教建筑》一书中将中国伊斯兰教建筑划分为三个时期:第一时期,伊斯兰教建筑的移植时期,从唐到元末约700余年;第二时期,伊斯兰教建筑发展的高潮时期,从明初至鸦片战争前的约500年间;第三时期,从鸦片战争到新中国成立的百余年间。扬州伊斯兰教建筑则是国内比较罕见的能够完整反映这三个历史时期中国伊斯兰教建筑发展和演变的典型建筑样本之一,具有不可多得的历史价值和学术价值。

饮食业方面,淮扬菜系风味的形成,与伊斯兰教商人有关。唐时胡人大量从西亚、东南亚带入的香料成为菜肴调味品;胡人的面食点心,演变为今天的烧饼、油条、阳春面等;胡人的食俗习惯和禁忌,形成以牛肉的烹制为主,兼擅家禽的熏烧和腌制;制作精工、口味清淡的特色,区别于北方的清真菜,并最终融入淮扬菜中,成为其一部分。

医药业上最为突出的是胡人香药进入中国传统医药。“江南药少淮南有”“扬州喧喧卖药市”,阿拉伯人开设的许多“胡店”在唐朝的扬州形成了兴隆的香药市场。没药、安息香、龙脑香、阿魏、胡麻、苜蓿等今天仍然广泛应用于中药中。元朝设立“广惠司”,专以阿拉伯医生治病,专用回回药物。至今,扬州中医界还有不少出身于穆斯林世家的医生。

伊斯兰教传入中国后,在友好交往、和睦相处的日常社会生活中,在民风习俗方面产生了广泛的影响。例如,由于波斯富商长于识宝和向唐朝献宝,扬州产生了一种葬俗:人死之后,用纸扎两个波斯像和一只装满元宝的纸箱,进行火化。此外,也有学者研究认为,扬州本地的方言与乌鲁木齐回民汉语在声调和词法上有一定的相似地方②,特别是通过胡商经营物品名称的交流以及伊斯兰人名、物名,丰富了本地词汇。

从价值观念的角度来说,伊斯兰是一个务实的宗教,它既注重人的信仰

---

① 刘致平.中国伊斯兰教建筑[M].乌鲁木齐:新疆人民出版社,1985:36-37.

② 黄继林.扬州方言与伊斯兰文化[A].//韦培春编.伊斯兰教在扬州.南京:南京大学出版社,1990:139-148.

建设,又注重人的物质生活。历史上,阿拉伯人就以经商为传统职业,伊斯兰教倡导的诚信、公平、守法、仁爱、勤劳其实也就是商业精神的体现。在阿拉伯人进入中国以后,这种商业精神势必和中国传统伦理道德产生碰撞。可喜的是,中国古代儒家思想虽重义轻利,但就价值观来说,和伊斯兰教并不抵触。

从以上历史的回顾中可以看出,扬州是伊斯兰教传入中国早期的发生地和传播基地之一,尽管由于战火屠戮和时代变迁,早期的遗存较少,但已有的史料,特别是瓷器的考古物证完全证实这一历史。现有保存完好的普哈丁墓园、众多的碑刻和文献记录以及完整展现伊斯兰教中国化和持续性传教的仙鹤寺,都是具备极高文化和历史价值的伊斯兰教遗产。

联合国教科文组织1972年通过的《保护世界文化和自然遗产公约》,规定世界遗产的遗产地应当是"从历史、审美、人种学或人类学角度看具有突出的普遍价值的人类工程(或)自然与人联合工程以及考古地址等地方"。世界遗产委员的《实施世界遗产公约操作指南》中,对突出普遍价值做了明确的定义:"突出普遍价值指文化和(或)自然价值之罕见超越了国家界限,对全人类的现在和未来均具有普遍的重大意义。因此,该项遗产的永久性保护对整个国际社会都具有至高的重要性。世界遗产委员会将这一条规定为遗产列入《世界遗产名录》的标准。"

因而,遗产的突出普遍价值是能否申报成功最重要的因素。考虑价值评估的理解角度和操作复杂性,古迹遗址保护协会(ICOMOS)在2005年喀山(Kazan)会议上专门提出的突出普遍价值的评估程序,包括以下几个步骤①:定义它的品质,找出遗产的文化品质(cultural qualities);考虑这些品质的价值,评价出其是否具有价值;考虑这些价值是地方的、地区的还是全人类的(评价出其文化品质的价值是普遍的,即具有普遍价值)。

可见,识别文化品质是首先要解决的问题。遗产文化品质的识别,实质上可以认为是对遗产的文化特征识别。2005年ICOMOS提出的"文化品质"类型主要包括以下10种②:如一种有特色的文化的证词,它的生活方式

---

① World Heritage Center. ICOMOS Background Paper [EB/OL][2005-05-27]whc05-29com-inf09Be,http://www.icomos.org/.

② 张笑楠.突出普遍价值评估与遗产构成分析方法研究——以大运河为例[J].文物保护与考古科学,2009(2):1-8.

或者它的映像;技巧或者建设的规模的范例;美学观念/理想/设计技巧的表达;联系到艺术作品、文学、图像或者音乐;神话,传说,联系到神话、传说、历史事件或者传统;精神的和/或宗教的联系;产生审美愉悦或满足;纪念——个体或者群体记忆;构成玄学与知识、哲学或者玄学/超自然观念或运动的构成相联系;产生感官的或者加剧的情感反应——敬畏、惊奇、恐怖、害怕。

所以,遗产项目的文化品质识别,应该从这10种类型中去确认申报项目所属文化品质类型,并根据历史研究结果找到其与文化特征的联系。

如普哈丁园,从文化品质类型上可以考虑以下基本类型:

①技巧或者建设的规模的范例;

②精神的和/或宗教的联系;

③纪念——个体或者群体记忆。

"建设技巧范例"价值阐释主要从伊斯兰教原产地建筑风格和融合中国建筑的技术和艺术特点方面去表达。

"精神的和/或宗教的联系"价值阐释主要为伊斯兰教传教者在扬州传教的实物见证,与伊斯兰教传播史上的"普哈丁来华"有密切关联。

"群体记忆和纪念"价值阐释集中于历史上外国人聚居区和墓园的众多归葬代表的宗教交流和民族迁徙与融合。

价值判断上应重点考虑稀有、丰富、可作模范、成群组、有影响、考古价值的器物等以及有独特性、有社会价值等标准。

总而言之,伊斯兰教遗产作为海上丝绸之路的遗产项目申报,应充分考虑世界遗产申报的标准操作方法和程序。遗产项目的申报材料,要紧紧围绕文化品质和对应价值阐释来进行准备。在此过程中,最大化地利用遗产申报利益相关群体,建立申报项目组各层级的专家队伍,至关重要。

作者简介

王志稳(1973—),男,扬州大学旅游烹饪学院讲师,主要从事地理学、旅游资源学等方面研究。

薛鹏(1968—),回族,男,扬州市伊斯兰教协会副会长兼秘书长,邗江区政协委员,长期从事民族宗教工作。

来自西域的印记
——寻觅丝绸之路在扬州的踪迹

韦明铧

扬州不仅是陆上丝绸之路的终点，也是海上丝绸之路的起点。两条丝路在扬州连接，迸发出东西方文明碰撞交融的火花与光芒。

今天，我们无论是行走在扬州的古城还是郊外，漫游在扬州的名胜还是街头，总能够从现实、传说、文物、食品乃至俗语里寻觅到来自西域的种种印记。这些貌似平常的痕迹里，隐藏着古老的丝绸之路留给我们的神奇、深邃和启迪。

波斯：名字中的时尚

1963 年夏天，在扬州东郊五台山唐墓里出土了一方墓志铭，上面铭刻着“河东郡卫氏夫人墓铭”九个篆字。这是唐渤海吴公故夫人卫氏的墓志铭，由裴子章撰写。墓志铭的大意是：卫夫人的先世在河东郡，家族兴旺而德行高尚，世世传承礼义，代代沿袭儒风。生母陈氏太夫人育有二女，夫人为次女，具有女性的美德。早年嫁渤海吴氏，相敬如宾。可惜天机难测，芳华易逝，夫人忽染小病，药物无效，于唐光启二年(886 年)六月十五日逝于扬州江阳县庆年坊，享年四十有三。卫夫人育子五人，二男三女。最令人惊叹的是第二个男孩的名字，“长子曰延玉，次子曰波斯”。为什么将自己心爱的儿子取名“波斯”呢？无非因为“波斯”两个字在当时的中国非常时尚与响亮，就好像现代中国人常常取名“建国”“跃进”“卫东”一样。

唐代扬州有很多波斯商人，有些波斯人以扬州为家，在此生儿育女，甚至死后也葬在扬州。波斯人深目隆鼻，腰缠万贯，走在扬州十里长街上，异域风情十足。生子取名“波斯”，正是追逐时髦的表现。

中东文化早就传入中国，有一个被称为“景教”的教派起源于今日的叙利亚，长安、扬州都是景教的传播地。扬州曾经出土过数块景教徒墓碑，说明了丝绸之路为不同文化的交流提供了绝好的通道。

大约从元朝开始，由于大量色目人来到中国，中国景教信徒愈多。马可·波罗和一些中世纪西方学者指出，中国有很多景教团体存在。元朝的景教徒被称为“也里可温(arkagun)”，可以享受免役和免税的特权。马可·波罗说，元代的北京、大同、敦煌、肃州、甘州、凉州、宁夏、喀什、叶尔羌、伊犁、扬州、杭州、镇江、温州、泉州都有景教徒和景教寺。明朝以后，才逐渐衰微。

如今在扬州博物馆里收藏的“河东郡卫氏夫人墓铭”，告诉我们唐代扬州有个小孩叫作“波斯”。在这个名字里面，包含着中外文化交流的重要信息。

胡饼：舌尖上的历史

走进扬州老字号大麒麟阁，可以看到一种被称为“扬州胡饼”的美食。扬州为什么会有胡饼呢？

图 1 扬州胡饼

关于胡饼的定义，说法有二。其一，“胡”原指中国北方和西方的少数民族，后来引申为西域的民族。西域食品早就传到中国，《后汉书》说“灵帝好胡服、胡帐、胡床、胡坐、胡饭、胡箜篌、胡笛、胡舞，京都贵戚皆竞为之”。来自胡地的物品都称为“胡”，胡饼当然是源于西域的饼，北宋黄朝英《缃素杂记》说：“盖胡饼者，以胡人所常食而得名也。”其二，汉代刘熙在《释名》中说：“胡饼，作之大漫冱，亦以胡麻著上也。”“漫冱”的意思为无边际，形容其饼之大，由此可知汉代胡饼应当很大，并在表层撒上胡麻。或说胡饼就是新疆的馕。如今扬州街头常有新疆人推车叫卖色泽金黄、刻有花纹、质地硬实的圆形大饼，也是一种胡饼。大麒麟阁的胡饼，精致而小巧，应是与扬州文化交融后的产物。

胡饼传入中国后，很快受到各阶层的喜爱。《三辅决录》有“赵岐避难至北海，于市中贩胡饼”的记载。《晋书》说“王羲之独坦腹东床，啮胡饼，神色自若”。这都是胡饼受到中国人欢迎的证明。到了唐代，啮胡饼已经成为一种新潮的享受。《旧唐书》说“贵人御馔，尽供胡食”，其中就包括了胡饼。

扬州人还传说，胡饼就是“炉饼”，制作工艺犹如扬州出名的“草炉烧饼”。这一说法的真实性，还有待考证。不过自古以来文化就是相通的，探究制作工艺的来源固然重要，但更重要的是文化的相互融合。宋代的胡饼在制作上已经有所变化，出现了诸如白肉胡饼、猪胰胡饼等新品种，其中白肉胡饼是经常出现于权贵餐桌上的美食。白肉胡饼与今天陕西的名小吃肉夹馍类似，即将烤制好的胡饼一剖为二，中间夹以砧压去油的熟肉。扬州人喜欢在刚出炉的草炉烧饼里夹入油条或咸肉，想到一口咬下去，那混合着芝麻香、烧饼香、油条香或猪头肉香的美味，就令人禁不住口水直流。我们有什么理由说，这种吃法不是受到胡饼的影响？

波斯庄：现实里的村庄

江都有个奇特的村庄，据说从前波斯人聚居过，村口路牌上赫然写着“波斯村”三个大字。村里有座洋溢着阿拉伯风情的园林，门口石碑上用中阿两种文字写着“波斯庄”。村名的由来，有着两种不同的说法。一说这里曾是长江的码头，波斯商船常在此停泊，形成了波斯人聚居的村庄；另一说是有个波斯人与当地姑娘通婚，后在抵抗土匪的战斗中牺牲，为纪念他当地人就将村庄改名为波斯庄。

波斯庄虽然没有确切的记载和可靠的实物，但它的来源依然引起国内外学者极大的兴趣。甚至有学者提出，村里有少量姓“佴”（音 nài，当地人则读作 li)的居民就是波斯人的后裔,他们除了眼珠是黄色的,长相与其他人没有太多差别。当地人还种有荞麦,而荞麦原产于中亚,是波斯人的主食,揣想也是由他们传来中国的。村民们喜食荞面疙瘩汤、荞面薄饼、荞米粥等。这些别具风味的食物,不仅可以防暑,也可作为土宜,是不是与波斯有什么关系?

至今,这里还有不少饭店、商店、旅社以“波斯”命名,许多建筑物上饰有美丽的阿拉伯图案。长期的融合与同化,使这个村子的生活习俗与周围没有太大差别,唯有祭祀方式仍保留着古波斯拜火教的色彩。

村子里有座波斯亭,里面的石碑这样记载:“波斯村原名榉阁村,唐朝波斯商人在此设肆经商。朝廷腐朽,雨涝为患,盗匪猖獗,于是乡民拥波斯商人为长,与来犯之敌殊死搏斗。波斯人拒敌于村外,不幸为敌所戮,抛尸河中。乡民打捞忠骸,裹以素锦,遵其俗尚,祭以大礼,葬于村旁。念其保乡保民之恩,易名为波斯庄。”我们宁可相信这不是传说,而是信史。

波斯胡:传奇中的商人

唐代扬州处于扬子江和大运河的交汇点,因水路运输为当时主要交通要道,故胡商云集。唐人将来自波斯、大食、天竺、罗马及西域的商人统称为“商胡”。为了便于区别,在“胡”前加上国家名,所以波斯商人被称为“波斯胡”。宋人李昉所编《太平广记》记载了波斯胡的许多故事。如说有一位在扬州行商二十多年的波斯老人,自称“我本王贵种,也商贩于此,已逾二十年”。还有一位唐代开元年间的波斯胡在扬州生子,到睢阳经商时身染重病,病中还念念不忘回扬州,说“异乡子抱恙甚殆,思归江都”。

波斯胡在扬州从事的行当,多利润丰厚而具有特色,有珠宝业、金融业、医药业和餐饮业等。

珠宝业的高额利润吸引着波斯胡收藏、运输和交易珠宝。《太平广记》载,元和初年,某盐船的守船者获得宝珠,“至扬州胡店卖之”;又载,建中初年,有乐安任顼者,好读书,后得到一珠,来到广陵,有胡人见之曰:“此真骊龙之宝也,而世人莫可得。”结果以数千万为价而市之。

波斯胡还在扬州开设钱庄,借此进行大宗金融交易活动。《太平广记》说,李生欠折官钱数万贯,在扬州遇到得道的卢二舅。卢二舅了解李生情况后，将随身拄杖送他至波斯邸取钱。波斯人见李生手中的拄杖，大惊："此卢二舅拄杖，何以得之？"依言付钱。所谓波斯邸就是钱庄，卢二舅的拄杖就是金融交往的凭证，相当于今天的支票或存折。

波斯胡还在长安、洛阳、广州、扬州等城市从事药材贸易。据《唐大和上东征传》记载，天宝年间鉴真和尚二次东渡日本前，曾在扬州"备办海粮"。在他采集的药物中，有麝香、沉香、甲香、甘松香、龙脑香、瞻唐香、安息香等共六百余斤，又有毕钵、胡椒、阿魏、石蜜、蔗糖、诃黎勒等五百余斤，都是舶来品。据认为，这样大宗的海外药材交易，货物应是扬州波斯胡中的药材商提供的。

"波斯胡"，留下了无数关于财富的故事。

波斯陶：陶壶里的风涛

1963年早春，在扬州东南近郊征集到一件双耳绿釉大陶壶。这一带原是唐代扬州罗城外的墓葬区，这只长颈丰肩的壶似乎就出自墓葬中。在很长时间内，人们都以为它是一件唐代陶器而未加重视。直到二十年后，经过专家鉴定，才知道这是来自波斯的安福拉式陶器。

自那以后，扬州又出土了大批波斯陶片。据顾风先生在《略论扬州出土的波斯陶及其发现的意义》一文中说，扬州出土的波斯陶片具有一些显著的特征：一是胎色多呈淡黄，色泽鲜妍，与汉唐陶器有明显区别；二是这类陶器胎质疏松，胎骨和釉层往往厚于国内的釉陶器皿；三是胎釉结合比较紧密，基本无脱釉现象；四是这类器物的口沿上留有支烧痕迹，说明它们是单个覆烧或对口合烧的；五是这类陶片标本中既有釉质匀润、发色鲜艳的优质品，也有表面不平、黯淡无光的劣等品；六是这批陶片的釉层表面，都有云母光泽或粘有云母状的物质。

扬州出土的波斯陶片，后经中国社会科学院上海硅酸盐研究所作化学分析，结果是它们的胎釉化学成分与汉代绿釉陶器有明显的区别：波斯陶胎体氧化钙的含量高出汉代绿釉陶胎体氧化钙的含量九倍，波斯陶釉中二氧化硅的含量为汉代绿釉陶中二氧化硅含量的一倍左右。这表明两种器皿的烧造工艺完全不同。

国内出土波斯陶的只有福州和扬州，亚洲发现这类波斯陶的则有伊朗、伊拉克、巴基斯坦、斯里兰卡、菲律宾、泰国等。

扬州出土的波斯陶，毫无疑问是中波文化交流的实物见证。波斯和中国有悠久的交往史。早在唐朝之前，波斯与北魏就建立了联系。《洛阳伽蓝记》写洛阳城里有很多“西夷”，其中包括波斯人。隋炀帝时，裴矩在《西域图记》中记载了通向波斯的丝绸之路中道。隋唐时期，波斯商船从海上频繁来到中国东南沿海进行交易。来自波斯以及昆仑、婆罗门的商船，满载着香药珍宝，先到达南中国，然后经过南昌，沿着长江，来到扬州。唐人那些文笔绮丽的传奇所描写的波斯胡，大都是从海上来到中国的。唐人《广异记》说，有波斯胡人在洪州（今江西南昌）一僧人处市一小瓶，大如合拳。后胡人至扬州，长史邓景山知其事，问胡人瓶里装的何物，胡人说：“瓶中是紫羖羯，人得之者为鬼神所护，入火不烧，涉水不溺。”如果小瓶子装得下这种神奇的宝物，那么那只大陶壶应能装得下海上丝路的风涛。

波斯球：铜镜上的运动

1965 年，邗江泰安出土一面唐代打马球图铜镜。铜镜为八瓣菱花形，直径约六寸，厚度约三分。镜背主纹饰是四名神态各异的骑士打马球的图案，骑士们或驰马高举鞠杖，或勒马平持鞠杖，或反手下持鞠杖，或倒骑挥动鞠杖，生动逼真地刻画出打马球的激烈场面。

图 2 打马球铜镜

马球本是波斯人喜爱的运动，因人骑在马上持棍打球，称为马球，又称波斯球。汉代传入中国，唐代由波斯商人传入扬州，成为扬州民俗游戏之一。

这种来自异域的马球运动，后来居然被聪慧的扬州工匠移植为铜镜的纹饰，成为中波体育交流的文物。目前中国仅存三面波斯球图案铜镜，一件为故宫博物院的传世品，一件收藏于安徽怀宁县博物馆，而以扬州出土的这一面铜镜保存最好，是唐镜中的珍品。古代的扬州铜镜有“铸镜广陵市，菱花镜中发”的美誉，这面铜镜更是珍品中的极品。

唐代扬州因铜材来源便利，又汇集了高水平的手工匠人，使得扬州铜镜蜚声遐迩。“扬州青铜作明镜，暗中持照不见影”，明若秋水的扬州铜镜以在江心舟所铸的江心镜最为著名。据《异闻录》载：“天宝三载五月十五日，扬州进水心镜一面，纵横九寸，青莹耀目，背有盘龙，长三尺四寸五分，势如飞动，玄宗览而异之。”唐代关于扬州江心镜屡有记录，可见名不虚传。1998年，印尼海底发现“黑石号”沉船，出水的一面铜镜上刻有“唐乾元元年戊戌十一月廿九日于扬州扬子江心百炼造成”铭文。这面铜镜的重现天日，证明扬州铜镜不仅闻名国内，而且远销海外。同时发掘的还有六万余件中国陶瓷器，同样的器皿在扬州均有出土。“黑石号”沉船上的文物，使学者普遍认为该船是从扬州解缆起锚，目的地可能是伊朗的席拉夫。

小小一面波斯球铜镜，不但是中波友谊的信物，也是扬州工艺的奖牌。

波斯献宝：俗语中的奥秘

扬州人形容他人炫富，常讥之为“波斯献宝”。关于波斯胡识宝的故事，古代小说多有涉及，故事发生地大多离不开“广陵宝肆”。唐代的扬州，堪称国内珠宝的集散地和国际珠宝的交易中心。

“广陵宝肆”曾有许多奇珍异宝，李朝威《柳毅传》说，书生柳毅替受夫家虐待的龙女送信给洞庭龙君，龙君为感谢柳毅，赠给他碧玉箱、开水犀、红珀盘、照夜玑等宝物，“毅因适广陵宝肆，鬻其所得”。这则传奇反映了唐代扬州拥有巨大珠宝市场的现实。张读《宣室志》也讲过一个神奇的故事，说书生韦弇在四川游玩时遇到了神仙，酒酣之后，神仙们送他三件宝物，一件是碧瑶杯，一件是红蕤枕，一件是紫玉函。韦弇得到宝物后，带到扬州集市卖。有个胡人出资数千万购买，说这是价值连城的“玉清真三宝”，即神仙饮过的酒杯、睡过的枕头和用过的玉匣。韦弇从此富敌王侯。扬州人称那些识宝的人为“别宝猴子”或“别宝回子”，都是从“别宝回回”衍生而来。“回回”，就是波斯胡。

唐代之后，扬州经营珠宝文物的古玩业依然名闻遐迩，以至于各地的宝物必须到扬州来交易，才能卖上好价钱。清凉道人《听雨轩笔记》说，绍兴人陶小峦携带两大箱“碧霞髓”宝石回故乡，绍兴珠宝店只肯以每块八十金至百余金的价钱收购。后来其子携带这批宝石陆续到扬州、苏州、杭州等地，价钱数倍于此。直到民国年间，扬州古玩业仍十分兴旺，知名的有砖街的鼎彝斋、新胜街的马庆记、得胜桥的敏求山房以及左卫街的古欢斋、正德斋、古物商店等家。

波斯胡以他们独特的文化背景和鉴宝知识，促进了“广陵宝肆”的繁荣。以至于我们今天一提到“波斯献宝”这个词，就会油然想起古代经由海上丝绸之路来到扬州的波斯商人以及他们留下的种种神秘的传闻。

如今丝绸之路已经成为历史，它留给我们的是一个个未解之谜。所幸的是，扬州到处都散落着古老丝路留下的屐痕。它们向世人讲述中外交流的神话般的历程，再现古代扬州的梦幻般的繁华。它们在让我们重温昔日扬州辉煌的同时，也激励我们继续以阔大的胸怀融入世界，加快实现我们重建世界名城的梦想！

图3 胡人骆驼俑

作者简介

韦明铧(1949—)，男，扬州文化研究所名誉所长，文化学者、一级作家，扬州市有突出贡献的中青年专家，扬州市政协常委。

佛教海路来华说臆补

韦 正

摘 要:佛教海路来华后有两条路可走:一是佛教在两广地区登陆后,向北传入长江中游地区,然后北上中原,或东下长江下游地区;一是佛教直接在山东至浙江沿海地区登陆,然后在长江下游乃至长江中游地区流传。与佛教西北丝路来华说、西南滇缅路来华说相比,佛教海路来华说过去或在文献记载、或在考古发现上都有所不足,近年来的考古新收获则正在改变这个局面。中国东、南部沿海地区战国晚期以来墓葬出土的裂瓣纹银豆、铜象、铜犀牛等文物几乎不见于中原内地,说明中国东、南部沿海地区与南海存在着航路。合浦为中心的广西南部地区集中发现玻璃、水晶、绿松石、琥珀、金珠、俑座灯等文物,表明合浦是直接联系古印度的重要港口。广州具有与合浦同等重要的港口地位。广州南越王宫苑石构建筑、合浦等地的小平砖叠涩半球形墓顶、南阳等地的四隅券进式墓顶,特别是临沂吴白庄汉画像石墓前室多边形立柱和圆拱,说明西方的建筑技术很早就沿海路传播到中国东、南部沿海地区,并向内地渗透。佛教正是在这些有利条件下,大约在东汉晚期沿海路来华,合浦东汉墓中的钵生莲花器、沂南画像石墓中的带头光童子、施无畏印的东王公可作为物证。东吴、西晋魂瓶等陶瓷器上的佛像是佛教在长江中下游地区流传的直接证据。魂瓶上堆塑的是蓬莱仙境景象,佛是作为蓬莱仙人的替代者而出现的,这暗示了佛教浮海到达中国东部沿海地区。《汉书·地理志》所载的南海航行路线、《法显传》记载的两广至山东半岛的海上旅程、《牟子理惑论》及《梁书》等文献中关于佛教到达中国东、南部沿海的记载,与考古发现进一步共同支撑了吴晋佛教海路来华说。

一、佛教海路来华说的基本内容

梁启超《佛学研究十八篇》说:“向来史家,为汉明帝求法所束缚,总以佛教先盛于北,谓自康僧会入吴,乃为江南有佛教之始。其北方输入所取途,则西域陆路也。以汉代与月支、罽宾交通之迹考之,吾固不敢谓此方面之灌输,绝无影响。但举要言之,则佛教之来,非由陆而由海,其最初根据地,不在京洛而在江淮。”梁启超列举的基本理由是：“汉武帝刻意欲从蜀滇通印度，卒归失败。然非久实已由海道通印度而不自知。盖汉代黄支，即《大唐西域记》中西印度境之建志补罗国，时以广东之徐闻、合浦为海行起点，以彼土之已不程为终点，贾船转相送致。自尔以来，天竺大秦贡献，皆遵海道。凡此皆足证明两汉时中印交通皆在海上，其与南方佛教之关系，盖可思也。”①梁启超列举的另一重要理由是：“其真为佛教理的输入者，不得不首推安世高。世高为译经之第一人。其书传于今者，真伪合计，尚三十余种。其为中国佛教之开山之祖，固无待言。旧说皆谓世高译业在洛阳，然按诸《高僧传》本传，则世高在广州、在豫章、在荆州、在丹阳、在会稽，皆有遗迹，淮以北则无有。且为高襄译者，实临淮人严佛调。以吾之武断，竟欲谓高译诸经，皆南方也。倘以上所推不甚谬误，则我国佛教，实先从南方得有根据，乃展转传于北方，与旧籍所传者，适得相反。”②在梁启超所在的时代，中国南方地区的考古工作开展甚少，中国对域外有关中西交通和佛教考古的成果也知之甚少，因此，梁氏提出佛教海路传来实为凿空之论，但此后很长一段时间内并没有引起多少回应。

汤用彤的巨著《汉魏两晋南北朝佛教史》没有专门讨论佛教传入中国的途径，但对《牟子理惑论》的肯定性讨论，无形之中支持了佛教海路入华说。汤用彤说：“《牟子》之真伪为东西学者所聚讼（自注：疑为伪者，《梁任公近著》第一辑中卷，法人 Maspero 一九一〇年河内《法国远东学校杂志》，日人常盘大定一九二〇年四月《东洋学报》。谓为真者，孙诒让《籀膏述林》，法人伯希和译《牟子》，载一九二〇年《通报》中，叙其原委颇详，周叔迦编《牟子丛残》，详细考订《牟子理惑论》一书确非伪造。《燕京学报》二十期，余嘉锡《牟子理惑论检讨》）。兹细绎之，疑为伪书者，所持理由多不确实（自注：详见伯希和之书，周叔迦之文）。而其序文所载史事，不但与史书符合，且可补正史之阙。……又六朝佛教伪书言及汉代佛教，类皆张大其辞。而《牟子》所言，则恰相反。……足证佛法方在萌芽。若三宝兴隆，伪作此文，必不肯直书若此也。……《牟子》所表现之佛法，正值风气之转变，亦可于当时交州之文化征之。……牟子生平学问信仰，兼收并蓄，常有转变，实充分表现五方杂处、

① 梁启超：《佛学研究十八篇》，上海古籍出版社，2009 年，32-33 页。

② 梁启超：《佛学研究十八篇》，上海古籍出版社，2009 年，34 页。

交通频仍地方之精神。……汉代佛教，附庸方术。魏晋释子，雅尚《老》《庄》，牟子适为过渡时代之人物。则牟子《理惑论》者，为中国佛教史上重要之一页也。”①

学术界重新发现梁氏之论已是20世纪90年代前后，其中《东南文化》杂志推出的“早期佛教造像南传系统”专栏，刊发了一批论文，其中阮荣春氏的讨论最具代表性，阮氏后结集《佛教南传之路》一书出版。包括阮氏在内的上述研究的重点是佛教经西南地区传入中国的所谓滇缅道，从两广即经交趾、广州入华的交广道虽不是被强调的部分，但其相关论述的可信度反而更高。

正面对佛教海路入华进行论述的是李刚，他撰写了《从汉晋胡俑看东南地区胡人、早期之佛教史》《汉晋胡俑发微》《汉晋胡俑及佛教初传中国摭遗》②。这些论文以胡俑为切入点，认为沿海地区汉晋胡俑分布状况是南方早于北方、沿海早于内地，而且东南沿海的数量远多于其他地区，四川地区的佛像也应由沿海输入。仔细考察，李刚佛教海路来华的基本观点是可信的，但其具体的论据和论述的方式都不尽合理。即使今天看来，佛教海路来华说的证据和可信度都在增加，但与佛教西北丝路来华说相比仍然在文献记载上有所不足，与西南滇缅路来华说相比仍然在考古发现上不足，特别是西南地区新发现的佛像资料没有显示出与长江下游地区的关系，更不能证明长江下游影响到长江上游地区。

本文集中讨论佛教海路入华，这里需要作一些说明。首先，本文认为海路是佛教入华的途径之一，既不排斥传统的西域丝路说，也不排斥后起的滇缅路说③，三条途径可以并行不悖，而不是非此即彼的关系。其次，三条途径既然可以并行不悖，都是共同的大历史背景下的产物，因此，无论是绝对时间上还是相对时间上，孰早孰晚并不那么重要。第三，考古发现具有偶然性，海洋考古更是寄希望于万一，因此，本文论述的推测性成分较重，所以称之为臆测。又，以往常用“佛教南传之路”一词，没有突出海路的重要性，所

---

① 汤用彤：《汉魏两晋南北朝佛教史》（增订本），北京大学出版社，2011年，45-46页。

② 分别载《东南文化》1989年第2期、《东南文化》1991年第1期、《东南文化》1994年第1期。

③ 现在支持滇缅路的考古发现在增多，如丰都延光四年（126年）的摇钱树座佛像、昭通和宜宾发现的佛像，再加上早年发现的麻浩崖墓以及摇钱树上的很多佛像，佛教经缅甸、云南陆路传入的可能性感觉正在变得大起来。

以本文改称“佛教海路来华”,以表示地域之限定性。

二、战国晚期以来中国沿海地区的域外文物与航路

佛教海路来华,即从印度到中国,此路途可分为两程,一程由印度至交广,一程由交广再向内地流传。虽然汉代疆域远达今越南南部,但从越南南部至合浦沿海一带当时并无特别发达的港口,所以合浦港扮演国际港的角色。印度至交广的前一程为国际线路,交广至内地的后一程为国内线路。本节先讨论后一程。以往的研究以为佛教到达交广即为入华,本文认为中国幅员辽阔,对此问题应予细化。具体说来,佛教到达交广后,有三条路可走:一是两广地区登陆后,向北传入长江中游地区,然后北上中原或东下长江下游地区;二是沿西江而上前往贵州、云南与四川;三是也可能继续沿海东行北上,直接在山东至浙江沿海地区登陆,然后在长江下游乃至长江中游地区流传。最后一条路虽风波险恶,但吴晋之前已经开通,且去东吴首都建业(今南京)甚为便利,所以意义尤大,应予充分重视。

由交广循海而上,在中国沿海地区已经发现的战国至吴晋时期域外文物的主要地点有合浦、贵港、广州、扬州、巢湖、徐州、临沂、沂南、青州、临淄。合浦、贵港的发现下面专门讨论。这里先说广州以上。广州地区的主要发现是广州西汉南越王墓的裂瓣纹银豆[图1(a)]、玉来通杯;扬州地区的主要发现是盱眙西汉江都王墓的裂瓣纹银盆、钵、碗,铜犀牛和驯犀人,铜象和驯象人,邗江东汉广陵王墓中的玻璃片;巢湖北头山一号西汉墓的裂瓣纹银豆;徐州狮子山西汉楚王墓中的鸭嘴形铜壶[图1(b)];连云港孔望山汉代摩崖造像;临沂吴白庄东汉画像石墓的石雕;沂南北寨东汉画像石墓的带头光童子和作佛像状的东王公线雕;青州西辛战国墓的裂瓣纹银豆;临淄西汉齐王墓陪葬坑的裂瓣纹银豆。临沂、沂南的发现下文将有专门讨论。

以上考古发现中,年代最早者为战国晚期,这与中国文献中开始有较多关于海洋方面的记载颇为吻合,其中如邹衍的大九州说、蓬莱仙话、勾践由浙江浮海至山东。之后的秦始皇入海寻找仙人、徐市东渡日本都是海洋活动的继续。发现的文物中,最多的是裂瓣纹银豆,且从南至北连绵分布,似乎特别受上层贵族的青睐。这种器物的源头在古波斯地区,但与波斯本土器物的样式有所差别,增加了中国元素。这些器物集中出现在战国晚期

(a) 南越王墓银盒

(b) 徐州狮子山西汉墓铜壶

图 1

到西汉早期的较短时期内,无论是通过贸易还是贡献方式,都呈现出"爆发式"特点,似乎暗示战国晚期至西汉早期中国东、南部沿海地区突然与古波斯地区发生了某种的联系,或许反过来可以说明战国晚期和西汉早期中国对外海洋活动的突然勃兴。晋宁石寨山西汉墓裂瓣纹铜豆是唯一的非沿海地区的发现,但学者们多认为那是对沿海地区裂瓣纹银豆的模仿,红水河即所谓的"蜀交趾道"正好可以充当西南与沿海地区的交通孔道,所以石寨山西汉墓裂瓣纹铜豆本质上仍然可以归入沿海地区。此外的中原北方及西南、西北各地战国秦汉墓葬中,无论墓主身份多么高贵,也都没有发现这种裂瓣纹的器皿。这种地理分布态势和出现的时段迫使人放弃从陆路追寻其来华的念头,转而求之于海路了。徐州狮子山西汉楚王墓出土的鸭嘴形铜壶也是同时代其他汉墓中未见者,西方也未闻有相同者,但就造型看,颇有希腊、罗马带流双耳壶之意匠。这件器物与裂瓣纹器物一样,源头都在西方,但都经过改造,它们的时代又都相近,让人倾向于将它们与海路开通、异域文化因素的涌入联系起来。盱眙大云山西汉江都王陵的犀牛、大象是江都王宫苑中作为宠物的犀牛、大象的形象再现,它们与可随身携带的珍贵物品不同,意义也不一样。可以想见,随着对南越的征服,时人不远数千里将这些热带大型动物转送至江都王都城,海运大概是最便捷的方式了。将裂瓣纹器物、鸭嘴形铜器、铜犀牛、铜大象等放置在一起,并考虑到当时的历史背景,不能不认为战国晚期以来中国东部、南部沿海地带存在着比较稳定的航路了。

现存的文献记载年代较晚，但也能大体说明比较稳定的东部、南部沿海早期航路的存在。《后汉书》卷三十三《郑弘传》载章帝时："旧交趾七郡贡献转运，皆从东冶泛海而至，风波艰阻，沉溺相继。弘奏开零陵、桂阳峤道，于是夷通，至今遂为常路。"这条文献记载的是东汉章帝时期的情况，观文意，所谓"旧"指光武、明帝时期无疑义，指西汉时期似也无不可。考古发现证明山东北部沿海的航路早在新石器时代已经存在，上文指出勾践时已具备从浙江至山东的航海能力，从今宁波至福州的海路较宁波至山东南部为易，这样，加上福州（东冶）至交广的航路，整个中国东部、南部沿海地区的航路至迟在东汉前期已经打通。如果不完全拘泥于文献记载的话，在西汉时期也应已打通了。正因为有上述航路的存在，我们才在后来的文献记载中看到不少的相关记载，如《后汉书》卷三十七《桓荣附桓晔传》："初平中，天下乱，避地会稽，遂浮海客交阯，越人化其节，至闾里不争讼。"又如《三国志》卷三十八《蜀志·许靖传》载许靖与曹操书中记述浮海南渡的情景，"便与袁沛、邓子孝等浮涉沧海，南至交州。经历东瓯、闽、越之国，行经万里，不见汉地，漂薄风波，绝粮茹草，饥殍荐臻，死者大半"。事实上，中国东部、南部沿海航路相当安全，战国秦汉时人的航海技术也达到相当高度，在先秦列国分治渐趋结束、秦汉统一国家建立、南方地区有所开发的情况下，将原来已经存在的断续航路连接起来乃水到渠成之事，这正是上述有关文献记载和域外文物不断发现的宏观背景。

三、合浦一带与远至古印度一带直接交通的物证

梁嘉彬《广东十三行考》说："东吴以前，盖俱以徐闻、合浦、日南为南海市舶要冲路，晋以后，始以广州为交通海上诸番之主港也。"①刘迎胜也说："南朝时，因为海外贸易兴盛，广州的地位日见重要，已经取代两汉时代的徐闻、合浦。"②这个认识与考古发现相符。《汉书·地理志》中有徐闻、合浦、日南与古印度直接交往的记载，考古发现也证明这一记载是可信的。

---

① 梁嘉彬：《广东十三行考》，广东人民出版社，1999年，26页。

② 刘迎胜：《海路与陆路》，北京大学出版社，2011年，180页。

无论是数量还是种类,交广以北沿海地区发现的域外物品是无法与交广地区相比的。交广境内的今广州、苍梧、贵港、合浦是域外文物发现较多的地区,其中合浦的发现最多,这与今合浦县为当时合浦郡治所在并且临海有一定关系。合浦的相关发现也比广州要多,这与晋之前合浦港的地位比广州重要有关。合浦港既是中国海船出洋,也是外国海船入华的最主要港口,换言之,合浦港是当时中国内陆与南海直至印度一带直接交通的主要港口,广州以北地区发现的域外物品当是经合浦转运而去。需要说明的是,认为合浦与远至古印度地区直接交通,并不是说中国船直接从合浦行驶到印度,也不是说外国船只直接从印度行驶到中国。如此漫长的海程,而且经过很多国家,通常是需要行过一定海域就更换为熟悉特定航路的船只,也就是所谓接力式,或称"梯航"式的航行。但有一点大概可以成立,就是从中国出发船只上的货物是以印度为最终的主要目的地,而印度出发船只上的货物是以中国为最终的主要目的地。再者,外国船只大概不往合浦或广州以北航行,如此才能理解域外文物在中国东部、南部沿海地区的分布状况。

对于合浦境内的域外文物,熊昭明在《汉代合浦港考古与海上丝绸之路》中有全面深入的分析,下面对熊昭明的研究成果加以简介,并兼及赵德云等学者的成果。①

在合浦发掘的墓葬已超过 1 200 座,以汉代墓葬为主,少部分为三国、晋、南朝墓,出土文物近 2 万件,有关域外的文物,均出自墓葬之中。玻璃在未被盗扰的合浦汉墓中多有发现,主要有装饰品和器皿两类,以装饰品类——尤其是串珠,为大宗,而器皿类较少,仅见杯、盘两种。包括合浦在内的广西出土的汉代玻璃中,75%为钾玻璃,为当地对西方玻璃的仿制品。中等钙铝和低铝玻璃来自东南亚、印度等地。如扁壶形、六棱柱形等几何形饰件,合浦罐头厂 12 号墓出土的粉红色珠、文昌塔 70 号墓出土的淡青色玻璃杯[图 2(a)]等,应从印度输入。黄泥岗 1 号墓出土的湖蓝色玻璃杯[图 2(b)]、文昌塔 1 号墓出土的角轮形环[图 2(c)],可能从东南亚输入。凸鬼岭汽齿厂 7 号墓出土的红色珠、风门岭二炮厂 18 号墓出土的蓝色珠、8 号墓出土的绿色珠的产地为印度和东南亚的可能性都有。风门岭二炮厂 12 号墓、九只岭 5 号墓和寮尾 17 号墓出的土串珠来自地中海地区。奇石异物中的

① 熊昭明的成果均见《汉代合浦港考古与海上丝绸之路》,不再出注。其他学者的成果加以注明。

石榴子石数量不少，在第二炮竹厂 14a 号墓、风门岭 10 号墓、氮肥厂 1 号墓等墓葬中都有发现，应是经海上丝绸之路从印度、斯里兰卡等地传入。蚀刻石髓珠的发现数量较大，来自南亚或东南亚的可能性均有。蚀刻石髓珠制作工艺复杂，多由家族传承。据研究，这种技术可能从印度传播到了东南亚一带。肉红石髓不少呈狮子形，在印度和越南也有发现，其创作母题——狮子，本非中国之物，因此肉红石髓也存在来源于异域的可能性。合浦出土的水晶有白水晶、紫水晶等，形状除几何体外，也有蝉形。合浦本地没有可供开采的水晶矿。印度德干高原是紫水晶的主要产地，也是宝石加工中心，其东部的阿里卡梅度一直出土大量水晶、紫水晶、玛瑙、石榴子石等半宝石加工而成的珠子。合浦水晶当来自印度。黄泥岗 1 号墓、北插江盐堆 1 号墓和凸鬼岭汽齿厂 17 号墓中都出土有绿柱石。绿柱石的现代产地不多，主要分布在南美的哥伦比亚、俄罗斯的乌拉尔山脉、印度的默哈讷迪河沿岸和印度南方的奥里萨邦，合浦汉墓出土绿柱石也应来自南亚。在合浦汉墓中也发现一定数量的琥珀。《汉书·西域传》记载罽宾出“虎魄”，《后汉书·西南夷传》记载永昌哀劳（今云南西部）、大秦均出产“虎魄”，但合浦发现的琥珀经由陆路输入的可能性很小，因为西南丝绸之路沿线很少发现琥珀。因此，合浦等地发现的琥珀，很可能是作为商品，汇集到罗马或印度后，再经过海路辗转输入的。琥珀的主要产地集中在欧洲波罗的海沿岸国家，赵德云介绍了瓦尔特劳尼格《从波罗的海到地中海东部沿岸历久不衰的琥珀贸易》的研究成果，即从公元前 2000 年左右，就逐渐形成了著名的欧洲史前“琥珀之路”，其西线从波罗的海沿岸，经过下易北河和下莱茵河地区，直达希腊著名港口马西利亚；其东部的一条重要路线沿维斯杜拉河而行，经基辅向南至黑海，在这里与通向近东、中亚、东亚和印度的路上交通线相连。赵德云认为，从古籍文献对于琥珀的记载来看，琥珀大致在汉初就进入了中国人的视野，但直到南北朝时期，人们才逐渐对其原因、产地等问题有了较为正确的认识。虽然我国是琥珀的产地，但极有可能，在两汉至魏晋时期，琥珀主要是进口的，当然这并不排除在境内偶然发现并制作琥珀制品的可能性。[①] 合浦汉墓出土的金器有带钩、戒指、珠饰以及用于镶嵌的焊珠金箔等。珠饰主要有十二面金珠和棒槌形、瓜棱形、双锥形金珠，还有表面焊珠缠花的榄形珠

---

① 赵德云：《西周至汉晋时期中国外来珠饰研究》，科学出版社，2015 年，页 108 页、111 页。

和表面呈绞索式的扁圆珠。除带钩外，这些金珠源自西方。合浦汉墓还出土台面凸起的戒指10多枚，类似中亚镶嵌戒指，或为当地仿制。合浦绿松石饰件为绵羊、鸽子等形状的象生器，可能是从波斯帝国经海路而来的。费昂斯珠在合浦五旗岭3号墓中发现，从域外输入的可能性很大。合浦九只岭5号墓中发现一颗金箔包裹的青铜珠，经检测，含有锑、砷，反映与中、西亚的密切关系。合浦汉墓出土熏炉54件，其中堂排2B号墓的铜熏炉出土时内有少量香料和灰烬。据韩槐准《龙脑香料考》考证，汉时苏门答腊、马来半岛、婆罗洲等地以及波斯都盛产龙脑香，可能已辗转输入中国。此外，合浦寮尾13b号墓出土的青绿釉低温釉陶壶（图3）和铜钹都直接从帕提亚帝国输入。

（a）合浦文昌塔70号墓玻璃罐　（b）合浦黄泥岗1号墓玻璃罐　（c）合浦文昌塔1号墓玻璃角轮形环

图2

图3　合浦寮尾13b号墓青绿釉低温釉陶壶

以上是熊昭明和赵德云的研究成果。下面的两类遗存比较特殊，需要专门论述。一是所谓“钵生莲花器”，一共出土十余件，似仅见于合浦，时代为汉末三国,由座、把、盘和火焰四部分组成。这类器物原来被认为是灯。受佛教“钵生莲花”和“钵生莲花镜”的启发,熊昭明将这件器物定名为“钵生莲花器”,并与早期佛教在交广地带的流传状况相结合进行分析。熊昭明还引用何志国《钵生莲花镜考》①一文的研究,指出“在钵生莲花器上,可见对着钵生莲花下跪作揖的两人形象,如此看来,钵生莲花器也是一种供奉神器”②。李孔昭认为这种器物表现的是印度教的“林伽”——生殖崇拜形象,与佛教没有关系③。如此说成立,这是印度教流传至中国最早的物证④。一是扁平楔形或方形小砖叠涩而成的半球形穹隆顶,这是一种非常特殊的墓葬顶部结构方式,在广州、佛山、贵港、香港以及越南都有发现,合浦地区的发现最多,统计结果显示,110 座东汉晚期墓中,这种墓顶就有 20 座,如有四方岭 M36(图 4)、寮尾 M13a、M14、M25、M26、公务员小区二期 M17、罗屋村 M11、丰门岭 M10,其他地区只有一到数例的发现,如贵港孔屋岭东汉墓、广州汉墓 M5041 和 M5081、佛山市郊澜石东汉墓、香港李郑屋汉墓等,合浦地

图 4 合浦四方岭 M36 顶部

---

① 何志国:《钵生莲花镜考》,《民族艺术》2011 年 2 期。

② 笔者就合浦出土的这种器物是否为钵生莲花器求教于何志国先生,何先生不持认同意见。

③ 斯里兰卡学者 M. 阿什拉夫汗的观点与李孔昭相同,认为象征“林伽”,并说斯里兰卡有公元前 7 世纪的林伽。

④ 历史文献记载的中心和长期以来的研究焦点都以佛教为中心,可能造成了包括印度教在内的其他文化因素的被集体忽略。实际上,当时流传到中国境内的文化,部分可能是经过选择的,更多的则可能是没有经过选择的,佛教在当时可能并没有特别的地位和重要性,只是由于后来佛教的昌盛而被追述得与众不同。

区显然是发现最多的地区。熊昭明认为，可能存在着由早期的圆锥形墓葬发展这种半球顶的线路，这个说法需要更多的证据。他同时引用常青、徐永利的研究成果，认为这种墓顶形制来源于西方，这是可以赞同的①。令人惊奇的是，在河南襄城也发现了这种墓顶的墓葬，即茨沟汉墓。在中国已经发掘的十余万座以上的汉墓中，这种墓顶的墓葬不过数十座。中国汉墓最常见的墓顶形式是券顶和四面积顶式的穹隆顶，这两种顶式建筑过程中不使用支架就无法建成，而小砖叠涩半球形穹隆顶直接干摆即可，因此，这是一种比较高级的建筑技法。理论上说来，掌握这项技术并不难，但技术上比较落后的券顶和四面积顶反而成为绝对的主流，这或许说明半球形穹隆顶有可能具有特别的含义而不为其他墓葬所取。当然，也因此更突显了这种来自异域的墓顶形式的特殊性。域外最有名的采取这种顶部形式之例当数印度桑奇大塔（图5），略微不同的是，桑奇大塔的覆钵是用大型扁平条石叠砌而成，但原理则完全一致。这种半球形穹隆在印度及中亚地区发现较多，在拱形艺术登峰造极的地中海沿岸以及两河流域反而鲜见，不排除其是为了修建佛塔而被发明的可能性②。由于合浦发现的大量文物来自印度，这一墓顶形式来自印度是合理的。至于使用这种墓顶的墓主是否与佛教有一定的

---

① 合浦四方岭M36等交广地区半球形墓葬既然能来从海路来华，那么券顶也有可能从海路来华。这就是说，西方的拱券技术在以往认定的陆路来华外，还有海路来华这条通道。海路与陆路两条道路在空间上是并行的，而时间上则不一定是同时的。也就是说，即使在交广和中原地区发现的墓例存在着时间上的先后不同，也不表示这种技术在中国境内必然由一地传播到另一地，这提示我们对以往天然地认为小砖券顶墓是由长安、洛阳向外地传播，两广地区的小砖墓也是中原地区传播的产物的说法需要反思。这也提醒我们运用传播理论时，应非常慎重；对于外国文化进入中国境内后，在中国境内的扩展都是一元论传播方式也需加以反思。这个现象的揭示，有助于我们对以往早期彩陶研究方法进行反思。学者们根据甘肃东部彩陶出现的年代晚于关中地区，并将甘肃东部文化归入仰韶文化，因而得到甘肃彩陶与西方没有关系的结论，其实是经不起推敲的。首先，考古学关系的建立是通过“相似”建立起来的，是否“相似”则是一个模糊不定的感觉，既可以说甘肃地区的新石器时代文化与仰韶相似，也可以说不相似；既可以说甘肃彩陶与陕西地区相似，也可以说不相似，说不是由陕西地区发展而来的。其次，即使仰韶文化有自己自发的彩陶，也不能说明甘青地区的彩陶不可能由西方传来。而且，甘青和仰韶的彩陶可以分别从青藏高原北缘和草原之路分别传来，他们的相似性可由此得到解释。再次，即使是由西方传来，影响可能并不那么大，就像小砖券顶传到中国之后很快就形成了中国特色，彩陶也可以这么看。不然，硬生生将仰韶文化与西方的一些相似性割裂开，造成大约同时前后小麦、羊等其他文化因素东来的孤立性了。最后，仰韶与大汶口的彩陶都可以不同，为什么非要将彩陶面貌差异也十分明显的陕西与甘青硬拉到一起。

② 笔者就此类墓顶求教于巴基斯坦学者桑贾伊加格，他第一眼看到有关资料后，就认为墓顶形象与佛塔相同，并认为表现的就是佛塔。他说，这种顶式只用于建造佛塔。他还介绍说，很多佛塔的内部是中空的，其中放置棺台，周围点油灯，塔内氧气耗尽后，自然形成真空环境，从而保护了埋藏在塔内的有机物。不过，他对“钵生莲花器”是否为“林伽”崇拜持疑问。

图5 印度桑奇大塔

关系，其背景可能与南阳为帝乡，能够接触到最先进的文化有关①。

对半球形穹隆顶来自域外可予支持的是“四隅券进顶”。这种墓顶的砌造方式比较奇特，系从墓壁的四面中间围绕墓室角部向上起券，从而由四个独立的八分之一球面构成墓顶。砌好后的墓顶从上部俯视，可见中间有“十”字形中线。这种墓顶在中国境内最早发现于南阳地区，时代为东汉晚期，后来在长江中下游地区东吴西晋时期相当流行。根据常青、徐永利的研究，这种墓顶早已出现于中亚地区，后来才流传到中国境内。但非常奇怪的是，新疆和中原北方地区都没有发现这种墓顶形制。据徐永利说，广西贺县贺街吴晋墓为这种形制②。如贺县贺街吴晋墓确为半球形顶，那么，结合半球形穹隆顶的出现和分布状况，四隅券进顶可能与半球形顶遵循了同样的输入线路，即从海路首先出现在交广，然后流传到南阳地区，这种可能性需予考虑。

由上可知，合浦及附近地区出土的域外物品以来自印度和转自印度者

① 这里也存在问题，如果这种墓顶的墓葬主人与佛教有关，由于部分这类墓中出土有“钵生莲花器”，其间的矛盾该如何解释又成为问题。

② 徐永利：《试论中国古代四隅券进式墓葬穹隆的分布与源流》，《兰州理工大学学报》，2011年37卷。

最多,其间的缘由或可做如下推想:汉王朝疆域南达今越南南端,这样,今东南亚的物品对汉朝而言并非异域珍宝。印度则不然,它是海路离中国最近的一个其他文明,而且文明程度很高,且与西方文明也有密切的联系,再者印度也是西方文明东来的中转站,因此,中国船只或运载中国货物的船只到达印度才真正意味着到达了另一个世界,才能换回真正不同于中国的物品。所以,我们需要在这个意义上去理解合浦与印度的直接交通。而且,季羡林先生研究认为,巴利语的《那先比丘经》中国王弥兰陀(前125—前95)和龙军和尚的对话中,提到了印度货船远行至中国的事情①。这与《汉书·地理志》的记载中印之间的航线可以相呼应。

四、临沂吴白庄画像石墓的价值

以上分析表明,战国晚期以来,印度与环中国海地区的交往已经直接或间接地存在着。这种交往在东汉时期愈益发展,具体表现在不仅印度的物品,而且与印度有直接关系的半球形穹隆顶、四隅券进穹隆顶等建筑形式也出现在交广地区。与物品交流相比,这种技术的传播标志着两地人员、技术之间的深入接触。我们还可以发现,中国与印度的人员、技术交往在东汉晚期已延伸至中国东部沿海地区,佛教正是在这种背景下来到东部沿海地区的。

山东临沂吴白庄画像石墓是一座很引人注目但也令人费解的墓葬。临沂吴白庄汉画像石墓属于大中型东汉墓,位于今临沂市南6公里的临沂吴白庄村北。发掘年代较早,系1972年发掘。限于当时的发掘水平和资料尚未完全公布,随葬品情况及许多相关信息今天已经无法得知。但墓葬系砖石混合建成,建筑结构和画像石面貌独特,类似墓葬发现极少,因此,这座墓葬具有很高的历史和文化价值。

整座墓葬坐北朝南,东西宽15米,南北长9米,总面积135平方米。从平面结构上看,墓葬相当于由两个并列的横前堂后室墓组成,后室外部有回廊,两个后室相接处共用一个回廊。两个并列的横前堂后室墓各有门,墓葬有可能是扩建而成。西半的横前堂后室墓较长,且带两个耳室,应是墓葬的主要部分;东半的横前堂后室墓较短,且只带一个耳室,可能是后加的部分。

---

① 季羡林:《中印文化关系史论丛》,人民出版社,1957年,67页。

墓葬东西两半的前室连接为一个长达11.8米的狭长大前室，在东西两前室相接部位尚保留有一块半圆形的画像石过梁，表明前室原为券顶，但这种半圆形的过梁很罕见。墓葬东西两半的前室又各自被分割为东西两部分，分割的方式相同，都是十六面的凹棱柱上承托下部有两个半圆形缺口的长方形画像石过梁(图6)。按照建筑上的通常做法，这一过梁之上原来还应有类似前面所说的半圆形画像石过梁，这样才能有效地支撑券顶和分割空间，但由于墓葬被破坏，具体情况已不明。尽管如此，我们还是能够看出，整个墓葬前室中在三个地方共五处使用了半圆形，特别是十六面凹棱柱和位于其上方的下部有两个半圆形缺口的长方形画像石过梁构成了圆拱门的形式，这在笔者所知的汉代墓葬中是绝无仅有的。这个前室非常"洋气"，十六面凹棱石柱、圆拱门是典型的西方建筑元素，中国传统的土木材料不可能建造出来，因此，临沂吴白庄汉墓具有明确的西方建筑空间特点①。东西两前室相接部位的半圆形画像石过梁上的画像主体是双鸟，其中一鸟为带绶鸟，这也是典型的西方特点。画像石中鸟的形象非常多见，但带绶鸟似乎仅见于此墓。墓葬中还有一些异域文化因素，如孔雀、大象，同样表明墓葬受到南方或异域文化的影响，但带绶鸟的西方特点最明确，与凹棱柱、圆拱门来源相同。置于凹棱柱上，有两个半圆形缺口的长方形画像石过梁表面浮雕东王公、西王母仙界景象，这提示我们，东西两前室相接部位半圆形画像石过梁上的双绶鸟可能也象征着升仙。

(a) 吴白庄汉墓中室中过梁　　(b) 吴白庄汉墓前室西角柱

图6

① 笔者向巴基斯坦学者桑贾伊加格展示临沂吴白庄汉墓前室图像资料时，他颇为惊诧，表示没有想到在中国的东部沿海地区有这种类型的建筑，他认为这是典型的古印度建筑样式。

不可忽略的还有前室过梁下的支柱上雕刻的各种形象，如胡人、鼠、熊、虎、猿猴，多用高浮雕方式刻画，这与汉画像石墓常见的浅浮雕或线刻技法差异很大，而在西方则至为常见。特别是前室门拱上立体雕出的虎头，细致逼真，已经发现的同时代猛兽石雕工艺水准均有不如。石质圆雕很不同于浮雕，中国传统工艺在线雕、浅浮雕方面取得了很高的成就，但那些成就主要在漆、木、牙雕等方面，石雕直到画像石兴起后才得到重视，但一直停留在浅浮雕，至多是较高的浅浮雕的层次上，而没有发展出半圆雕，更不用说圆雕，这可能既与圆雕技术难于掌握，也与民族传统和雕刻的使用范围、成本有关。秦汉以来也有少数的圆雕作品，如霍去病墓前的马踏匈奴石雕、四川出土的西汉石牛、南阳雅安等地出上的东汉神道石兽等，但都不那么写实，神情、动态、肌理等就更谈不上了。临沂吴白庄墓的这批石雕可以称之为绝无仅有，它们不可能是在中国传统雕刻基础上发展出来，而是必须受到西方的影响。结合前面论述的凹棱形石柱、圆拱门、带绶鸟等因素，可以认为，临沂吴白庄汉墓前室只在局部装饰上体现出中国传统因素，其设计、制作、施工当以西方建筑为模本，绝非中国工匠冥思苦想、偶然得之的产物，换言之，西方建筑的整体样式传至，甚至西方工匠直接参与或指导了临沂吴白庄汉墓前室的建设。

据非正式报道，临沂吴白庄汉墓收集到的随葬品有虎形水晶质坠饰 1 件、松绿石小兽 3 件、一些碎青瓷片及 300 余枚新莽大泉五十、东汉五铢、剪边五铢等物。结合建筑结构和随葬品看，墓葬年代属于东汉晚期。文献记载，汉灵帝好胡，西方文化可能在此背景下对中国文化产生了较普遍影响。东汉晚期前后，以神道石柱、石兽乃至石碑为代表的受到西方文化影响或直接来自西方的与墓葬有关的文物在全国范围内都有发现，山东地区的相关发现有“刘汉作”题记的石狮子、“琊相刘”题记的神道石柱等物，临沂吴白庄汉墓的外来文化因素也可以放在这个总体背景下加以观察。但是，临沂吴白庄汉墓不同于“刘汉作”石狮子、“琊相刘”石柱的是，其很可能具有海洋背景，而且临沂吴白庄汉墓将西方文化因素直接在墓室中加以表现，这是中原内地没有出现过的。因此，我们怀疑东汉晚期经由海路传播到中国东部沿海地区的外来文化非常丰富且极富影响力。在墓葬这种最富保守性的文化现象中，竟然将墓葬前室建造成一个很具西方风味的建筑样式，这需要外来文化已在现实生活中具有强大的影响力才可能实现。由于临沂吴白庄汉墓为带回廊式，其墓主虽不能确指，但当为东汉时期分封在临沂一带的琅琊王侯，从而就排除了外国人士的可能性。因此，可以想见，这一墓葬所属的汉人丧家对西方文化必然非常钟爱，以至于突破传统的束缚，将墓葬的前室建设成中西合璧式。

2015 年 11 月，在临沂召开了“临沂吴白庄汉代画像石学术研讨会”，其间与会专家对临沂吴白庄汉墓外来文化因素的来源也进行了探讨，据云有印度说、罗马说等不同看法。其实，临沂吴白庄汉墓的凹棱石柱、圆拱门是西方建筑的共同特点，不必要加以确指，但有一点倒是可以基本肯定的，那就是，这些文化因素是从海路来到中国的，印度当是其出发地。佛教不过是印度传播到中国东部沿海的外来文化中之一项内容而已。

五、佛教海路入华与蓬莱仙话

在以上讨论的基础上，可以认为，佛教到达中国东部沿海地区乃水到渠成之事。吴晋佛教因素的兴盛有其特定的历史背景，但本质上不过是东汉基础上的踵事增华而已。

沂南东汉画像石墓中的有关图像是佛教较早到达中国东部沿海地区的直接证据。该墓中室八角柱南面和北面都有线雕的童子形象，八角柱南面还有施无畏印的东王公形象。如果说早年对这些图像是否属于佛教形象还存在疑问的话，随着四川、重庆、云南、贵州等地墓葬和摇钱树上的东汉晚期佛像的不断发现，现在对沂南画像石墓中的这些图像具有佛教性质已经不再怀疑了。虽然中原地区至今没有发现佛像，但在襄阳蔡越东汉晚期墓葬中发现的塔形陶楼，也让人们相信文献记载的佛教在东汉晚期存在于中原为可靠的历史记录。在诸多的考古发现面前，人们已经能够接受佛教在东汉晚期传播到中国很多地区的事实。沂南东汉画像石墓中的发现以往只是作为佛教到达中国的一个证据，根据临沂吴白庄墓葬的发现，我们认为它也可以作为佛教经海路来到中国东部沿海地区的证据。沂南汉墓石柱上带头光的童子形象不见于其他地区，可能与沿海路来华佛教与其他地区有别有关。强调东王公也是这里的特色。临沂吴白庄西王母端坐在树形的昆仑山之上，东王公则端坐在 T 字形的坐具之上，下面还有两个矮一点的 T 字形坐具，上面分立一鸟一兽。东王公一侧的坐具形式显然受到西王母一侧的影响，但不可能是昆仑山。联系到山东一带流行的蓬莱仙话，有可能表现的是蓬莱三山景象。对这个推测有帮助的是江苏连云港孔望山摩崖石刻造像。虽然对于具体的人物形象和时代存在一定分歧，但越来越多的学者倾向于认为孔望山是东汉时期佛道教内容并存的珍贵石刻资料，也是中国现存最早的佛道教石刻资料之一。佛教方面，除若干佛像外，还有一高 2.6 米，身长达 4.8 米的大象以及驯象奴，大象足下踏莲花。这尊大象和象奴的意义不下于佛像，它们是无可争辩的东汉文物，也是与佛教相关的文物，它们可以证明将若干佛教造像定为东汉时期是可信的。道教方面，除可能与东海神庙有关的瓦当等建筑材料外，还有与求仙直接相关的文物——石承露盘、杯盘刻石。连云港与山东半岛毗连，都属于蓬莱仙话覆盖区，孔望山发现的求仙文物当与蓬莱仙话有直接关系。因此，参考孔望山摩崖造像，可以认为，沂南画像石墓和临沂吴白庄汉墓不同形式的东王公形象提示我们，佛像最初可能是被当成东王公而接受的，佛教浮海而来与蓬莱仙话不谋而合，可能促成了佛教的被广泛接受。

佛教东吴西晋时期在南方地区的兴盛与孙权、孙皓有直接的关系，不过，根据文献记载可知，孙权、孙皓对佛教的推崇并不是出于对佛教教义的信仰，而是将佛当成了神仙；康僧会等僧人折服孙权、孙皓的也不是佛教义理，而是凭借了魔术类的把戏。双方貌合而神离，但造成了具有神仙性质的佛像普遍出现却是明确的事实。而且，佛像最多见的吴晋魂瓶与蓬莱仙话之间明确存在着关联。魂瓶上部通常都有多层的楼阁，一般都认为表现的是仙界景象，但仙界很多，魂瓶上具体是哪一个仙界是需要辨明的。江苏南京上坊凤凰元年(272 年)墓出土有一件青瓷堆塑灶，灶体上部是与魂瓶上部类似的多层楼阁。为什么要在灶上堆塑出这么复杂的楼阁？是因为升仙必须祠灶。《史记·封禅书》："是时李少君亦以祠灶、谷道、却老方见上，上尊之，少君言上曰：'祠灶别致物，致物而丹砂可以化为黄金，黄金成以为饮食器则益寿，益寿而海中蓬莱仙者乃可见，见之以封禅则不死，黄帝是也。'"西安西汉长安城遗址曾出土一金灶，灶面上有一釜，其中满盛象征仙丹的金粟，这是对上述李少君话语的直接注释，魂瓶上的楼阁则是另一种注释方式而已。正是在这个意义上，我们说吴晋佛教浮海而来，并与蓬莱仙话巧妙结合有直接的关系。

早期佛教浮海而来，还有一些文献虽然时代较晚，但也可资参看。《梁书》卷五十四《诸夷传》云："晋咸和中，丹阳尹高悝行至张侯桥，见浦中五色光长数尺，不知何怪，乃令人于光处掊视之，得金像，未有光趺。……经一岁，捕鱼人张系世，于海口忽见有铜花趺浮出水上，系世取送县，县以送台，乃施像足，宛然合。会简文咸安元年，交州合浦人董宗之采珠没水，于底得佛光艳，交州押送台，以施像，又合焉。自咸和中得像，至咸安初，历三十余年，光趺始具。"这则故事充满宗教宣传惯有的神异，但佛像、像座、光背的出现地点都与水有关，分别得自建康河流、长江海口和合浦海底，三处地点恰好是包括佛教在内的外来文化到达中国的最重要的港口和政治中心，因此，这则故事对发生地点的设计利用了文艺手法，强调了佛教海路来华的事实。自吴晋至梁代，从中国东部沿海地区前往南海，再从南海前往印度等地的交通方式和路线等没有明显变化，因此，虽然高悝的故事略晚，但将这个故事的时间背景设定在吴晋时期也完全能够成立。

六、对有关文献记载的简单讨论

其实，中国经过海路与海外交通的文献记载早已存在，见于非正史记载的很早，如脍炙人口的《庄子·逍遥游》："鹏之背，不知其几千里也，怒而飞，其翼若垂天之云。是鸟也，海运将徙于南冥。南冥者，天池也。《齐谐》者，志怪者也，《谐》之言曰：鹏之徙于南冥也，水击三千里，抟扶摇而上者九万里，去以六月息者也。"顾颉刚先生说："这般阔大无边的想象，一定是亲历海洋生活的人在窈冥无极之中所寄托的玄想。燕、齐、吴、越等国由于沿着海岸，常有人到海里去做探寻新地的冒险工作；就是没有做这工作的人也常常会看到样子特别的外国人，听到许多海洋景物的描述，于是有了《齐谐》一类的志怪之书；再加上巫师们传来的西方昆仑区的神奇故事和不死观念，于是激起了他们'海上三神山'的传说和求仙的欲望，而有了'方仙道'。"①顾颉刚先生的这段话不仅讲到了中国与海外的海上交通，而且指出了"海外三神山"和"方仙道"产生的缘由，与上文对佛教与蓬莱仙话关系的推测暗合。

见于正史的最早为《汉书·地理志》，其文为："自日南障塞、徐闻、合浦，

---

① 顾颉刚：《见古史辨自序》（下），河北教育出版社，2000 年，779 页。

船行可五月，有都元国。又船行可四月，有邑卢没国。又船行可二十余日，有谌离国。步行可十余日，有夫甘都卢国。自夫甘都卢（缅甸之蒲甘）国船行可二月余，有黄支国（印度东岸之建志补罗，Kanchipura），民俗略与珠崖相类。其州广大，户口多，多异物。自武帝以来皆献见。有译长，属黄门，与应募者俱入海市明珠、璧琉璃、奇石异物，赍黄金杂缯而往。所至国皆禀食为耦，蛮夷贾船，转送致之；亦利交易，剽杀人。又苦逢风波溺死，不者，数年来还。大珠至围二寸以下。平帝元始中，王莽辅政，欲耀威德，厚遣黄支王，令遣使献生犀牛。自黄支船行可八月，到皮宗（马来半岛西南沿岸）。船行可二月，到日南、象林界云。黄支之南，有已程不国（阿比西尼亚，Aethiopla），汉之译使，自此还矣。”这段文字不仅时代早，而且非常具体，揆诸上文列举的众多考古发现，其真实性无可怀疑。但是，一旦牵涉佛教海路入华，学术界就常常置这段记载于不顾，非要按照考古学科的思维，列举出实物资料作为“铁证”不可。不尤巧合的是，迄今在两广地区没有发现早期佛教文物，似乎正好杜绝了早期佛教海路入华的路子。其实，众所周知，无论是文献资料还是考古资料，都有其局限性，都是历史的片段。文献记载不可能不打上历史著录者的主观印记，考古发现则充满着各种偶然性，历史记载和考古发现相加也不等于历史本身，用历史记载或考古发现去彼此攻讦尤不足取。还需明确者，与沙漠丝路和草原丝路具有政治和军事性质不同，海上丝路基本上是一条商路，早期佛教海路入华未必是有意传播的结果，而可能是随着水手、商人乃至外国侨民无意识地逐渐渗透给华夏人士的，它更容易与中国社会的民间信仰结合到一起，这是我们在沂南汉画像石墓、连云港孔望山东汉摩崖造像中能够看到佛教因素的重要原因。再者，为什么在两广地区至今没有发现明确的早期佛教遗迹，梁启超的说法虽有偏见但不无见地：“中印交通枢纽，本在广东，但其时粤人太蒙昧，未能任此高尚教理之媒介。汉武平南粤后，大迁其人于江淮，此后百数十年中，粤淮间交通当甚盛，故渡海移根之佛教，旋即播莳于楚乡，此事理之最顺者。而楚王英之奉佛，即此种历史事实最有力之暗示也。”①

佛教一旦到达两广地区，就可以“东南西北，任自在也”了，正北可以沿着赣江、湘江水道，西北可以沿着西江水道，东北则可以沿海岸线而上。上

① 梁启超：《佛学研究十八篇》，上海古籍出版社，2009年，33页。

文我们指出环中国东部和南北的航线早已存在，列举了邹衍的大九州说、蓬莱仙话、勾践由浙江浮海至山东等文献记载或历史事件，这里还可以略做补充。《孟子·梁惠王下》说："昔者齐景公问于晏子曰：'吾欲观于转附、朝儛，遵海而南，放于琅邪。吾何修而可以比于先王观也？'"顾颉刚先生说："齐景公在位是公元前五四七年至四九〇年，可知在前六世纪，齐国的海上交通已极畅通，所以齐君也不感觉波涛的危险而想绕山东半岛航行一周了。"《庄子·山木》说："南越有邑焉，名为"建德之国"。其民愚而朴，……吾愿君去国捐俗，与道相辅而行。……君其涉于江而浮于海，望之而不见其崖，愈往而不知其所穷。送君者皆自崖而反，君自此远矣！"顾颉刚先生说："这固然是一篇寓言，然而一定要有了海上交通，作者乃得这般地夸夸其谈。文中说'南越'，指今广东和越南一带；所'涉于江而浮于海'，可见当时由中原到南越的人是由长江入海的。为了那时南方的海道畅通，所以古书里说到南方的少数民族就常常提到'交趾'，或称为'南交'(自注《尚书·尧典》)。可见航线已经扩展到南海的东京湾了。"①刘迎胜的研究成果与顾颉刚的解说相吻合，刘迎胜说："从史料看，在秦汉时代，中国土生的海域名称一般指中国周边近海，这与当时中国舟师驾船航行的范围大致在中国近海有关。"②因此，上文所列举的战国晚期以来中国沿海地区的域外文物，是因为这条航路的存在而出现的。考古发现不过是以物质材料再次证明了这条航路的存在而已，换言之，这条航路的存在不以考古发现的有无而有无。

七、结语

战国时期，伴随着燕、齐、楚等大国的出现，环中国海的连续航线开始形成。秦汉帝国建立后，以业已存在的交广与域外海上民间交通线路为基础，开发了以日南障塞、徐闻、合浦为始发港的国际航线，最远可至印度。因此，从秦汉时期开始，从印度至中国东部沿海的航线事实上已经连为一线，从战国晚期的裂瓣纹银盒，到吴晋魂瓶上的佛像，都是随着这条航线而来的。汉代是海洋丝路的第一个高潮期，汉帝国和罗马帝国都尽力通过海路争取获

---

① 顾颉刚：《见古史辨自序》(下)，河北教育出版社，2000 年，778 页。

② 刘迎胜：《海路与陆路》，北京大学出版社，2011 年，2 页。

得异域物品或输出自己的商品。在商品输出方面，罗马帝国似乎更有兴趣，他们在印度河下游建立的商栈中囤积了各种各样的商品，都是为东方准备的。罗马人的足迹基本没有再向东发展，他们的商品主要通过今天巴基斯坦和印度的商人运往东方，中国境内发现的罗马物品主要通过这种方式而来。当然，这不排除个别罗马使节或商人直接到达交广，如《后汉书》卷八十八《西域传》载"至桓帝延熹九年，大秦王安敦遣使自日南徼外献象牙、犀角、玳瑁，始乃一通焉"；《梁书·中天竺传》记载，孙吴时，大秦国商人秦论来到交趾，并前往建业孙权朝廷；《艺文类聚》卷 85 记载西晋太康二年(281 年)大秦国使臣自广州来贡，"众宝尤丽，火布尤奇"；《三国志·吴志·士燮传》记载"胡人夹毂焚香者，常有数十"，这些胡人也难免会有罗马人在内。其中最值得注意的是《后汉书》卷八十八《西域传》载天竺"至桓帝延熹二年、四年，频从日南徼外来献"。这是印度与中国直接交往的记载，这不仅可由《汉书·地理志》记载的航线加以印证，也与季羡林先生研究认为西汉时期印度货船已可能远行至中国之事前后相续，而且延熹年间(158—167 年)已属于东汉晚期，这正是通常推定的沂南汉画像石墓、临沂吴白庄汉墓、连云港孔望山摩崖石刻的年代，因此，这恰好可以成为上述三处古迹中出现的包括佛教在内的外来文化因素出现的历史背景。上述三处古迹的年代都为东汉晚期，似乎暗示东汉晚期前后中国东部沿海与远至印度之间的交通达到一个小高潮，如果这个小高潮存在的话，我们需要解释背后的动因，遗憾的是，除了汉灵帝好胡外，我们找不到更多的文献资料。不过，上述三处遗迹地理位置邻近是很值得注意的，临沂为古琅琊所在，与连云港所在的古郁洲都是当时的港口所在。从广州沿海北上，虽然有东冶、永嘉、宁海、宁波等港口，但这些港口在汉代不甚发达，无法与靠近中原的古琅琊和古郁洲相比。最近在江苏邳州发现的煎药庙西晋墓群中出土了来自域外的玻璃杯，同时还有只能来自南海的鹦鹉螺杯，这是对古琅琊与古郁洲的重要地位的再次说明。在以长安、洛阳为首都的时代，在中国东南沿海尚没有得到充分发展的情况下，临沂和连云港所在的古琅琊和古郁洲具有极其重要的交通地位。这些是经海路而来的佛教因素首先出现在这些地区的原因所在，而且如上文所述，佛教因素在这里已经与中国的民间信仰有相互结合的倾向，这个倾向的进一步发展便是吴晋时期佛像大量出现在以魂瓶为代表的青瓷器上，发展的地域由于政治上的分裂从古琅琊和古郁洲一带向南移到今天的宁波至南京一带。孙权像秦皇汉武一样，晚年对升仙具有强烈的兴趣。既为了求仙，可能也为了拓殖疆域人口，孙权发动了大规模的航海活动，这无疑对发展对外交流具有促进作用，东吴西晋时期江南地区佛教文物的大量出现应与此有关。但是，就性质而言，吴晋佛教与东汉佛教并没有什么不同，孙权推动的航海活动属于中国内海的活动，并没有开辟出现新的对外交通线路来。佛教沿着海路在东汉时期已经来到了中国，吴晋是其延续，但尚属于民间的自发式的文化交流。以宗教本身为目的的交流，从文献上看，要从东晋法显开始。在实物上表现出来，大概要到南朝梁代了，南朝境内及山东青州发现的佛教造像是很好的例证，这些问题已经超出本文的范畴，所以本文也将就此打住。

作者简介

韦正（1968—），男，北京大学考古文博学院教授，主要从事秦汉、魏晋南北朝考古，兼及佛教考古、美术考古等方面研究。

陆、海“丝绸之路”关系新辨

吴春明

摘　要：“海上丝绸之路”是近代学术史上由“丝绸之路”派生出来的关于中西(外)海洋交通史的象征表述。中外学者多将陆、海“丝绸之路”看成一个文化整体的两个环节，将海丝等同于中西交通史上的海上通道，说成完全是唐宋以来陆上丝绸之路衰落、堵塞之后，中西经济文化交流的地理延伸与空间转移以及中国古代经济技术重心南移的结果。

古代中外间的陆海交通有多大程度的互动与关联，中世纪陆路衰落后海路通道承接了多少东西方经济文化交流的功能，仍需要进一步的分析与研究。但至少从源头来说，古代中国对外的陆、海交通或陆、海“丝绸之路”实非“彼伏此起”的源流关系，海丝不是陆丝的延伸与转移，中国古代的陆、海“丝绸之路”是两个不同的经济文化与交通史体系。

我国东、南沿海新石器时代以来的考古发现与海洋文化史的研究表明，海上丝绸之路奠基于史前时代夷、越先民力海为田、逐岛漂航的海洋实践，不晚于陆上丝绸之路的形成，不是“丝绸之路”在陆上衰落、中断后的变迁与转移。海上丝绸之路奠基于土著先民的海洋人文，而不是汉唐以来中原北方汉人移民所带来的海洋文化重新生成。史前时代百越—南岛先民初创了适于远海航行的复合型独木舟、风帆动力及离岸导航术，奠定了海上丝绸之路的主要技术基础，并不是古代中原北方经济重心南移的结果。

关键词：海上丝绸之路；海洋文化；航海术；陆海关系

一、陆、海丝路“兴衰”“交替”论的反思

陆、海“丝绸之路”最初都是西方“探险家”的话语，他们还把“海上丝绸之路”看成是“陆上丝绸之路”的“变迁”以及“丝绸之路”陆海“兴衰”“交替”后的地理延伸与空间转移。早期探险家们的这套说法，并不符合中外(东西方)交通史的实际。我们在约定俗成地延续、借用“丝绸之路”的概念与话语的同时，应重新检讨陆、海“丝绸之路”关系的传统史观，发掘“丝绸之路”“一带一路”新的科学内涵。

"丝绸之路"的概念只是 19 世纪末以来探险家"游历"中关于中西交通史的象征表述。德国李希霍芬(Ferdinand von Richthofen)曾七次探险中国西北及中亚,1877 年在《中国:我的旅行与研究》中,首次提出"丝绸之路"(Seidenstrasse)、"丝绸使者"(Seiden bringer)等,并将"丝绸之路"定义为从公元前 2 世纪到公元 2 世纪,中国与西域间以丝绸贸易为特点的交通线。[1] 瑞典斯文·赫定(Sven Hedin)于 1895 年起多次穿越中亚沙漠和中国西北,出版了《丝绸之路》一书。[2]

近百年的考古发现与研究表明,早期探险家话语中的"丝绸之路"概念,都存在诸多的认识模糊与历史误解。[3] 首先,年代上,亚欧大陆东西间的古文化通道肇始于新石器时代,远早于公元前 2 世纪。[4] 四五千年的丝绸之路史前史,在传统史学话语下限于"汉代开张""张骞凿空",就是由于西方早期探险家在西域史、"丝绸之路"历史上的认知局限。其次,在内涵上,丝绸并非中西交通恒久的主题。当年提出"丝绸之路"概念的探险家们发现的"丝绸"遗存十分有限,斯文·赫定也说"丝绸这种既易于运输又深受欢迎的商品,没有在中国的丝绸之路上留下多少兴盛的痕迹"[5],文献上有关中西丝绸贸易的记载也不多。他们选择"丝绸之路"为象征,记录他们对中西方交通史的模糊认知,只是因为"丝绸"是古代西方世界"印象"中关于东方最珍贵的物产和最典型的"形象"[6]。在广阔的亚欧腹地间,来自亚、非、欧的古代族群自新石器时代以来就竞相角逐,玉石陶瓷与玻璃制品、青铜铁器与金银器皿、丝绸布帛与作物车马、技术发明与科学知识等丰富多样的物质与非物质文化内涵,分别是东西方通道上不同时期往来流传的代表性因素。再次,在模式上,"丝绸"的中国象征赋予了中西交通自东向西的认知惯性,但中西交通不只是古代中国对外的单向传播,而是亚欧大陆间双向交流与互动的通道。丝绸之路上不但有中国古代的丝绸布帛等对外传播,更有大量西亚、中亚的古代文化、技术先后自西向东传播黄河流域,深刻地影响了中国文明形成与早期发展。

"海上丝绸之路"正是由这个带有诸多模糊与误解的"丝绸之路"概念派生出来的。1903 年,法国探险家沙畹(Edouard Chavannes)提到中国丝绢对外输出是由"出康居(Sogdiane)"之"最古"的陆道和"通印度诸港之海道",并认为海道晚于陆道[7];斯文·赫定等人也相继论述丝绸之路从陆路到海路的"延伸""转移"[8]。陆、海丝路的兴衰、交替论,与西方探险家在丝绸之路的历史误识及大陆视野、中原中心史观有关，存在诸多问题。首先，中外(西)间的海洋交通，起源于新石器时代夷、越土著七八千年的逐岛梯航史，不晚于亚欧大陆腹地的史前文化交流，远早于“丝绸之路”传统话语的“汉代开张”，不是“丝绸之路”的陆海兴衰、变迁与转换的结果。其次，“丝绸”同样只是中外海交的象征，并非主体，学界依据新发现相继提出了“陶瓷之路”“香料之路”“香瓷之路”“茶叶之路”“白银之路”“海参之路”等，而且不同时期还有大量“舶来”的族群、文化、宗教、思想、技术、物产、建筑、艺术等，海丝的内涵是丰富多彩和历史变化的。最后，中外海交也是双向往来的，“丝绸”的中国象征影响到传统海丝论述“厚往薄来”的思维惯性，片面强化“外销”与“输出”的单向历史，实则海外诸藩多方面的物质与非物质文化的输入与融合，也是中华多元文化的重要组成部分，并深刻影响了中世纪以来中国的发展与变化。

可见，从“丝绸之路”到“海上丝绸之路”，这套源于西方探险家的传统论述，对中国古代(陆、海)对外交通的年代、内涵与模式的认知，都有明显的历史误解与时代局限。这一论述体系还与中国传统史学的某些核心倾向一致，以文献为据的传统史学的核心是历代“正史”，在中外关系的认识上，具有强烈的帝国(中国)中心的世界观、天下观，主要着墨于以张骞通西域等对外征伐为代表的、以历代王朝自东向西的经略为内容的“正面历史”，而罔论源自史前的外来文化传播史。而在对待国内的多元文化、陆海关系上，历代“正史”更是建立在大陆性农耕文化基础上的王朝政治话语，是一部中原华夏与汉人中心论的历史，以强势的中原(中国)华夏俯瞰“四方蛮夷”“海洋诸藩”，“四海为壑”反映了中国古代陆海秩序中大陆性农耕文化强势的一元特征和海洋”诸藩”的边缘、附庸的角色。

正是因为西方探险家的“丝绸之路”模糊认知与中国古代王朝“正史”观、世界观与天下观的高度吻合，铸造了陆、海交通史认知的思维定式。国内学者在谈到“海上丝绸之路”的兴起时，也大都接受这一由陆到海的“兴衰”“交替”说，具有传统史学的思维惯性，认为唐代前期是陆上丝路发展的鼎盛时期，唐代中期西域交通受阻，陆上丝路盛极而衰，中国经济重心南移，东西方交往逐渐改走海路，海上丝路日趋兴盛。这一说法，忽视了中华多元文化格局中大陆(内陆)性与海洋性共存的形态，低估了海上丝绸之路形成、发展过程中东南沿海夷、越土著海洋文化数千年的奠基与传承之功。因此，我们应站在中华多元文化相对论和陆、海二元并存的立场，从海洋视野思考“海上丝绸之路”的源流史，重拾“海上丝绸之路”的精神与价值。[9]

二、海上丝绸之路传统格局的史前初创

前引法国人沙畹将“丝绢贸易”分为陆、海两道，近人还把丝绸之路分为沙漠丝路、草原丝路、南方（西南）丝路、海上丝路等不同分支，实际上都把海上丝绸之路看成丝绸之路的一条分支线路，并虚构陆上丝绸之路衰落、堵塞之后中西交通“地理延伸”与“空间转移”的理论，这不符合中国古代海洋文化与航海史形成发展的实际。从源头上说，中外间的海洋交通即海上丝绸之路的传统格局，奠基于我国东、南沿海新石器时代以来夷、越土著先民的史前航海。

自史前时代以来，以中原北方为中心的大陆性（农耕与游牧）文化和东南沿海为中心的海洋性文化虽互有交流，但两大文化体系的对外交流均起源于史前时代，各自遵循着不同的价值与模式，建立在不同的文化传统与技术生态基础上。前述在西北内陆，中亚至华北腹地间的古文化通道肇始于距今 5 000 年前的史前时代，即史前丝绸之路，而不是所谓的张骞通西域之后，中国文明形成与早期发展过程中的关键技术也与这一史前通道上的技术与文化交流有关。[10]而在我国东、南沿海，早在“海上丝绸之路”概念提出之前，考古学者就已经注意到大陆沿海土著史前文化广泛的海洋联系，林惠祥先生于 1930 年代就将以有段石锛、印纹陶遗存为代表的“亚洲东南海洋地带”文化区别于北方内地文化，考察华南史前土著文化与东南亚、太平洋原始文化交流。[11]凌纯声先生于 1950 年代提出“亚洲地中海”文化圈概念，强调亚洲与澳洲之间的海洋文化地带与北方大陆性农耕文化的区别，他以“珠贝、舟楫、文身”概括“亚洲地中海”海洋文化特点，以“金玉、车马、衣冠”概括大陆性文化内涵。[12]经过半个多世纪的考古工作，我国东、南沿海发现了一系列新石器时代早期以来以贝丘、沙丘等为特征的海洋性聚落，其中胶东半岛及庙岛群岛、太湖流域至钱塘江下游及舟山群岛、闽台区域、珠江三角洲及南海北岸等几个密集分布带，“大分散、小聚集”，依托陆缘海湾、河流入海口与下游河岸、海岛等海洋性生态环境，以海生贝类等夷、越土著先民海洋捕捞的食物遗存堆积为特征，形成最初的沿海捕捞、滨海聚居的海洋性

文化景观。[13]

大陆性与海洋性二元文化结构，奠定了中国古代陆、海对外交通的并行不悖、各自相对独立的传统与历史。海上丝绸之路的发展经历了土著、传统与全球化三个阶段，即史前至先秦时期“亚洲地中海”的夷越土著时代、中古“环中国海”区域性“四洋”航路时代、近五百年来的环球航路时代，形成一个不同于中原王朝编年的、自成体系的文化史过程。上述我国东、南沿海新石器时代“大分散、小聚集”的若干海洋性聚落形态的时空分布规律，还反映了夷越先民在“亚洲地中海”跨界海域的史前航海活动，从逐岛穿梭到远海航渡、远洋漂航，将史前海洋文化相继扩展到朝鲜半岛、日本列岛以及东南亚与太平洋群岛，奠定了汉唐以来环中国海“四洋”航路即海上丝绸之路的传统格局。

在北洋海域，历史时期最著名的跨海通道之一“登州海行入高丽、渤海道”，即“登州东北海行，过大谢岛、龟歆岛、末岛、乌湖岛，三百里。渡乌湖海，至马石山东之都里镇，二百里。东傍海，过青泥浦、石人汪、橐驼湾、乌骨城鸭绿江口，八百里”[14]，基本上就是沿着东夷先民逐岛航渡黄海海峡、朝鲜半岛到日本列岛新石器时代老路。胶东半岛与辽东半岛间的黄海海峡间距不到百公里，中间散布庙岛群岛的 30 多个岛礁，庙岛群岛上发现的几十处新石器时代遗址，内涵与两端的胶东、辽东沿岸史前文化一致，表明自史前时代起辽东半岛就是胶东半岛海洋文化扩张的第一站。[15]东夷史前文化还传播到朝鲜半岛南部与日本列岛，“山东半岛、辽东半岛和朝鲜半岛北部与南部相继发现了公元前两千多年到前一千多年的稻谷或稻米遗存后，一条从江淮流域经山东半岛、辽东半岛、朝鲜半岛而到达九州乃至全日本的稻米之路事实上已经确立起来”[16]。

历史上的东洋航路，也与史前时期从闽台经菲律宾、东南亚群岛到太平洋三大群岛的百越—南岛逐岛漂航的轨迹惊人吻合。在《顺风相送》中，东洋针路就是闽、粤沿海本土的湄洲、泉州、漳州、南澳放洋的往澎湖、吕宋、苏禄、渤泥等往返针路；在《指南正法》中，“东洋山水形势”介绍了漳州大担放洋，经澎湖和台湾到菲律宾吕宋岛南部麻老央港的东洋地文特征，所录闽粤本土往东洋路上的台、澎、吕宋的往返针路也多于《顺风相送》，构成了一个复杂的东洋航路网。[17]溯源于新石器时代，浙闽海岸地带与陆缘海岛都发现了与距今 7 000—4 000 年前的河姆渡、良渚、昙石山等类型的文化遗存，大陆海岸与陆缘海岛的新石器文化面貌基本一致，应是史前期陆、岛近海航渡的结果。如东海之滨，舟山群岛上发现了十多处距今7 000—4 000年前的河姆渡文化、良渚文化遗址，是浙东原始先民海上交通发展的证据。[18]在闽中沿海，马祖列岛亮岛岛尾Ⅰ贝丘遗址的测定年代为距今7 380±40年，是台海地区最早的海洋文化遗存。[19]在平潭、金门、东山等岛屿也发现了距今6 000—4 000年前的新石器文化遗存，分别与闽江下游昙石山下、中层文化基本相同，也是史前先民近海航行、跨海文化传播的结果。[20]百越先民的史前文化传播与人群移动还发生在台湾海峡、巴士海峡、东南亚与太平洋群岛间的众多大小海峡之间，在更广阔的西南太平洋群岛地带形成了百越—南岛语族海洋文化圈，波利尼西亚群岛上的有段石锛、大洋洲群岛上的拉皮塔(lapita)文化等都是源于新石器时代的中国大陆东南，"原南岛语族"就是从闽粤沿海经台湾海峡、台湾东南岛屿、菲律宾群岛、东南亚群岛，最后抵达太平洋群岛的。[21]

南海海域是传统南洋、西洋航路核心区域，从秦汉时期的"徐闻、合浦南海道"到唐宋时期的"广州通海夷道"，同样在南越、骆越先民的史前航海中初现端倪。珠江三角洲沿海的几十处岛礁也发现了新石器、青铜时代的沙丘、贝丘文化遗存，与珠江三角洲腹地距今7 000—4 000年前的新石器文化面貌一致，海南环岛也发现了距今5 000—2 500年前的海岸沙丘、贝丘遗址几十处，应是南越先民向海洋移动的结果。[22]越南海岸距今6 500—4 500年前的CaiBeo、Quynh Van文化，与岭南沿海的咸头岭、后沙湾等遗存，距今4 500—3 500年前的Ha Long、BauTro文化与华南沿海以树皮布石拍、双肩大石铲、带四突纽玉玦和牙璋为特征的龙山时代至夏代前后的遗存，都有高度一致性；青铜时代Dong Dau、Go Mun、Dong Son文化序列中，更发现大量闽越、南越、瓯骆等文化的代表性内涵，显示出华南沿海百越文化的陆海交流与航海活动。[23]

此外，海上丝绸之路主要传统港市的形成，也直接或间接起源于百越时代的王国都城。百越王国的都城无一例外处于所在区域最大江河的入海口，都是在新石器时代海洋性聚落密集分布、发展的基础上形成，如吴都阖闾、于越山阴、东越东瓯、闽越东冶、南越番禺、瓯骆螺城等都是，既联系着流域内的经济、资源腹地，又有便捷的出海口，具有鲜明的海洋性特征。[24]这些百越土著的早期都市多续为汉唐以来的中心港市，如周汉时代的南越国都城番禺续为南海郡治，也是汉唐以来华南乃至古代中国最大的港市，与南越国时期奠定的番禺港市基础与传承有关。闽中新石器时代海洋性聚落形态的中心在闽江下游，在此基础上形成周汉时代闽越国都东冶，闽越国后冶城（福州）延续为东南沿海最重要的港市之一。此外，吴国的都城就位于长江下游古文化中心的太湖东岸阖闾（苏州），于越的都城山阴（绍兴）也是在钱塘江口的史前文化中心地区兴起的，秦汉以后分别为吴郡、会稽郡郡治，都是历史早期重要的港市，唐宋以后进一步发展到附近的杭州、扬州、宁波等。从新石器时代海洋性聚落形态中心到百越诸国都城，再发展到汉唐东南港市，进一步凸显了海上丝绸之路传统格局形成过程中的土著基础。

可见，以汉唐以来的“四洋”航路为特征的海上丝绸之路传统格局，初创于史前、上古夷越土著的航海实践，东、南沿海的海洋交通史不晚于前述西北荒漠的史前丝路，更不晚于传统认知的张骞通西域后的“丝绸之路”。夷、越土著奠定的传统海丝格局，还成为全球化时代中西海洋交通的重要基础。近五百年来，达·伽马（V. da Gama）建立的葡、荷、英等相继主导的远东经印度洋绕过好望角至大西洋、西欧航路，麦哲伦（Fernando de Magellan）环球航行后建立的菲律宾—中美洲阿卡普尔科的“马尼拉帆船（Manila galleons）”航路，也分别是上述东洋航路与西、南洋航路基础上与西方世界的海洋联系，构成全球化的海上丝绸之路新格局。[25]因此，海上丝绸之路于史前与上古时期土著奠基，中古时期“四洋”航路发达，近古东突西进环球航海发展，自成体系、源远流长，它不是陆上丝绸之路的组成部分、历史延续和地理转移。

三、海上丝绸之路人文与技术的土著基础

传统史观把海上丝绸之路看成是丝绸之路在陆地衰落后的地理转移，其重要的“论据”之一，就是把海丝看成汉唐以来中原北方汉人的大规模南迁、中国经济技术重心南移的结果，这一说法忽视了数千年前“善于用舟”的夷越先民的海洋文化内涵。海上丝绸之路不是汉唐以来汉民南迁后的海洋文化重新生成，更不是丝绸之路堵塞中断后在海上的变迁与转移，而是我国东南沿海夷越先民数千年的海洋文化传统的延续与发展。[26]

史前、上古时期的东夷、百越先民濒于大陆东、南沿海地带，是最早的海

洋活动实践者，奠定了中华海洋文化的基础。东夷是濒海而居、力海为生的民族，其中“嵎夷”以制盐和海产著称，“淮夷”以珍珠闻名。《尚书·禹贡》载：“海岱惟青州。嵎夷既略，潍、淄其道。……厥贡盐𫄨，海物惟错。”“海、岱及淮惟徐州。……淮夷蠙珠暨鱼。”百越先民是华夏、汉民人文视野中著名的海洋族类，居于海中，卉服织贝，海蛤蝉蛇，善于用舟。《山海经·海内南经》载：“瓯居海中，闽在海中。”《尚书·禹贡》语：“淮海惟扬州。……岛夷卉服。厥篚织贝，厥包橘柚，锡贡。沿于江、海，达于淮、泗。”《越绝书·越绝外传记地传》载：“大越海滨之民，独以鸟田。”《逸周书·王会解》载：“东越海蛤，欧人蝉蛇，蝉蛇顺食之美，于越纳、姑妹珍，且欧文蜃，共人玄贝，海阳大蟹，自深桂；会稽以鼍；皆西向。”《淮南子·主术训》语：“越舲蜀艇，不能无水而浮。”“汤武圣主也，而不能与越人乘舲舟而浮于江湖。”《越绝书·越绝外传·记地传》引越王勾践语：“夫越性脆而愚，水行而山处，以船为车，以楫为马，往若飘风，去则难从。”

汉唐以来，海上丝绸之路的实践主体是华南汉人，但华南汉人并非如传统正史所说都源于中原北方南迁，相当部分是历史上的越、汉融合，包括汉化的“越人”和“与越杂居”“居越而越”的南迁汉人，他们保留越文化的海洋文化传统。[27]华南的“海洋汉人”多直接或间接来源于“善于用舟”的夷、越土著，疍民就是汉化的水上“越人”，又有“游艇子”“艇家”“白水郎”“水居船”等鲜明海洋特色的称谓，就是历史上华南基层海洋社会的代表。《隋书·南蛮传》载：“南蛮杂类，与华人错居，曰蜒、曰獽、曰俚、曰僚、曰㐌，俱无君长，随山洞而居，古先所谓百越是也。”南宋刘克庄《漳州谕畲》载：“凡溪峒种类不一：曰蛮、曰畲、曰黎、曰蜒，在漳曰畲。”疍民结庐海畔、捕鱼采珠的人文景观塑造了华南沿海基层海洋社会的主要特质，是华南海洋社会经济发达的直接或间接的文化基础。[28]“华南海商”是明清时期东南沿海出现的私人海上贸易群体，大小几十支活跃于东南沿海至环中国海岛弧间，在“朝贡贸易”制度下“违禁通蕃”“亦商亦盗”，是华南海洋社会最典型的代表，明郑集团就是其中规模最大、实力最强、影响深远的一支。[29]华南海商谙熟水道、操舟善斗、违禁通蕃的航海技能与海洋精神，无疑传承、感染了夷越土著“善于用舟”的海洋传统。

汉唐以来海上丝绸之路发展与繁盛还常被归功于中原北方汉人南迁带来先进的生产力与技术形态，认为大型海船、风帆技术、船尾舵和离岸导航等远洋航海术主要出现于秦汉以后，是中国古代经济技术重心南移的结果。[30]实际上，东南沿海新石器时代的土著先民已经掌握了适于远海航行的复合型独木帆船及离岸天文导航术等，是中华航海术的初创者，海上丝绸之路具有数千年的技术奠基。

分布于东南亚、太平洋群岛的南岛语族复合型独木舟，为百越航海舟船的探索提供了重要的方向。复合型独木舟是世界舟船民族志中非常特殊的一类，包括双体独木舟、单边与双边的边架艇独木舟，复合结构既克服了单体独木舟易横摇、翻覆的不稳定性，又具备独木舟轻便、构造整体性的优点，成为太平洋土著最重要的远洋航行工具，土著波利尼西亚人驾驭这类帆舟一天可在海上航行 145 英里。[31]其实，这类复合型独木舟也存在于东、南沿海，台湾原住居民的“蟒甲”和黔东南苗族“子母船”即是。

凌纯声先生最早发现清代台湾原住居民的“蟒甲”即双边架艇。据黄叔璥《台海使槎录》卷六“番俗六考”：“蟒甲，独木挖空，两边翼以木板，以藤缚之。”陈淑均《噶玛兰厅志》卷五“番俗六考”：“番渡水小舟名曰蟒甲，即艋舺也，一作蟒葛。其制以独木挖空，两边翼以木板，用藤系之。”虽缺图像资料，但这些“两边翼以木板”的“蟒甲”“艋舺”无疑就是双边架艇独木舟。[32]“蟒甲”音 mangka，而在南岛语族的语言中，边架艇也普遍称为 wangka、waka，在新不列颠群岛略有变化为 haka，在布干维尔群岛为 vakas、bakati、hakas，在新赫布里底群岛为 angge、wanga、nawangk 等。[33]因此，“蟒甲”“艋舺”无疑是与南岛语族的边架艇同类的航海舟船，可惜这一珍贵的遗产已不见于当代民族志。

黔东南台江施洞苗族“子母船”真实再现了华南边架艇的形态。子母船以一大两小独木舟组合为特征，与南岛语族边架艇有高度共性。两者都属于复合型独木舟，都在一大型独木舟的两侧附加两小型的独木舟艇，以增加船体抗横向摇摆的阻尼力，只是子母船的双边子船是紧贴着母船，横向阻尼力较小，而南岛的双边架艇与主独木舟间有大小不等的间隔，横向阻尼力大，这应与两者所适应的环境差别有关，子母船适于江河环境，而南岛边架艇适于宽阔而多风浪的海洋环境。施洞所在的清水江流域为沅水上游，是周秦汉唐以来“苗蛮”族群西迁的重要通道，紧邻的西江水系都柳江流域还有大批侗、水等西迁瓯骆的后裔，族群复杂，这为理解施洞子母船的性质提供了重要的文化史背景。我们认为，施洞子母船很可能是南岛语族边架艇的逻辑原型，是消失了二三千年的华南土著远洋舟船的“活化石”。[34]

“边架艇”“蟒甲”“子母船”的形态与结构，有助于我们重新认识东南沿海考古发现中的一些独木舟的性质。距今 8 200—7 500 年前的浙江萧山跨湖桥新石器时代早期的独木舟，残长 5.6 米，两侧散布许多圆木和剖木的“木桩”“木料”，发掘者就将该舟看成是太平洋上“边架艇”。[35]福建连江浦口鳌江河畔发现的西汉独木舟，残长 7.1 米，在靠近船首舷沿两内侧残留对称的凹槽，这一结构与夏威夷、印尼土著独木舟内侧设置边架艇横杆的结构一致，在船尾还发现了 10 多截原木段，“舟上附件，或为行船工具”，很可能也是双边架艇独木舟的残存。[36]

就舟船动力而言，风帆在东西方航海史上都有数千年不等的历史，是古代航海唯一的续航动力。我国古代文献明确记载船用风帆始于东汉马融《广成颂》中的描述，即“然后方艅艎，连舼舟，张云帆，施蜺帱，靡腮风，凌迅流”。“随风张幔曰帆，帆，泛也。使舟疾泛泛然也。”[37]船史学界还主张，船帆必须与舵的出现相匹配，“船上的‘舵’和‘帆’在出现和使用上是紧密地相承相随的，两者在航船技术方面有着密不可分的关联”。广州汉墓陶船模的原始形态舵是迄今发现的最古老的舵实物，因此风帆的最初使用不可能早于这个时期。[38]但是南岛语族的航海实践说明帆、舵匹配论是错误的，风帆是南岛语族航海边架艇最重要的行船设施，没有一艘太平洋上的航海帆舟是与舵的使用相匹配的。[39]浙江萧山跨湖桥距今 8 200—7 500 年前的独木舟组合遗存中，也发现多块竹篾编制的席状物，从共存关系与遗迹形态分析，这很可能就是一面原始船帆的残存物。有趣的是，考古发现的我国古代航海用帆明确实物也都是竹篾帆，如泉州后渚宋元沉船舯部和艏部发现有大片的篾编船帆残段，清代著名航海家走航闽南与南洋之间的帆船也普遍使用篾帆[40]，因此，百越的史前先民不但具备海上航行的舟船形态，其驶风用帆的能力也不应被过分怀疑。文献记载最迟在汉晋间，东南船家娴熟运用了“船行八面风”技术，应是建立在百越先民原始航海基础上的。

就导航技术而言，地文坐标、天文导航和罗经针位等是古代船家的三种基本的行船导航术，但在唐宋罗经针位术出现之前，史前、上古夷越先民的跨海漂航尚无罗针可用，地文坐标不济，他们靠什么技术达到舟船的离岸导航呢？最近我们通过南岛与华南海洋民族志的比较，找到一些线索。南岛语族拥有独特的导航术，是土著船家世代相传的航海秘籍，其中“星象罗盘”

"手掌测星"是最具代表性的两种天文导航术。"星象罗盘"并非真实存在的导航罗盘，只是土著人记忆在脑海里的一组星辰升降方位的排列顺序，就像一个巨大的坐标体系，通过不同星辰升降的方位判定船只在海上的方向。"手掌测星"是通过草测南、北两极恒星的出水高度与纬度变化的关联性，确定舟船位置的定位方法。[41]

我国东南沿海民间船家也有世代相传的"观星法""测星法"。"观星法"的本质是"日月升坠，以辨西东"，是一种原始的定向法，在华南民间航路簿中均详略不等地草绘有各类星座形象及其升、降位置的干支坐标，为判定舟船行驶的方向的参照，在浙、闽、琼沿海渔村也有"观星定向"的实践。[42]"测星法"的本质是"星斗高低，度量远近"，海南文昌清栏南岛的渔民用裸掌五指衡量北极星的出水高度，他们在海平面上方伸出手掌，掌心朝前，拇指向下，指端与海天连接线相切，末指向上，所观察到的食指、中指、无名指、末指位置上的北极星出水高度就分别为一指、二指（半掌）、三指、四指（一掌）。[43]

不难发现，华南民间航海这些"观星法""测星法"，分别与南岛语族"星象罗盘""手掌测星"，完全同类。两类技术的操作形态一致，华南的"观星法"将星辰升降方位标注于 24 刻度的中国传统干支罗盘上，而南岛语族的"星象罗盘"把星辰升降位置标示在 32 刻度的方位"罗盘"上，也都是船家记忆、意念中的虚构罗盘，而不是真实的罗盘存在，华南海洋民族志上的"测星法"更与夏威夷航海家手指（掌）测星有异曲同工之妙。可见，它们是华南与太平洋土著间共同的海洋文化遗产，从百越—南岛源流史的角度看，应是百越先民在数千年的离岸航海实践中不断总结、发展的导航技术。[44]百越—南岛先民缺乏本民族自身的文献历史，早期土著的航海技术史罕见于汉文史籍的"历史"文本，仅《淮南子·齐俗训》《抱朴子·外篇》等零星、模糊的概述[45]，却散见于上述东南沿海的民族志"残余"中，恐怕是从百越土著史前、上古航海到汉人为中心的古代航海之间的文化断层所造成的"历史失忆"。

唐宋以来，指南针的发明和运用为离岸航海提供了一种更为精确的定量导航手段，天文导航术在环中国海的官、私航海实践中更迅速削弱，其间文献中提到的几次天文导航实践也因主体不明而被质疑。如东晋法显从印度海路回国时，在印度洋航段上"望日月星宿而进"被认为乘坐的是师子国的商船[46]；元代意大利旅行家马可·波罗（Marco Polo）离开泉州回国，其中从小爪哇到印度西部的航段上通过观测北极星出水高度作为判定航船位置的坐标[47]；明代郑和下西洋实行的“过洋牵星”也仅限于苏门答腊到东非索马里的印度洋航段，还被认为是在阿拉伯水手导航下实现的，这一现象常被有些西方学者据以认为中国古代并没有成功的天文导航实践。[48]实际上，指南针时代环中国海与印度洋海域导航技术的差异，不代表中国早期船家不曾拥有天文导航这一更古老的航海术，从汉唐以前的天文导航术发展到宋元以来的指南针航海，很可能是我国航海史上离岸导航术的两个阶段。前述百越—南岛民族志上天文导航术的比较表明，原始的航海“观星法”与“测星法”很可能是百越先民固有的航海术，是中华海洋文化开创期的珍贵遗产，是海上丝绸之路航海术奠基的重要组成部分。

总之，百越先民自史前时代起就逐步形成了适于逐岛梯航、远洋航行的航海术，边架艇独木舟、原始风帆技术、观星与测星法的离岸导航技术，是百越先民数千年来“善于用舟”历史的体现，也是亚太海洋地带共同的海洋文化遗产。土著时代的航海技术将夷、越先民从我国东南沿海的新石器时代老家成功地移植到东南亚与太平洋群岛，不愧为东亚航海术肇始、海上丝绸之路的技术奠基。

作者简介

吴春明（1966—），男，厦门大学南海研究院研究员，历史学博士，专长华南民族考古、海洋考古研究。

注释

［1］Ferdinand von Richthofen, *China*, *Ergebnisseeigener Reisen und Deraufgegrondeter Studien*, Bd. 1, Berlin, 1877, pp477、496、500、507.

［2］Hedin Sven Anders, *Sidenvaigen*, 1936; *The Silk Road*, Newyork, 1938. 中译本，斯文.赫定著：《丝绸之路》，新疆人民出版社，2010 年。

［3］吴春明：《对“海上丝绸之路”研究有关问题的重新思考》，《南方文物》2016 年 3 期。

［4］林沄：《商文化青铜器与北方地区青铜器关系之再研究》，《考古学文化论集（一）》，文物出版社，1987 年；安志敏：《试论中国的早期铜器》，《考古》1993 年 12 期；水涛：《新疆青铜文化诸问题的比较研究——附论早期中西文化交流的历史进程》，《国学研究》第一卷，北京大学出版社，1993 年；李水城：《文化馈赠与文明成长》，《庆祝张忠培先生七十岁论文集》，科学出版社，2004 年。

[5] [瑞]斯文·赫定:《丝绸之路》,新疆人民出版社,2010 年,第 224 页。

[6] 唐纳德·F. 拉赫著,周宁总校译,周云龙译:《欧洲形成中的亚洲》第一卷《发现的世纪》第一册,人民出版社,2013 年,第 23-24 页。

[7] 沙畹:《西突厥史料》,冯承钧译,中华书局,2004 年,第 208 页。

[8] 斯文·赫定:《丝绸之路》,江红、李佩娟译,新疆人民出版社,2010 年,第 224 页;布尔努瓦:《丝绸之路》,耿升译,新疆人民出版社,1982 年,第 31-57 页。

[9] 吴春明:《"环中国海"海洋文化的土著生成与汉人传承论纲》,《复旦学报》2011 年 1 期。

[10] 李水城:《文化馈赠与文明成长》,载《庆祝张忠培先生七十岁论文集》,科学出版社,2004 年;水涛:《新疆青铜文化诸问题的比较研究——附论早期中西文化交流的历史进程》,载《国学研究》第一卷,北京大学出版社,1993 年。

[11] Lin Huisiang, 1938, *A Neolithic Site in Wuping Fukien*, Proceedings of the Third Congress of Prehistorian of the Far East, Singapore. 林惠祥:《中国东南地区新石器文化特征之一:有段石锛》,《考古学报》1958 年 3 期;傅宪国:《论有段石锛和有肩石器》,《考古学报》1988 年 1 期。

[12] 凌纯声:《中国古代海洋文化与亚洲地中海》,载《中国边疆民族与环太平洋文化》,台北联经图书,1979 年。

[13] 袁靖:《中国大陆东南沿海贝丘遗址研究的几个问题》,《考古》1995 年 12 期。

[14]《新唐书·地理志》,转引自贾耽《皇华四达记》。

[15] 佟伟华:《胶东半岛与辽东半岛原始文化的交流》,载苏秉琦主编《考古学文化论集》(二),文物出版社,1989 年。

[16] 严文明:《中国古代农业文化的东传对日本早期社会发展的影响》,载《农业发生与文明起源》,科学出版社,2000 年。

[17] 向达校注:《两种海道针经》,中华书局 1961 年,第 87-99、137-190 页。

[18] 吴玉贤:《从考古发现谈宁波沿海地区原始居民的海上交通》,《史前研究》1983 年 1 期。

[19] 陈仲玉:《马祖列岛新石器时代的海洋聚落》,载《海洋遗产与考古》,科学出版社,2012 年。

[20] 福建省博物馆:《福建平潭壳丘头遗址发掘简报》,《考古》1991 年 7 期;厦门大学考古专业等:《1992 年福建平潭岛考古调查新收获》,《考古》1995 年 7 期;林朝启:《金门富国墩贝冢遗址》,台湾大学《考古人类学刊》第 33~34 期;陈仲玉:《福建金门金龟山与浦边史前遗址》,《东南考古研究》第二辑,厦门大学出版社,1999 年;徐起浩:《福建东山县大帽山新石器时代贝丘遗址》,《考古》1988 年 2 期。

[21] 林惠祥:《中国东南地区新石器文化特征之一:有段石锛》,《考古学报》1958 年 3 期;张光直:《中国东南海岸考古与南岛语族的起源问题》,《南方民族考古》第一辑,四川大学出版社 1987 年;Peter Bellwood, *Prehistory of the Indo-Malaysian Archipelago*,

Honolulu: University of Hawaii Press, 1997, P211-248.

[22] 商志䃅等:《环珠江口史前沙丘遗址的特点及有关问题》,《文物》1990 年 11 期。

[23] 吴春明:《万年前后的亚洲东南海洋地带》,载《浙江省文物考古研究所学刊》第八辑,科学出版社,2006 年;《红河下游新石器时代文化与华南的关系》,载《百越研究》第二辑,安徽大学出版社,2011 年。

[24] 曹峻:《百越都城海洋性的考察》,载《东南考古研究》第三辑,厦门大学出版社,2003 年。

[25] 陈佳荣:《宋元明清之东西南北洋》,《海交史研究》1992 年 1 期;Chunming Wu, *Early Navigation in the Asia Pacific Region: A Maritime Archaeological Perspective*, Springer, 2016.

[26] 吴春明:《环中国海海洋文化圈的土著生成与汉人传承论纲》,《复旦学报》2011 年 1 期。

[27] 吴春明:《东南汉人的形成:民族考古学提纲》,载邓聪、陈星灿主编:《桃李成蹊集——庆祝安志敏先生八十寿辰》,香港中文大学中国考古艺术研究中心,2004 年。

[28] 陈序经:《疍民的研究》,上海商务印书馆,1946 年;韩振华:《试释福建水上疍民(白水郎)的历史来源》,《厦门大学学报》1954 年第 5 期;蒋炳钊:《疍民的历史来源及其文化遗存》,《广西民族研究》1998 年第 4 期;黄新美:《珠江口水上居民(疍民)的研究》,中山大学出版社,1990 年;广东省民族研究所编:《广东疍民社会调查》,中山大学出版社,2001 年;欧阳宗书:《海上人家》,江西高校出版社,1998 年。

[29] 林仁川:《明末清初私人海上贸易》第三章“私人海上贸易集团的形成”,华东师范大学出版社,1987 年。

[30] 中国航海学会:《中国航海史(古代航海史)》,人民交通出版社,1988 年,第 84-97 页;孙光圻:《中国古代航海史》,海洋出版社,2005 年,第 98、140 页。

[31] A. C. Haddon and James Hornell, *Canoes of Oceania, Vol. Ⅲ, Definition of Terms, General Survey, and Conclusions*, Bernice P. Biship Museum Special Publication 29, Honolulu Hawaii, 1938, P. 43.

[32] 凌纯声:《古代中国与印度太平两洋的戈船》,载《中央研究院民族学研究所集刊》1968 年第 26 期。

[33] A. C. Haddon and James Hornell, *Canoes of Oceania, Vol. Ⅲ, Definition of Terms, General Survey, and Conclusions*, Bernice P. Biship Museum Special Publication 29, Honolulu Hawaii, 1938, P. 71.

[34] 吴春明:《黔东南台江施洞苗族“子母船”及其在太平洋文化史上的意义》,《贵州民族研究》2008 年 5 期。

[35] 浙江省文物考古研究所等:《跨湖桥》,文物出版社,2004 年,第 50 页。

[36] 卢茂村:《福建连江发掘西汉独木舟》,《文物》1979 年 2 期。

[37] 《后汉书》卷六十“马融传”引语;刘熙《释名》卷七“释船”。

[38] 文尚光:《中国风帆出现的时代》,《武汉水运工程学院学报》1983 年 3 期;《中国风帆起

源时代研究述评》,《中国水运史研究》1988 年 1 期;杨琮:《也论中国樯帆之始》,《海交史研究》1989 年 1 期;席龙飞:《中外帆和舵技术的比较》,《船史研究》1985 年第 1 期。

[39] A. C. Haddon and James Hornell, *Canoes of Oceania*, *Vol*. Ⅲ, *Definition of Terms*, *General Survey*, *and Conclusions*, Bernice P. Biship Museum Special Publication 29, Honolulu Hawaii, 1938, P. 43.

[40] 福建省泉州海外交通史博物馆:《泉州湾宋代海船发掘与研究》,海洋出版社,1987 年,第 45-46、60 页。

[41] David Lewis, *We*, *the Navigators*: *the Ancient Art of the Land Finding in the Pacific*. University of Hawaii Press, 1994. Ben Finney and Sam Low, Navigation, in K. R. Howe edited, *VakaMoana*: *Voyages of the Ancestor*, *the Discovery and Settlement of the Pacific*, University of Hawaii Press, 2007, P. 154-197. Ben Finney, *Sailing in the Wake of the Ancestors*: *Reviving Polynisian Voyaging*, Bishop Museum Press, 2003.

[42] 刘南威等著:《航海天文学》,科学出版社,1984 年,第 8-11 页。

[43] 刘南威等著:《航海天文学》,科学出版社,1984 年,第 11-13 页;韩振华:《我国古代航海用的量天尺》,载《文物集刊》第 2 辑,文物出版社,1980 年。

[44] 吴春明:《从南岛"裸掌测星"到郑和"过洋牵星"——环中国海天文导航术的起源探索》,《南方文物》2012 年 3 期。

[45] (汉)刘安《淮南子·齐俗训》载:"夫乘舟而惑者,不知东西,见斗极则寤矣。"(晋)葛洪《抱朴子·外篇》载:"夫群迷乎云梦者,必须指南以知道;并乎沧海者,必仰辰极以得反。"

[46] 公元 411 年,法显自印度浮海东还,"大海弥漫无边,不识东西,唯望日月星宿而进"。(章巽校注:《法显传校注》,上海古籍出版社,1985 年,第 167 页)

[47] 陈开俊等合译:《马可·波罗游记》,福建科学技术出版社,1981 年,第 207-234 页。

[48] 向达:《整理郑和航海图序言》,《郑和航海图》,中华书局,1961 年,第 16 页。

城市文化之光的千年璀璨:扬州与大运河文化传播的历史与启示

朱季康

摘　要:在大运河文化传播的宏流中,有着其特殊的政治、经济、人文生态背景。扬州与大运河在大运河文化传播中有着各自的价值。大运河对于大运河文化传播的载体与空间价值是客观存在的,扬州城在大运河文化传播中的城市价值也十分醒目。大运河文化传播的内容主要涉及意识形态、生产生活方式及外部表现等方面。扬州文化通过大运河传播具有一定的价值特性。扬州文化通过大运河传播的途径主要有进贡与外事交流、教育活动、商业贸易、传教活动、人口迁徙及特定群体流动等。在大运河文化传播中,扬州文化的价值体现在其开放度、自由度、文明度、地域优势度、先进度和持续度上。大运河文化对扬州沿运河的城镇体系及城市精神都有重大影响。目前,针对扬州与大运河文化传播的三个主要危机,笔者以为应坚持客观与务实的大运河文化传播研究的导向;坚持准确与丰富的大运河文化传播宣传的导向;坚持提炼与升华的大运河文化传播解读的导向。扬州与大运河文化传播的新时代内涵要求对大运河文化样态与精神品质进行深刻的挖掘,实现对扬州文化的扬弃以及期待扬州现代文创产业的崛起。

关键词:大运河文化;扬州;传播

大运河文化是指与大运河紧密联系而产生、发展、流行与传承的各类物质财富与精神财富的总和。扬州伴随大运河的诞生而成长,是名副其实的"运河之都"。大运河是扬城之根、扬城之魂。扬州文化本身即是大运河文化的重要组成部分,是在时间与空间上与大运河文明高度融合的文化产物。文化传播是文化主体与外在意识同步的过程,也是文化的一种认同、反思与确证的过程。大运河文化的传播是一种综合性文化内涵的传播,不仅仅局限于"日用"层面,也涉及政治、经济、艺术等诸多层面。扬州在大运河文化传播的历史中起着重要的作用,扬州城既是大运河文化产生的重要区域,也是大运河文化流衍、交融的主要区域,是大运河文化传播历史中的核心城市之一。

一、扬州与大运河文化传播的背景

（一）大河文化传播的宏伟潮流

习近平总书记指出："两千多年中西交往历史证明了——只要坚持团结互信、平等互利、包容互鉴、合作共赢，不同种族、不同信仰、不同文化背景的国家完全可以共享和平，共同发展。"[①]大江大河历来是人类文化传播的重要载体。大运河作为世界著名的大河之一，具有大河文化的共性，但也接受着人工工程对其文化成长的特殊影响。大运河文化更多地是在人类政治、社会、经济等因素影响下生长起来，联系着国都与重要的东部城市，是传承中华文脉的交通线，并直接影响到了古代中国与世界各国的文化交往。大运河起着沟通"陆上丝绸之路"与"海上丝绸之路"的桥梁作用，将远至中东、近及日韩的文明与东方传统文明联系起来。无论是阿拉伯、伊朗、印度的商人，还是日本的遣唐使、西方的传教士，大运河的千年流沙都记载着他们为东西方文化交流所做的贡献。

（二）大运河文化传播的政治背景

大运河首先是一个政治遗产。无论是春秋末年吴王夫差开挖邗沟，还是隋代以洛阳为中心，建设由通济渠、永济渠、山阳渎、江南河组成的南北大运河，抑或是元代对北线运河的建设，这三个阶段的建设都蕴涵着强烈的政治动机。除了对大运河沿线闸道进行建设管理，历代政府都设有专门的漕运管理部门及军事力量，以控制运河命脉。京杭大运河的主要功能之一就是漕运，漕运是为了维持北方都城和北方区域的粮食供应，保障国家的统一，是历代统治者不惜投入巨大的人力、物力营造大运河的主因。大运河打破了中国东西向水系所造成的南北区域割裂格局，强化了中央政府政治力的贯通。"可以毫不夸张地说，没有大运河保证漕运，北京就不可能成为元、明、清三朝的首都；没有大运河，元、明、清的统一就无法维持和巩固。"[②]清末海运兴起后，漕运方废。这些专门官职与漕运管理都显示了政府对大运河的直接控制，使大运河文化受到很多政治因素的干扰。

---

① 《习近平倡议共建"丝绸之路经济带"》，新华网，http://news.Xinhuanet.com/mrdx/2013—09/08/c_132701675.htm.

② 葛剑雄：《大运河历史与大运河文化带建设刍议》，《江苏社会科学》2018 年第 2 期，第 127 页。

（三）大运河文化传播的经济背景

大运河的开通形成了特殊的经济交流格局。大运河开凿前，中国经济的重心是沿着黄河呈东西走向。大运河建设后，中国经济交流的重心走向由东西改为南北，并使中国经济重心向东南偏移。这种经济交流的格局从唐宋一直延续至晚清，也为大运河文化的传播创造了特殊的经济背景。大运河流域城市多因大运河而繁荣，如历史上，大运河对于扬州的发展起到了不可或缺的重要作用。仅依靠漕运盐运，扬州就成为漕船制造、漕粮储备、淮北盐集散的中心，且扬州周边地区也因大运河而有了蓬勃动力。如仪征港的繁荣与晚清十二圩的崛起，都与此有关。大运河流域城市的经济发展也自然与大运河文化产生了联系。

（四）大运河文化传播的人文生态背景

大运河文化的传播离不开其所依托流域的人文生态背景。“大运河文化不同于一般的地域文化。因为它有比地域文化更复杂得多的人文因素。”①大运河文化的产生具有多元一体的性质，还充满着商品经济高度发展所带来的流动性、创新性及活力性。大运河的开通还使其流域内的各个区域文化纷纷出现多元、混杂、交融的趋势。在这种流动、开放的空间环境下，大运河流域所出现的中国传统文化儒、道等学说及各个区域文化接受着大运河的滋养，维持着旺盛的生命力。

二、扬州与大运河在大运河文化传播中的各自价值

扬州与大运河在大运河文化传播中有着各自的价值。大运河对于大运河文化传播的载体与空间价值是客观存在的，而扬州城在大运河文化传播中的城市价值也十分醒目。

（一）大运河在大运河文化传播中的载体价值

大运河具有物资流动的载体价值，传播着物质文化。大运河将华北、江南、关中、边疆等地区通过运河网络联系在一起，成为古代中国物资流动最重要的人工航道。仅以扬州为例，大量物资集中于扬州，再通达全国。物资传播的同时带来了物质文化的传播。以先进技术为代表的北方物质文化正

---

① 马征：《从〈金瓶梅〉看大运河文化的特色与局限》，《社会科学辑刊》1922 年第 1 期，第 133 页。

是由大运河南下传播的，南方丝织工艺、造船工艺等物质文化也沿大运河而北上传播。

大运河具有信息流动的载体价值，传播着精神文化。在北方文化占强势地位的时期，其精神文化随典籍南传而南下。南方文化崛起后，承载着南方精神文化的作品也由大运河北上。这种精神文化的载体价值不但体现在本土学说的流传历史上，还体现在外国宗教精神文化进入中国的历程中。如明清时期，外国人进京多由南方经大运河北上。

大运河具有人群流动的载体价值，实现了文化群体的直接交流。大运河长期处于古代中国的核心区域，较之其他交通要道，更加安全、快捷、通畅，无论是商人，还是学者骚客，都将大运河作为出行的热门选择。历代帝王南巡也强化了这条线路的首位度。如唐代前期，所谓"长安南下几程途，得到邗沟吊绿芜"即是描写的此路。① 清人顾炎武曾记载扬州人群流动之盛况，云"淮南之西，大江之东，南至五岭、蜀汉，十一路百州迁徙贸易之人，往还皆出其下，舟车南北日夜灌输京师者，居天下之七"，描述的也是大运河的载体价值。

（二）大运河在大运河文化传播中的空间价值

首先，大运河流域的文化共生效应对于大运河文化传播有空间价值。"讲运河文化，就是讲这条运河所承载的文化，以及在这条运河沿线形成和长期存在的文化。"②运河文化基因的起源与繁衍是与大运河流域的空间环境紧密联系的。大运河流域的区域文化都在文化精神上有共同的渊源，具有某些一致性的文化基因，这种基因的存在为大运河文化提供了传播上的便利。

其次，大运河流域的文化共享效应对于大运河文化传播有空间价值。大运河文化基因处于不断的突变与复制中，但因其共生文化基因的影响，其沿线区域的任何文化发展都很快与流域内的其他区域文化实现联系，产生了空间上的共享效应。相对于大运河沿线区域外，其流域内的各个区域的人流与物质文化、精神文化迅速而通畅地进行着流动循环。且这种文化信息的循环与交流并非单向的，而是具有发散性的，维持着一种动态的平衡，

---

① 崔颢：《维扬送友还苏州》，《全唐诗》卷130。

② 葛剑雄：《大运河历史与大运河文化带建设刍议》，《江苏社会科学》2018年第2期，第127页。

从而使大运河文化基因具有特殊的共享效应。也正是在这种共享效应的影响下,大运河沿线城市文化是与大运河的兴衰紧密联系在一起的。

第三,大运河流域的文化整体性对于大运河文化传播有空间价值。在大运河文化基因的共生、共享性基础上,大运河流域的各个区域文化虽各具特色,但相互关联,其文化基因具有一定的整体性。大运河流域内的各个区域文化作为单体文化自然地整合于大运河文化的整体之中。正是这些大运河流域的具有共同特质与价值的区域文化的整合,将大运河文化提升到了更高的境界。以整体性的大运河文化来观察,在中国文化重心由北向南的迁移过程中,基本是沿着大运河流域由大运河的西北向东南方向进行的。而在中国文化对外传播方面,大运河作为中国古代国际交流最持久的线路之一,也在整体上对于中国文化的输出做出了贡献。

(三) 扬州城在大运河文化传播中的城市价值

斯宾格勒曾说:"世界历史,即是城市的历史。"大运河的历史就是大运河流域城市的历史。大运河文化的传播史就是大运河流域城市文化的传播史。扬州在大运河文化传播中有着特殊而重要的城市价值。扬州是大运河文化传播的重要发源地与重要目的地,是大运河文化精华的集中地。扬州市域内文化既借助大运河外播,也借助大运河而内引,双向性十分明显。这种扬州城市文化与大运河文化的互动性使得扬州城市文化与大运河文化不断交融,大运河文化的基因传播至扬州,在扬州得以再现与物化,不断丰富、升华,再传播到中国的各个区域。

三、大运河文化传播的内容与范围、特色

(一) 大运河文化传播的内容与范围

任何文化传播的核心都是其价值的传播。"在现实性上,共享型文化传播表征着一个社会文化元素、文化体系、文化价值的内部传承以及向其他社会群体的价值扩散、转移与互动。"[①]大运河文化传播的内容主要涉及意识形态(文学艺术、宗教信仰、民间信仰、思维方式、价值观念、历史文化等)、生产

---

① 张前、苏泽宇:《共享与反馈:中华文化传播导引认同的关系范式》,《东岳论丛》2018 年第 2 期,127 页。

生活方式(节庆风俗、婚丧习俗、服饰餐饮、方言俚语、社会礼仪、商贾文化、交通文化及生产技术等)及外部表现(城市风貌、自然风光、建筑文化、水利工程等)等方面。这些有的是大运河文化中独特的文化内容,是具有大运河文化典型特征的主体内容;有的是依附于大运河主体文化而存在的附庸内容;有的是承载着大运河特定历史文化信息的内容;有的是经过了与大运河流域之外其他文化因素交融后的文化内容。

文化的传播虽然是由人所带动的,但其传播范围绝非是人所能完全掌控的。扬州文化作为大运河文化的重要部分,其传播范围基本可以体现大运河文化的传播范围。从历史上来看,扬州古代文化通过大运河文化线路的直接传播范围主要是大运河沿线及北京、河北、安徽、浙江等东部沿海省份。而扬州文化通过大运河而实现的间接传播范围超越了大运河流域,影响及全国各地乃至东亚、东南亚、中亚及中东等地区,是具有世界性传播范畴的文化传播行为。

(二) 扬州文化通过大运河传播的特色

扬州文化通过大运河传播具有一定的价值特性。文化的传播取决于文化的价值特性,大运河文化具有独特的价值特性,如扬州城市品位在文化传播中就有特色的显示,赋予了扬州文化传播中的魅力。扬州文化通过大运河传播具有一定的动态性。文化传播载体的状态对于文化传播有着直接的影响。大运河水运功能的兴衰与大运河文化传播之间存在着联动的关系。扬州文化通过大运河传播具有一定的强势性。文化的发展是有差距的,大运河流域内外客观存在着区域文化发展阶段的差距。大运河文化传播的主流一般是优势区域文化的外播。如扬州古代文化作为一种优势文化,具有向弱势文化区域辐射与渗透的能力。扬州文化通过大运河传播具有一定的分层性。大运河文化的传播也分精英化传播与大众化传播,如扬州文化就有此区分,体现大运河文化的不同质量、风格与品位。有些文化内容兼容性强,在传播中能够得到很多地区的接纳,有的则适应面狭窄,传播不畅。

四、扬州文化通过大运河传播的途径

2008 年,联合国教科文组织的《ICOMOS 文化线路宪章》提出:“文化线路是一条陆路、水路,或者其他形式的线路,……它必须产生于并反映了重要历史时期中的人类交互式迁徙以及在人、国家、地区或洲际之间发生的多维度的、持续的、相互作用的商品、思想、知识和价值观上的交换；且在时间和空间上促进了一种受影响的文化间的杂交与融合。"扬州文化通过大运河传播的途径主要有进贡与外事交流、教育活动、商业贸易、传教活动、人口迁徙及特定群体流动等。在这些传播途径中，不同的人以不同的文化地位、文化身份，在不同的时间与空间的流动中，沿着大运河，不断地与外界进行文化信息的交换，而将扬州文化向外传播。这是一个有形与无形相结合的、历史的、动态多元的传播途径综合作用的过程。

（一）进贡与外事交流

在中国的外事交流史中，"扬州""大运河"都是其中的高频词汇。扬州的文化作品常被选为贡品而向朝廷进献，也常作为礼品被赠予异域他邦。在外事交流中，外国使节、游客等都经常沿着运河来往扬州与南北各方。如阿倍仲麻吕埋骨华夏，崔致远作幕淮南，意大利人马可·波罗旅居中国，古苏禄国东王率团赴京，都经由运河与扬州结缘。唐宋年间，波斯派遣官方使团来华 86 次，一般都由广州入境，辗转来到扬州后，再经大运河北上。日本遣唐使经过扬州 9 次，由运河前往长安。可见，无论是陆上丝绸之路，还是海上丝绸之路，都与运河、扬州发生着联系。扬州作为这些外国使节、游客的重要停驻之城，对其文化传播有必然的推动。

（二）文教活动

大运河开通后，扬州文教事业渐趋发达，名家大师往来频繁。隋代，扬州私学教育名家众多。如扬州人曹宪在隋时已经在家乡聚徒讲学，"诸生数百人"①。居于扬州的王播，与弟弟王炎、王起都先后中进士第。也有扬州籍学者赴外地求学。朱昼千里访师，传为佳话。"曾不远千里而访之，不厌勤苦。"②更多的则是外地学者慕扬州教育之名，来到扬州。如卢照邻曾到扬州与涟水向曹宪、王义方求学。《文选》学的诞生、发展即与扬州私学教育息息相关。宋元明时期，扬州府学中涌现了一批名师。元代，张须至扬州教学，"其在维扬，来学者尤众"③。清代，扬州书院于学术研究方面蔚为大观，奠定了全国文化重镇的地位。扬州也成为学术名家聚集的文化名城。"延师授

---

① 《旧唐书》卷 189 上《曹宪传》。
② 《唐才子传》卷 5。
③ 《元史·张须传》。

业，远近来学者雍雍济济。”①大批文化教育人才在扬州的聚散，几乎都沿着大运河而进行。可以说，大运河为扬州城的文教昌盛提供了助飞器。

（三）商业贸易

大运河所提供的商业贸易是扬州文化传播的一个途径。从汉代开始，包括扬州在内的各个大运河的沿岸主要城市便成为商业贸易的重要口岸，也是海内外商帮汇聚的主要城市。《通典》云：“交、广、荆、益、扬等州，运漕商旅，往来不绝。”阿拉伯、波斯商人从广州、泉州靠岸，逐渐集于扬州，并沿大运河将商品销往中东、欧洲。唐宋，日本、新罗、百济及古婆（越南）、狮子（斯里兰卡）等东南亚国家的商船也云集扬州，从这里穿行亚洲各地。他们不但输出扬州的文化产品，还被扬州文化所吸引，如大批阿拉伯、波斯商人就定居于扬州。杜甫诗云：“商胡离别下扬州。”据《新唐书》记载，居住在扬州的阿拉伯、波斯、犹太商人至少有数千人，甚至建有“波斯邸”这样的异族聚居区。徽商、晋商等群体也在不同的历史阶段，纷纷侨寓、定居扬州。如此大规模海内外商人来此定居扬州，没有大运河，是难以想象的。

（四）传教活动

海内外的宗教人士沿着大运河的传教活动，既是各种宗教文化进入扬州，也是扬州文化通过大运河向外传播的途径之一。

比如佛教，唐代，鉴真东渡日本，传法十年，成日本律宗之祖。其随者法进、思托、如宝等僧人，都对日本佛教发展有影响。来扬的日本僧人荣叡、普照、常晓、圆仁等都潜心研究扬州佛教及世俗文化。日本圆仁法师随遣唐使赴中国求法，就曾沿大运河至扬州停留，对扬州文化尤其关注。常晓在扬州栖灵寺受金刚灌顶、太平密法，在扬州华林寺三论宗义。园圆、常晓、圆行三人回日本后，成为日本佛教史上“入唐八家”的人物。明代扬州天宁寺大和尚道彝曾为僧纲司都纲，后出使日本，终于日本。再如天主教，元代其在中国的传播路线除了由北京出居庸关至西域一线外，还有一条即是“由北京运河南下”②。当时欧洲人往返中欧，必由此二道之一。扬州建有圣方济各会教堂，是欧洲人较为集中的中国城市。明末清初间，因为封禁天主教，教会神职人员只能在大运河等河道中潜伏传教。鸦片战争后，天主教耶稣会的

---

① 嘉庆《重修扬州府志・高斌重建书院碑记》。

② 徐宗泽：《中国天主教传教史概论》，上海书店出版社 2010 年版，第 75 页。

传教活动也是主要沿着大运河一线进行。伊斯兰教的阿訇们也是沿着运河传教，唐代，伊斯兰教就传入扬州。南宋咸淳年间，穆罕默德第十六世裔孙普哈丁沿着运河传播教义，在扬生活、传教十年之久，其逝世时即在山东回扬州的运河之船上。他在扬建立仙鹤寺，身后葬于扬州运河边，此后来扬传教的米里哈只、马哈谟德、殿马陆丁、法纳等传教士都葬于该墓园内。

（五）人口迁徙与特定群体的流动

古代人口迁徙多由于城市发展、战争动乱及灾荒等因，对文化传播的影响也十分巨大。在中国古代历次动乱中，大量北方人口沿大运河南下，目的地一般是江南及福建、两广等地，亦有远至亚欧非等洲的。而一些特定的群体沿着大运河的流动，为扬州文化的传播起到了特殊的作用。著名者如：唐宋元官宦雅客群体：唐宋元时期，大批官宦雅客通过大运河汇聚于他们心目中的天堂城市——扬州。王禹偁、晏殊、欧阳修、苏轼、秦观等都在大运河上留下了自己的足迹。骆宾王、王昌龄、孟浩然、李白、刘禹锡、白居易、张祜、李商隐、张若虚、杜牧、温庭筠、皮日休、罗隐等都曾来到扬州。他们与扬州籍艺术家上官仪、上官婉儿、李善、李邕、张若虚等，共同构建了唐代文化艺术的大厦。元代诗人萨都剌、散曲作家睢景等也沿着运河，为扬州这座城市增添了文化故事。明清艺术群体：大运河沿线的众多城镇是中国各个戏班“跑码头”的场所，扬州是其中的佼佼者。清代里下河徽班就以扬州为中心，沿着大运河展开活动。同治时期，扬州周边的徽班就沿着大运河前往苏南、浙江等地演出。乾隆第五次南巡后，在扬州的各地戏班结伴沿大运河北上晋京。在运河边的各个城镇，他们进行了一年的演出，展开了一场文化之旅，最终到达北京。在此过程中，各个剧种不断借鉴、交融，最终形成了集昆腔、吹腔、拨子、罗罗等声腔于一体的新剧种——京剧。而以郑燮、金农、汪士慎等为代表的“扬州八怪”，是在行为、艺术方面独树一帜的画家群体，也与大运河有着不解之缘。盐帮漕工群体：盐帮漕工常年在大运河沿线工作、生活，由他们所主导衍生出的青帮等各种秘密会社一直以大运河作为主要活动区域，并将扬州的大众文化内容传播开来。

五、扬州在大运河文化传播中的价值

扬州城市文化提升了大运河文化的竞争力。扬州文化是借助大运河，将北方政治强势文化和南方本土文化结合的产物。扬州文化具有轻灵婉约、笃实宏通、庄严博大、厚重朴实等特点，是在文学创作、艺术建树、工艺制作、学术研究、文物积累、典籍流传诸方面都蔚为大观、自成体系的文化流派，其影响稳定波及扬州所属各县市及大运河流域其他城市。甚至于在某些特定的历史阶段还波及整个东亚、东南亚地区，是东亚文明的中心文化之一。启功曾说："扬州文化是中国文化的重要组成部分，是中国清代文化的最重要部分。"现代学者曹聚仁曾评价："扬州成为世界城市，有一千五百年光辉的历史，比之巴黎、伦敦更早。它是我们艺术文化集大成的所在，比之希腊、罗马而无愧色。"①可以说，扬州文化在隋唐时期是中国文化的主流派别之一，在清中期时则是中国文化的支柱。在大运河文化传播中，扬州文化的价值体现在其开放度、自由度、文明度、地域优势度、先进度和持续度上。

开放包容、兼收并蓄体现了扬州文化的开放度。扬州地处中国淮河以南、长江以北，大运河穿城而过，兼有南北文化融会贯通的特点。这种特点使扬州作为中国南北文化和东西文化交汇的一个坐标点，也使扬州文化呈现出高度开放的显著特点。处于楚尾吴头的扬州，擅舟楫之便，得人文之胜，一直为中华文化的渊薮之区，固然有其历史地理因素的影响，而更主要地在于扬州文化的开放传统所致。扬州文化在不断吸收中孕育成长，也在高度发达中继续开放。其影响遍及大江南北，"（扬州）服食、器用、园亭、燕乐同于王者，传之京师及四方，成为风俗"②。说扬州文化萃东南丝毫不为过。

扬州文化是具有高度自由度的文化，自由随和、不拘礼数是扬州文化的又一特征。在全国大一统的封建封闭环境下，扬州由于其文化的开放性、地理的非中心性，加之重文重商的民气，构成了独立的自由文化空间，大批文人学者得以在这片土壤上找到自己的天地。扬州文化代表着中国封建文化的商贸、自由、安逸的一面，代表着不同于正统封建专制文化的另一面。其自由度是通过诸多独树一帜、自成一家的学术流派、艺术大家得以表现的。唐代扬州文学研究、五代与宋扬州文字学研究、元代扬州戏曲发展、明代扬州儒学研究都闻名于世，清代扬州学派则更是将扬州学术界的地位推向了

① 曹聚仁：《万里行记》，三联书店 2000 年版，第 138 页。

② 邓之诚：《中华两千年史》，卷五。

极致。自由的文化氛围才创造了如此令人眩目的成就。扬州文化的自由度也体现在扬州城市发展的各个方面。唐代,扬州最先打破了封闭的坊市制度,形成了开放的街巷布局。扬州的青楼文化是扬州地区这种自由发展的一种非主流极端,“当年人未识干戈,处处青楼夜夜歌”(韦庄《过扬州》)。扬州的青楼文化和养“瘦马”风气正是在这种自由的氛围下才得以存在的。

文商并重、崇教重贤一直是扬州文化文明度的优秀精髓之一。扬州几度兴衰,其盛时皆缘于商业,而商业的发达并没有带来文化的颓废与教育的弱化,相反,扬州城的商业氛围却造就了一个绵延发展 2 500 年之久直到今天依然文教昌盛、名人辈出的文化区域。扬州文化由商业中走来,在丰厚的物质基础上创造了更加丰厚的精神财富,带有很强的文商并重的特点。扬州的商人都好文,“扬郡……拥巨金者,每好延接知名士,博爱之名”①,甚至许多商人本身就是读书人从商的,如清人黄惟文“从贾维扬,孺人总家政”②。扬州商人群体的崇文推动了扬州地区文化事业的发展,读书、藏书与刻书的风气皆在全国名列前茅。始于宋代的扬州书院,绵延至明代,先后有安定、资政、维扬、五贤、甘泉书院等。清代则有梅花、广陵、虹桥、敬亭等书院。清代前期,扬州的马氏兄弟藏书楼“丛书楼”为全国四大藏书楼之一。而扬州的书店除集中于教场一带外,遍布全城。经济的发达繁荣,吸引了文人学者的荟萃。扬州文化也正是由此才得以长青。

扬州不仅人杰,而且地灵,扬州文化贯通南秀北雄,享有优越地理,是有着高度地域优越度的文化。扬州由于地处南北要冲,其文化的发轫也自然而然具有南秀北雄、兼收并蓄的地域优势度。综观整个中国古代,南北的货物交流大多是通过扬州而中转。自扬州入江,东连大海,可通日本;溯江西上,至九江而南,可达南昌;沿赣江、北江转向交州、广州,可远航东南亚、东亚各国;自九江向西,经鄂州(今武昌)西通巴蜀。货物流、信息流、人流的中转带来文化的交流。“广陵当南北大冲,百货所集。”

变革时新、与时俱进的先进度是扬州文化的实质之一。扬州人民是勤劳的人民,在漫长的历史上,扬州文化不仅仅代表着文化的辉煌,也代表着先进的生产力。扬州是一个商业消费性城市,但在这座历史文化名城的累

---

① 《虞初广志》卷三。

② 歙县《潭渡黄氏族谱》卷末《隐南公配宋氏传》。

累功劳簿上,承载这份繁华背后的却是敢为全国先的生产力。扬州所处的淮南平原,气候宜人,物产丰饶。扬州的手工业产品更是天下闻名,如玉器、漆器、铜镜、造船业、木具、冶炼业、纺织业等皆为全国之首。扬州农业、手工业的发达与扬州人民采用的生产工具和技术是当时最先进的有密切关系。如唐代时,牛耕是在淮南地区最先普遍采用的,辘轳和翻车也广泛运用,并在耕作上普遍实行水稻秧苗移植技术和双季稻生产技术,还率先采用了水密舱的造船技术、金银平脱的造镜技术等。扬州手工业的发达与竞争的激烈,推动扬州生产力水平的不断提高,涌现出新兴的生产部门,如甘蔗制糖、雕版印刷的推广、完善、发展等。文化反映生产力的要求,是生产力在一定程度上的体现,先进的生产力也创造了先进的扬州文化。

扬州文化是保持传统、平衡生态的可持续性文化。淮扬美食、小调、评书、盆景、三把刀、清曲、雕版印刷、扬剧、园林、玉器、漆器、玩具、扬州木偶剧……这一大串争奇斗艳的传统文化奇葩,是扬州文化的精髓之所在,也是扬州这座历史文化名城永远的魅力所在。扬州的祖先 2 500 年前创造的这些文化成果,被一代代扬州人谨慎地传承下来,赋予了扬州文化深厚的历史底蕴。扬州文化还是注重生态的文化,生活在这座城市中的先人很有智慧,他们沟通了人与自然的联系,使得城市与自然和谐发展,即使经过了那么多的天灾人祸,他们依然为我们留下了一座美丽的城市。扬州的美丽是天下无双的,"浅深红树见扬州"(李绅《宿扬州》)。绿杨城郭是扬州,琼花和芍药更是成了扬州的化身。扬州 2 500 年的建城史给我们留下了大量的各类文物以及历史积淀的文化精神,犹如构写了一部文化通史,这种文化的可持续性是十分明显的。

六、大运河文化传播对扬州的影响

(一) 大运河文化传播对扬州城市社会经济的影响

扬州城的发展与大运河紧密相关,其城市存在方式、运行机制随着大运河的功能变化而不断调整。唐代扬州始建罗城,就是顺应城市向运河发展之势。罗城内修有运河支流,便利居民与运河的联系。宋元明清,运河的交通商贸文化交流功能愈发凸显,扬州城市发展不断向运河靠近,滨河区域逐渐成熟,形成了钞关至东关街的沿运河居住区、埂子街至彩衣街的商贸区、旧城文化教育区等不同性质的城市功能区,最终城市完全脱离蜀冈区域。扬州城越来越靠近运河,不独为享受运河带来的交通便利,更是为享受运河所带来的商业繁荣。大运河使扬州成为商品的集散中心,伴随商贸活动而来的人流促进了城市商品经济与文化娱乐业的发展,推动扬州成为区域性的政治、经济、文化中心。如根据《新唐书·五行志》的记载,唐代天宝年间扬州有户数7万,约占全国人口的百分之一。时人称"扬府南北十一里,东西七里,周四十里",为"四汇五达之衢"①"东南一大都会"②,有"扬一益二"之誉。大运河对于南北生产技术文化的沟通也直接促进了扬州城市生产技术文化的发展。

大运河是促进扬州运河城镇集群发展的源泉,塑造了扬州的城镇集群体系。大运河改变了扬州城的发展格局,也改变了扬城周边的地理环境,对运河沿线的城镇集群的发展有直接作用。"新城东南片则为手工业生产区、经销区;旧城西北郊的蜀冈—瘦西湖是风景游览区。在城市的近郊又有柴市、米市、鱼市、菜市、花市;远郊有仙女庙、邵伯、真州等与市区相辅相成。"③运河沿岸周围,大量的集镇蓬勃地发展起来,形成了以扬州为中心的复杂的城市体系,如仙女庙、宝应、界首、邵伯、瓜洲、湾头等都因为大运河元素而得以兴旺。大运河对这些集镇的历史影响与文化积淀至今都有脉络可寻。

(二)大运河文化传播对扬州市民群体精神生活与城市精神的影响

大运河将全国政治文化中心区域与经济文化中心区域紧密联系,形成了一条带状的文化发展区域,这个区域内的重点中心城市的市民文化水平远高于全国其他地区。在城市经济的支撑下,扬城市民有着较一般城市市民更高的文化教育水准与文化生活要求。如现代作家郁达夫所说:"(扬州)既有了有产及有势的阶级,则依附这阶级而生存的奴隶阶级,自然也不得不产生。……所谓春风十里扬州路者,盖指此。有了有钱的老爷,和美貌的名娼,则饮食起居(园亭),衣饰犬马,名歌艳曲,才士雅人(帮闲食客),自然不得不随之而俱兴,所以要腰缠十万贯,才能逛扬州,以此。"④

① 《嘉庆扬州志》序。

② 康熙《扬州府志》原序。

③ 光晓霞:《扬州城址与大运河的关系》,《扬州大学学报(人文社科版)》2011年第3期,第115页。

④ 郁达夫:《扬州旧梦寄语堂》,《郁达夫游记》,上海书店1980年版,第126页。

大运河文化蕴含着一定价值的精神文明，这种精神文明的力量一直影响着扬州文化的发展与传播，塑造了扬州的城市精神。

七、扬州与大运河文化传播研究的当今启示

中国文化是唯一有着数千年传统的文化，这不应该成为我们的包袱。近代以来，处于重构危机中的中国文化一直在不断地整合。文化具有一种连续不断的否定、蜕变和扬弃的过程，我们依然相信她有能力完成中国现代化进程中的价值取向、精神寄托等一系列难题。美国人类学家克拉孔(Clyde Kluckhohn)曾指出，一个社会要想从它以往的文化中完全解放出来是根本不可想象的事。中国要走向现代化，她的根基依然是中国的传统文化。

(一) 大运河文化传播所面临的陷阱

1. 大运河流域城市文化同质现象的存在与文化个性的模糊缺失

大运河文化对流域内城市文化的丰富具有重大作用，但也同时弱化了这些城市文化的个性，城市文化普遍同质化。以扬州文化而言，在文博、考古界所认定的狭义大运河文化视野内，其内涵与个性都较易归纳与把握。但放之大运河文化的广义区域，其个性则难以完整判断。如崇文与崇武，看似对立的矛盾，其实不仅在扬州文化中存在，还普遍地存在于运河沿线其他城市文化中，不同的只是表现形式而已。经过大运河文化洗礼的扬州文化，本身就是复杂的综合体。从历史中找寻根源，相当多的运河沿线城市文化血缘相通，体系相近，既可各自独立，也在诸多层面相互交融，难分你我。这不是文化之罪，而是文化的魅力之一，但也是大运河文化当代传播的危机之一。

2. 大运河文化沙文意识下的排他倾向性陷阱

大运河文化不同于一般的地域文化，它有比其他地域文化更加复杂的人文因素。大运河文化带战略正经历着“学术界探讨——政府倡导——民间普遍接受”这三部曲的过程。由于文化的特殊地域属性，由学术讲坛走进政府决策乃至走进百姓生活，是一个必然的过程。社会经济的提升与变更会引发文化的变化，引发社会关系的根本性变化。在社会经济发达程度越高的地区，大运河文化被接受的程度也相对越高，这也是社会发展的需要。

但是,对大运河文化的片面宣传会带来一定的排他性意识。在学术探讨时,这种排他性并不明显,且被混淆于个性与共性的比较中。而一旦大运河文化战略被直接应用于政府决策,应用于城市发展理念,如何控制排他性的危害将成为决策者们必修的功课。大运河文化是具有高度开放性与兼容性的文化,大运河文化浸染下的扬州等城市自古以来是中国乃至海外文化交流的重要区域。后人应多学习大运河文化的开放兼容风气,警惕狭隘的大运河文化沙文意识。当今,大运河文化已经从学术圣殿走进社会各层次,发挥着越来越明显的作用,也对大运河文化的宣传者提出了更高的要求。需要严肃指出的是,大运河文化的滥用与过度拔高,在相当程度上对大运河沿线城市民众心理有负面引导。不能以现阶段区域发展的现实,比拟大运河文化对不同区域的影响,如以盛唐时扬州与无锡相比,或近代无锡与扬州相比,来印证两者区域文化的高下,岂不荒唐?区域发展有诸多因素,文化只是其中之一,文化沙文论的背后还隐藏着血缘、人文决定论等诸多唯心意识。如吴文化优越论乃至吴人种族优越论曾一度甚嚣于网络,尽管这不是政府及民间主流团体的主观意愿,但文化来自民间,文化宣传的影响也潜移默化在民间得以反映。这些该引起实施大运河文化战略相关部门必要的重视与努力。

3. 大运河文化概念滥用下的泛文化陷阱

"文化"概念,至今无明确权威阐述,客观承认,用语言文字无法准确全部地解释"文化"的内涵,只能无限接近之。对"文化"的滥用所导致的泛文化危机在大运河文化范畴中也日益嚣张。文化的泛与非泛,其牵涉的理论问题很广,难以准确把握,限于时代局限性,也无法完全把握这种分野。但作为政府决策与宣传部门,则有必要与义务就宣传领域对此进行限制。笔者不成熟地忖度,当今阶段,能够冠之以"文化"后缀的主体必须具备以下基本要素:有向上的精神与物质的内涵。这对大运河文化传播的宣传也同样适用。大运河文化存在着品位不同的文化内容,扬州文化中的八怪、扬州学派、广陵琴派等所代表的高雅文化与三把刀、瘦马所代表的民间文化内容有品位之分。这种文化内容的品位之分与文化的滥用应严格区分。以扬州沐浴文化为例,其附带有足艺、美食等诸多形式,从而被赋予了深厚的文化内涵,成为扬州休闲文化的重要组成部分。但这种休闲文化的背影下也隐藏着一些消极的伪文化内容。泛文化危机对大运河文化战略的负面影响主要为:大运河文化的精神实质被模糊,大运河文化核心竞争力的下降等。在推进大运河文化的传播过程中,去除大运河文化的伪文化成分也是相关部门的责任。

(二) 扬州与大运河文化传播的导向

针对大运河文化传播的三个主要危机,笔者以为扬州与大运河文化传播应坚持以下三个导向:

1. 坚持客观与务实的大运河文化传播研究的导向

大运河文化传播研究具有其他学术研究所不同的与现实社会联系的紧密性,这种趋势是学术研究的进步,浩浩荡荡,不可阻挡。但是,学术研究必须保持独立客观,不应因急功近利的现实需要而任意取舍。凡是牵涉大运河文化传播的基础研究,都须以考古与史学界的公认成果为依据。马可·波罗是否在扬州当过官、扬州与南京的茉莉花之争等问题都是学术研究客观性的体现,对权威的怀疑与学术上的争论绝不可以以应用价值的判断加以解决。只有客观的大运河文化传播研究观,才能保证研究的真实与可靠。此外,务实也是大运河文化传播研究的必要原则。泛文化危机提醒我们,在大运河文化研究中,不能将文化传播的外延无限扩大,大运河文化考古工作是基础性的,而解读与诠释大运河文化的精髓同样是基础工作,也是大运河文化传播研究的主体。类似"厕所文化""赌博文化"之类的伪文化,在大运河文化传播研究中应一概清除,只有务实的研究观,才能保证研究的非庸俗化。目前学界对大运河文化的研究存在着一定程度上的拔高倾向,如淮扬盐商群体的品质被过度拔高,相当多的研究者漠视该群体给淮扬文化带来的保守、奢侈等负面影响,这些都没能得到应有的重视。大运河文化传播研究应该注重挖掘大运河文化的优秀内涵,但是故乡情的情愫过于兴奋了研究者的神经,对客观研究不利。

2. 坚持准确与丰富的大运河文化传播宣传的导向

各级政府的决策与宣传部门对大运河文化传播的宣传负有重大的责任,应确立准确与丰富的大运河文化传播宣传观。尊重学术界研究成果,不以主观好恶判定大运河文化的内容与改变其实质,这是对政府宣传准确方面的要求。学术研究的局限是客观存在的,任何时候的学术研究都不可能最完整地表述出大运河文化传播的全部。但相对于民间而言,学术界的研究无疑拥有相对准确的学术高度。从某种程度上说,政府与学术界的高度一致是理所当然的,但在现实中,这已经越来越成为一种理想。同时,鉴于宣传需要的特殊性,政府宣传部门应在尊重大运河文化传播实际的前提下,跳出考古、博物馆、历史等学术的圈子,丰富大运河文化传播的内容与形式。"文化扬州"的打造可以是传播大运河文化的中长期目标,"烟花三月"国际经贸旅游节可以是传播大运河文化的很好的载体。然努力无止境,以节庆或固定景点带动大运河文化的传播应是起步阶段,还有更多的平台可供利用。

3. 坚持提炼与升华的大运河文化传播解读的导向

如果说大运河文化研究观与宣传观分别是对学术界与政界提出的要求,那么提炼与升华的大运河文化解读观则是对两者的共同要求。首先,要避免大运河文化的庸俗化。我们要珍惜与尊重大运河文化由来不易与其称谓形成的历史,不可以将其作为标签一样,随意摆设。其次,要避免大运河文化沙文意识的形成。在大运河文化沙文意识的出现与形成中,学术界与政界负有相当责任。在网络发达的今天,这应引起我们足够的警惕,这也是构建和谐社会对我们提出的要求。再次,要避免大运河文化传播的行政命令化。当前,各城市为了城市现实需要,往往为城市文化炮制出一些不切实际的内容与"帽子",如重庆刚刚打出"中国第一江城"称号后,立刻引起了武汉、南京等地学者的非议。从学术的角度,如果不是已经得到公认的大运河文化内容,则政府的决策与宣传者该尽量谨慎使用。对于这个问题,扬州与淮安同享淮扬菜之乡的共赢之路可为宝贵资鉴。笔者相信,我们的政府决策者有这样的大智慧,使城市与城市间的大运河文化口水仗得以结束,在对大运河文化的传播中走出共赢的道路。

(三)扬州与大运河文化传播的新时代内涵要求

如今,大运河的运输功能没有消失,虽然已经不能全年通航,但其中全年通航里程还有 800 多公里,季节性通航里程 1 100 多公里。此外,大运河还承担着水利、生态等功能。虽然大运河文化传播的传统途径已然式微,但大运河沿线有形的文化形式,如河道、水利工程、沿岸城镇文化遗产等仍旧在发挥着文化传播的作用。在互联网、高速铁路等现代信息、物流网络的覆盖下,包括扬州在内的大运河流域城市已经不再以大运河作为主要的文化传播途径。扬州已经建构或即将建构起包括互联网、航空、高铁、高速公路、港口等现代物流载体在内的文化交流体系,成为大运河文化传播的新时代载体。

1. 彰显主体自觉：对大运河文化样态与精神品质的深刻挖掘

大运河文化作为一个区域的物质精神财富综合体，在对其进行传播内容的选择操作时，大多宽泛而不明确。而夸大大运河文化的传播内容，又容易导致大运河文化沙文主义的倾向。加之大运河文化本身并非全盘先进，如对淮扬文化贡献巨大的两淮盐商，其生活享乐与利益获取模式乃至末期的投资理念都告诉我们，并非所有的大运河文化内容都代表着或不可能永远代表着先进文化的前进方向。这就需要我们在传播大运河文化时，从庞杂的文化内容中总结出可供今人资鉴的先进因素。而对于进行大运河文化传播的城市而言，这种先进因素的总和即为城市精神。城市精神与大运河文化的区分，不是要取代大运河文化的宣传，只是应突出城市精神的重要意义。“大运河文化中地方服从中央、举国一体、创新文化等精神需要弘扬和提升，而其中腐败、奢靡和秘密会社性质的糟粕应当坚决抛弃。”[①]扬州文化传播的现代内涵绝不是简单的复古、传旧，而是根据扬州的城市实际，挖掘出其中的文化内涵，将大运河文化的精髓与现代社会的需要相结合，塑造出符合时代要求、符合社会主义核心价值观的，并具有扬州特色的城市文化样态。

文化可以有暂时的低潮，但只要城市精神不消亡，城市文化就有复兴的希望。大运河流域内的苏州、常州、扬州、淮安等市，在历史长河中都曾数度辉煌。而每一次的辉煌，都为大运河文化增添了新的内容。从概念上说，将清代扬州的第三次崛起归功于唐代的扬州文化无疑是荒谬的，只能说，汉唐以来形成的扬州城市精神引领了这座城市的再度复兴。当前，大运河流域的城市都处于历史的上升期。经济带动文化的发展，大运河文化也处于历史的恢复与发展时期。在这种情况下，更应该注重对城市精神品质的挖掘。社会与城市的进步不可能永远是高速度的，也可能面临暂时的挫折与倒退，只有当城市精神的先进理念深入城市多数成员的内心，即使这个城市暂时遇到发展的困境，都会有奋起的希望。大运河文化区域内的城市处于中国经济发达地区，城市决策者应高度重视城市精神的重要意义，体现出对大运河文化精神品质挖掘中的主体自觉性。

---

① 葛剑雄：《大运河历史与大运河文化带建设刍议》，《江苏社会科学》2018 年第 2 期，第 128 页。

2. 凸显现代内涵：对扬州文化的扬弃

江泽民同志曾对家乡扬州寄予“建设古代文明与现代文化交相辉映的名城”希望，实际上这一希望蕴涵着对大运河文化现代化的要求。

面临现代化进程的挑战，扬州文化与中国其他区域文化一样，将要进行或已经进行着一场对自身传统的扬弃运动。这场运动实质就是消除扬州文化中对现代化的阻滞部分，赋予文化以新的内涵和形式，保持其与时俱进的生命活力。

优越的地理气候条件及发达的商业消闲氛围，是扬州文化得以形成的两大主要因素，但这两大因素也为扬州文化先天的不足留下了伏笔。南北交融的文化传统和优越的地理环境制造了中庸的人文精神，潜移默化地影响着扬州的市民社会，极易形成危害社会发展的惰性。如果说，在封建社会，由于社会发展缓慢及扬州城的地位等因素，这种惰性尚不对扬州发展造成太大的威胁，如今则有所端倪。传统的扬州人过于注重生活的悠闲与精致，注重于维护旧有的传统，这是扬州文化扬弃过程中最应该批判的内容。扬州文化要对扬州现代化有更大的历史推动，要通过文化的扬弃来改变扬州人的陈旧思想。扬州的决策与建设者要深入把握大运河文化在扬州河段上已经沉淀的文化样态和精神品质，与当下的现实文化构成深度对话。

大运河文化的现代化是一个大课题，也是大运河文化必经的过程。大运河文化不是停滞的，是在不断竞争中发展的，吃老本的大运河文化理念是必然要被淘汰的。数千年的大运河传播历史赋予扬州文化丰富的内容，但这绝不是我们故步自封的资本。现代化大潮下的大运河文化舞台，正百花争芳，一些没有多少文化底蕴的城市，也在塑造着自己崭新的城市乃至大运河文化。深圳入选中国文化特色城市，就是一个明显的信号。扬州文化无论是在大运河文化产业现代化的提升，还是在区域现代文化的创造上，都有一定的成绩。当代扬州的旅游、烹饪、艺术、文学、历史学、哲学、科学等领域，也展现出欣欣向荣的景象。但是与历史时期的扬州文化的地位相比较，目前扬州文化的总体新成就尚与人们的期望，与社会进步发展的要求，有一定差距。这与当今世界文化交流的频繁与交融的复杂有关系，但也不能不说这正是扬州文化现代化发展的理想目标之一。

3. 体现传播价值：期待扬州现代文创产业的崛起

文化传播能够创造价值，大运河文化的传播肯定可以为大运河流域城市带来深厚的价值回报和可持续的发展。作为当代产业结构中的重要一环,文创产业虽属第三产业,但又依托第一、二产业,具有极大的经济潜力。国际大量游资不是流入第一、二产业中,而是流入旅游、娱乐、服务、艺术、科教等领域。但在现代化发展战略规划中,现实的社会背景要求这种文化传播的价值创造不是自在自发自为的,而应该是在系统化的发展框架下将文化传播的价值创造提高到关系城市现代化发展的战略角度来考虑,从而就提出了城市文化的产业化问题。如何在大运河文化传播的背景下将扬州文化进行产业化运作,是目前扬州经济发展的重大决策性问题之一。客观分析,扬州文化的产业化有着自己先天的比较优势,也有不可否认的不足之处。

扬州文化是博大精深的文化体系,它具有文化体系形成期长、体系内部构成复杂、文化内涵深刻、文化品位高等特点。扬州文化体系形成期长从而使得扬州文化具备长久的传统积淀,为扬州文化的产业化发展打下了良好的群众基础和比较深远的品牌效应。扬州文化内部构成的复杂使得扬州文化的产业化操作有了更多的选择性,从“八怪”的书画艺术到漆器、玉器,从“烟花三月”品牌到“好一朵茉莉花”,从“富春包子”到“扬州炒饭”“三把刀”,几乎可以遍地开花,各成规模。扬州文化的深刻内涵和高品位,使得扬州文化走产业化道路的同时避免流于俗套,不失高雅本质,而且特色鲜明。然而,扬州文化的这些优势在产业化同时也伴生着潜在的不利因素。文化的形成期长使得扬州大多数传统工艺、技艺难以产业化经营。体系内部的构成复杂容易导致其在产业化过程中顾此失彼,没有重点,无法形成凝聚性的大品牌效应。内涵深和品位高的扬州文化极易高山流水、曲高和寡,市场难以拓展。近几年,扬州文化的产业化道路在艰难中起步,“扬州包子”已经打入了世界市场,“扬州炒饭”标准的制定开了国家的先河,“淮扬菜之乡”的称号、沐浴业的发展将“三把刀”的传统技艺发扬光大,玉器、漆器、木偶、扬剧等都有了一定程度上的开发,但离形成高层次上的扬州文化大品牌还有很大的差距。不管怎么看,扬州文化的产业化道路是一定要走下去的,这是扬州文化在新的历史时期被赋予的历史使命。扬州文化的多样性、复杂性,客观上要求扬州文化产业化道路的多样性,也客观上预示着扬州文化的产业化道路将面临一个长期、艰巨的探索过程。扬州文化的产业化改革是综合性的,是涉及扬州文化整个体系的现代化市场革命。

千年来,扬州与大运河文化传播有着不解的缘分,城市与大运河皆沐浴着文化之光。续写好这份前年之缘,让城市文化之光永远闪亮,是我们当代人的责任。

作者简介

朱季康(1979—),扬州大学教授、博士生导师,主要从事中国学术文化史、中国教育史研究等方面研究。

参考文献

[1] 刘怀玉,丁蕾.京杭大运河扬州段文化遗产保护与利用研究[J].淮阴师范学院学报(哲学社会科学版),2014,36(3):337-342.

[2] 光晓霞.扬州城址与大运河的关系[J].扬州大学学报(人文社会科学版),2011,15(3):112-116.

[3] 刘明洋,王景强.文化对外传播范式转换方向与路径[J].中国出版,2017(18):16-20.

[4] 陈怡.大运河作为文化线路的认识与分析[J].东南文化,2010(1):13-17.

[5] 张前,苏泽宇.共享与反馈:中华文化传播导引认同的关系范式[J].东岳论丛,2018,39(2):127-132.

[6] 俞孔坚,李迪华,李伟.京杭大运河的完全价值观[J].地理科学进展,2008,27(2),35.

[7] 郝春玲,京杭大运河文化生命的延续[J].内蒙古师范大学学报(哲学社会科学版),2006,35(6):198-199.

[8] 谭徐明,于冰,王英华.京杭大运河遗产的特性与核心构成[J].水利学报,2009,40(10):1219-1226.

[9] 田汉云.清代学术主潮与大运河文化带[J].淮阴师范学院学报(哲学社会科学版),2016,38(6):797-798.

后　记

大运河是世界上规模最大、线路最长、历史悠久的人工运河，海上丝绸之路是历史上连接亚、欧、非三大洲最为重要的贸易通道。这两条文化线路在人类社会发展史上发挥了重要作用。因为它们交汇于扬州，铸就了扬州两千多年的繁荣与发展，也成就了扬州在东亚文化圈中独特的城市地位。2016 年由联合国教科文组织亚太遗产研究与培训中心、北京大学考古文博学院、扬州市人民政府共同举办的“大运河与海上丝绸之路”国际学术研讨会在扬隆重举办。时至今日，《一路扬帆一路歌——扬州大运河与海上丝绸之路专题论文集》的出版，见证了两年多来专家、学者们的努力，感慨万千。

古往今来，不同地域、不同文化、不同种族的人民，依靠不断的海陆交流，造就了今日的文化融合，促进了人类文明整体的进步与繁荣。吴王夫差开凿邗沟，海上丝绸之路萌芽于商周，华夏民族的历史脉络于此徐徐展开。2014 年大运河成功申遗，20 世纪 80 年代末、90 年代初来自全球的学者和政府代表对丝绸之路的国际联合考察等重要事件，共同指引我们不断探寻两者的契合点，为两者今后的融合发展做出贡献。

东海之滨，两航相汇，孕育了千古文化的摇篮——江苏。其依托引江傍海的优越地理位置，凭借大运河水系便利的交通条件，将中国内地、亚洲内陆与东亚沿海地区、与全世界联系起来，将“陆上丝绸之路”与“海上丝绸之路”联系起来，成为古代世界重要的十字路口。扬州曾经是唐代四大名港之一，发达便利的交通条件带来了贸易的发展，促进了文化的交流、文明的融合，也为中国乃至全人类留下了丰富多彩的文化遗产。扬州又是大运河申遗成功的推动者和最杰出的贡献者之一，是运河沿线遗产河段、遗产点最丰富、最密集的地区，为中国大运河成功列入《世界遗产名录》做出了突出贡献。扬州也是较早参与海上丝绸之路申遗准备工作的城市之一，与鉴真东渡有关的大明寺等佛教遗存，与阿拉伯人来华有关的普哈丁墓园、仙鹤寺等伊斯兰教遗迹，充分体现了扬州在古代东西方文明交流、碰撞过程中的重要桥梁作用。

此论文集以“扬州大运河与海上丝绸之路”为题，基于2016年“大运河与海上丝绸之路”国际学术研讨会与会学者的集体智慧，后期又借助扬州大学等地方科研力量，共同搭建了“扬州大学文化遗产研究中心”这一学术平台，在此基础上，以大运河与海上丝绸之路等课题为着眼点，进行广泛的讨论交流、学习借鉴，推动了相关研究的成果转化，进一步拓展遗产保护工作者的思路和视野，使我们能从更宽泛、更多元的角度去理解、去挖掘、去保护和展示扬州运河遗产、海上丝绸之路遗产，以期为我国的文物事业的发展提供宝贵的经验。

衷心祝愿大运河与海上丝绸之路的明天彼此交融、愈加辉煌。

本书编委会

2018年12月